民族文化研究叢書 164

한국어 발화의 시간 구조

民族文化研究叢書 164

한국어 발화의 시간 구조

유도영 지음

高麗大學校
民族文化研究院

이 책은 용운장학재단이 한국학 연구의 발전과 신진 연구자의 연구성과 확산을 위해
지원하는 〈용운 한국학 연구교수 지원사업〉에 의하여 출판되었습니다.

서문

제 인생에서 가장 공들여 만든 작업물을 다시금 책으로 만들어 출판할 수 있게 되었습니다. 이 연구 주제를 선택하고 논문으로 출간하고, 이를 다시 책으로 만들기까지 정말 많은 사람들의 도움이 있었습니다. 박사 논문에는 아쉽게도 싣지 못했던 감사의 마음을 이 책의 서문에 담고자 합니다.

연구자로서 저를 이만큼이나 성장할 수 있도록 이끌어 주신 지도교수 신지영 선생님, 대학원 생활의 버팀목이 되어준 윤정이, 나라 선배, 향원 선배, 바쁜 시간을 쪼개어 박사 논문의 교정을 봐 줬던 고마운 후배 지은이, 희재, 동은이, 까마득한 후배의 연락에도 기꺼이 상담에 응해 주셨던 재혁 선배와 신방 선배님들, 졸업 후 방황하는 저에게 좋은 기회를 선물해 주신 이영제 선생님, 국어학의 과학적 분석 방법을 알게 해 주신 Jeff 선생님, 직간접적으로나마 제 연구를 접하고 피드백해 준 여러 후배들, 그리고 대학원을 거치며 저에게 많은 영향을 미쳤던 수많은 선후배, 선생님들께 진심어린 감사를 전합니다.

마지막으로, 늘 나의 편이 되어 주는 소중한 내 친구들(영진, 은송, 은기, 단비, 은진, 다영, 혜리, 한울이), 남들에겐 차갑지만 나에겐 늘 최고의 위로를 선사해주는 병주, 그리고 세상에서 제일 사랑하는 나의 엄마 아빠에게도 고맙고 미안한 마음을 전합니다.

2023년 10월
유도영

목차

표 목차

그림 목차

1. 서론

1) 연구 목적과 필요성

일상적인 구어 상황에서, 화자는 연속되는 말소리를 일정 정도의 길이만큼 끊어 말한다. 후행 내용을 떠올리기 위해, 정보 단위를 구분하거나 통사적 경계를 표시하기 위해, 혹은 숨을 쉬기 위하여 구어는 반드시 일정한 단위로 구분되고 조직화되어야 한다. 화자는 말소리를 구분하기 위하여 여러 가지 운율적 요소를 사용하는데, 여러 운율적 요소 가운데 구어에서 가장 큰 운율적 분절을 만들어 내는 것은 '휴지(pause)'이다. 휴지는 연속적인 음성 신호로 표현되는 구어에서 물리적인 신호의 중단을 야기한다. 따라서 구어에는 휴지로 인한 큰 운율적 분절이 발생한다.

구어에서 휴지가 어떤 위치에, 어느 정도로 실현되는지는 전체 발화의 물리적 시간 패턴에 영향을 준다. 또 이러한 패턴은 실시간으로 발화를 계획하고 산출해 나가야 하는 구어의 발화 전개 양상과 관련이 있을 것이다. 따라서 한국어 발화가 어떠한 시간적 인상을 가지는지, 또 화자가 발화를 어떻게 조직화하고 산출하는지 자세히 파악하기 위해서는 휴지에 주목할 필요가 있다.

이 연구는 휴지를 중심으로 구분된 단위들에 주목한다. 이 단위들에 한국어 발화의 시간 구조를 어떻게 구성하고 있는지 관찰함으로써,

한국어 화자가 어떠한 방식으로 발화를 계획하고 전개해 나가는지 고찰하고자 한다. 이 연구에서 말하는 발화의 시간적 구조란, 인간의 음성 언어에서 관찰되는 조음 구간과 휴지 구간의 연쇄 패턴을 의미한다. 한국어 화자가 휴지를 중심으로 발화를 어느 정도로 끊어가면서 내용을 전개해 나가는지를 확인하고자 하는 것이 이 연구의 관심이다. 이를 통해 본 연구는 한국어 발화가 특정한 시간적 구조를 가진다는 사실을 밝히고, 이러한 구조의 실현을 보이는 요인을 화·청자의 발화 처리 과정과 한국어의 통사·의미 구조, 그리고 화자의 발화 계획 범위의 관점에서 설명하고자 한다.

휴지는 다양한 이유로 발화에 나타나며, 여러 가지 기능을 수행한다. 발화를 산출할 때 화자는 지속적으로 기류를 조달해야만 하는데, 기류 조달을 위하여 숨을 쉬는 동안에는 음성을 산출할 수 없으므로, 발화에는 필연적으로 묵음 구간이 형성된다. 그러나 숨을 쉬기 위한 목적으로만 휴지가 사용되는 것은 아니다. 휴지는 후행 내용을 떠올리기 위한 발화 계획의 기능을 수행하기도 한다. 일반적으로 화자들은 발화 계획이 필요한 곳에서 더 길고 빈번한 휴지를 둔다(Henderson et al., 1966; 유도영·신지영, 2019; 2020). 또 휴지는 통사적인 경계를 구분하고 단위의 경계 강도를 드러내는 역할도 수행한다. 통사적으로 더 복잡한 구성에서 더 길고 빈번한 휴지가 관찰된다는 연구(Cappella, 1985; Ferreira, 1991; Grosjean et al., 1979 등)를 통하여 이러한 사실을 확인할 수 있다.

이렇게 실현된 휴지는 음향 신호의 연속으로 구성된 구어 발화에 물리적 중단을 야기한다. 휴지가 어떠한 이유로 나타났든(발화 계획, 경계 표시, 호흡 등), 이는 발화의 흐름을 중단하는 형태로 실현되어, 연속되는 말소리에 분열(fracturing)을 발생시킨다(Suci, 1967:27). 따라서 휴지로 인해 발생하는 운율적 경계 강도는 음높이 변화나 소리의 크기, 음의 길이만을 조절하여 나타내는 경계의 강도보다 더 크다.[1] 휴지는 소리의 지속과 분절의 양상을 아주 분명히 드러내는 운율적 장치이므로, 휴지의 실현은 발화 전반의 운율적 인상을 결정짓는다고 할 수 있다.

발화 안에 실현된 휴지를 기준으로 한 발화는 여러 개의 조음 구간으로 나뉜다. 다시 말해 휴지는 말소리를 특정한 분절들로 구분하는 역할을 한다. 발화 안에 휴지가 최소 한 번 이상 실현되면, 그 발화는 최소 두 개 이상의 조음 구간으로 분리된다. 따라서 휴지가 포함된 발화는 조음 구간과 휴지 구간의 연쇄로 구성되는 양상을 보인다. 아래 〈그림 1-1〉은 발화 안에 휴지가 실현되어, 조음 구간이 분리된 예시를 보여준다.

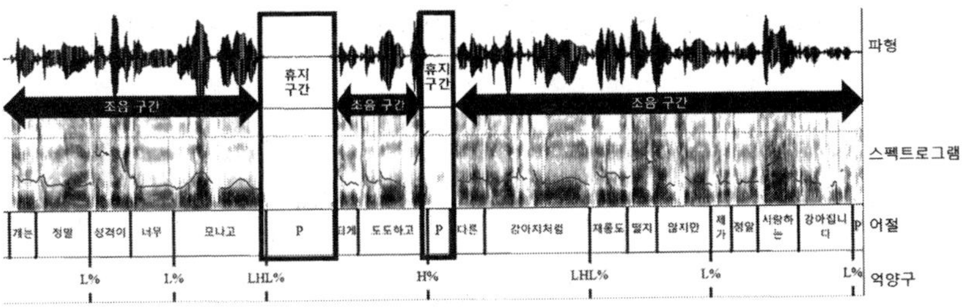

걔는 정말 성격이 너무 모나고## 되게 도도하고## 다른 강아지처럼 재롱도 떨지 않지만 제가 정말 사랑하는 강아집니다 (##: 휴지 실현 위치)

〈그림 1-1〉 발화 예시

1) 구어의 운율 단위에 대한 레이블링 규약을 정리한 K-ToBI(Jun, 2000)에 따르면, 각 단위의 연접(juncture)의 정도를 표시하는 규약인 Break indices에서 가장 큰 경계에 해당하는 것이 바로 휴지이다. 휴지는 강한 구의 분리(phrasal disjuncture)를 야기한다(Jun, 2000).

<그림 1-1>의 발화에서는 두 번의 휴지가 관찰되는데, 이렇게 실현된 두 번의 휴지로 인하여 해당 발화는 세 개의 조음 구간으로 분리된다. 따라서 위 발화는 '조음-휴지-조음-휴지-조음'의 연쇄로 발화가 구성되었다. 이 연구에서 관심을 갖는 시간 구조는 바로 이러한 조음 구간과 휴지 구간의 연쇄 패턴이다. 그런데 이러한 시간 구조는, 발화 안에 휴지가 몇 번 나타났는지, 또 휴지가 어느 위치에 어느 정도의 길이로 나타났는지에 따라 다양한 실현 양상을 보일 수 있다.

가.

나.

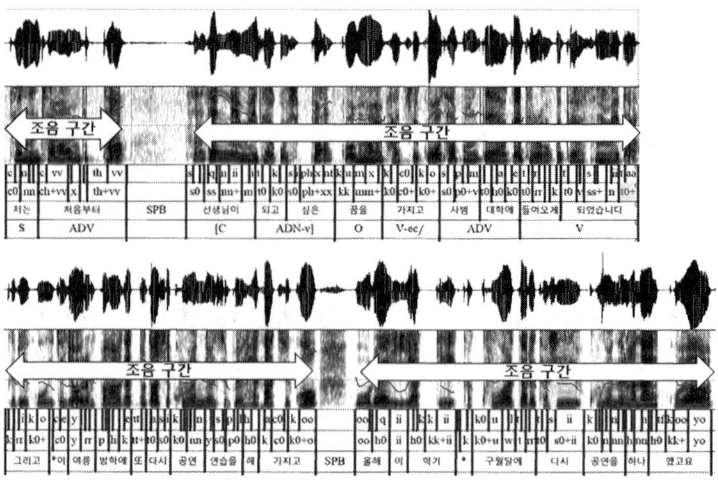

<그림 1-2> 발화의 시간 구조 예시

만약 화자가 <그림 1-2>의 '가' 예시와 같이 휴지를 발화의 앞쪽에 실현했다면, 해당 발화는 짧은 조음 구간과 긴 조음 구간으로 나뉠 것이다. 반면 화자가 '나' 예시와 같이 발화의 중간 지점에 휴지를 두었다면, 이 발화는 유사한 길이의 두 개의 조음 구간으로 나뉠 것이다. 이밖에도, 한 발화 안에 몇 번의 휴지를 두었는가에 따라서도 조음 구간은 여러 개의 길이로 나뉠 수 있다. 따라서 발화의 시간 구조는 휴지의

위치와 길이에 영향을 받는다. 즉 휴지를 중심으로 구분된 끊어 말하기의 단위가 바로 시간적 구조인 셈이다.

휴지와, 휴지로 인해 구분된 조음 구간들의 길이는 곧 화자가 발화를 어느 정도의 길이만큼 나누어 산출하려 하는지와 관련이 있다. 이는 발화의 전개 양상을 드러내는 역할을 한다. 따라서 발화가 어떻게 계획되고 전개되는지 확인하기 위해서는 휴지의 실현 위치와 이로 인해 구분된 구간들의 시간적 구조에 주목할 필요가 있다.

휴지는 화자의 인지적 부담량, 호흡 여부, 문법적 경계 강도 등을 드러내는 지표이다. 그런데 한 발화 안에서도 화자의 발화 계획 정도나 인지적 부담량, 호흡량, 문법적 경계 강도 등은 계속해서 변화한다. 이러한 변화에 따라, 휴지의 길이와 위치 또한 발화의 시작부터 끝에 이르기까지 다양하게 관찰될 것이다. 발화 내 휴지의 실현이 달라지면 이는 전반적인 발화의 운율적 특성을 달리 만든다. 따라서 발화의 운율적 이해를 넓히기 위해서는, 발화 단위 내에서 휴지가 어떠한 위치에 나타나며, 그것이 발화의 시간적 구조에 어떠한 영향을 미치는지 세분하여 살펴보는 작업이 필요하다고 할 수 있다.

휴지의 길이, 빈도 그리고 실현 원인 등에 대해서는 많은 연구들에서 이미 언급한 바 있다. 그러나 휴지가 발화 안에서 어느 위치에 나타나며, 이로 인해 조음 구간과 휴지 구간의 길이 실현이 어떠한 차이를 보이는지, 또 이것이 발화 전반의 운율적 인상에 어떠한 영향을 미치는지에 대해서는 주목한 연구가 없다. 이 연구는 발화 안에 몇 번의 휴지가 나타나, 한 발화가 어느 정도의 조음 구간과 어느 정도의 휴지 구간의 연쇄로 구성되는지 살피고 각각 어떠한 운율적 실현을 보이는지 관찰하고자 한다.

이 연구는 휴지로 인해 구분된 단위들, 즉 시간 구조들이 어떠한 운율적 실현을 보이는지에 관심이 있다. '운율'이라는 용어는 하나 이상의 분절음에 얹히는 음높이, 크기, 길이, 휴지 등을 포괄하는 개념으로 사용된다(신지영, 2014:220). 이 가운데 본 연구에서 살피고자 하는 운율 파라미터는 음높이, 길이, 휴지이다. 본 연구에서는 발화의 전반적인 운율 실현을 살피기 위하여, 운율 파라미터를 크게 시간적(temporal) 실현과 선율적(melodic) 실현으로 구분하여 관찰할 것이다. 휴지와 조음 구간의 길이, 속도 등은 시간적 실현에 속한다. 반면 선율은 발화의 모든 음높이 변이와 관련된 용어이다(Chow & Brown, 2018).[2] 이 연구에서는 조음 구간에 실현된 억양구 단위와 음높이 실현 양상을 선율적 실현으로 분류하여 관찰할 것이다.

시간 구조를 살피는 일은 다양한 측면에서 효용이 있다. 먼저, 시간 구조의 실현 양상을 살펴보는 것은 구어 발화 산출에 나타난 화자의 인지적 과정에 대한 이해를 도울 수 있다. 화자는 발화를 산출하기 전에 후행 내용을 계획하는 단계를 반드시 거쳐야 하는데, 이때 발화 계획의 여부나 정도를 파악하기 가장 좋은 방법이 바로 휴지의 실현이다. 전통적으로 인지 언어학에서는 휴지를 발화 계획의 증거로 여겨왔다. 인지적으로 부담이 있는 곳에서 길고 빈번한 휴지가 관찰된다는 사실은 휴지가 발화 계획과 관련이 있음을 의미한다.

또 일반적으로 화자의 작업 기억(working memory)에는 한계가 있어서, 모든 발화를 처음부터 끝까지 계획한 뒤에 산출하는 것은 매우 어

2) 선율(melody)이라는 표현은 발화에서 실현되는 음높이 변이와 관련된 용어이다. 음높이 변이와 관련해서는 선율(speech melody) 혹은 억양(intonation)이라는 용어가 주로 사용되는데, 억양은 후어휘적으로 발생하는 발화의 음높이 굴곡(contour)만을 가리키는 좀 더 좁은 용어로 사용되는 반면, 선율은 발화의 모든 음높이 변이와 관련된 용어이다(Chow & Brown, 2018). 본 연구는 발화 의미를 분화시켜주는 억양만이 분석 대상이 아니라, 발화 전반에 걸쳐 실현된 음들의 높낮이 실현에 관심이 있으므로, 더 포괄적인 용어인 선율이라는 용어를 사용할 것이다.

렵다고 할 수 있다. 따라서 화자들은 발화를 몇몇 개의 청크(chunk)로 묶어 계획하고 산출할 수밖에 없다. 이때 휴지는 발화를 큰 청크, 즉 조음 구간으로 나눠주는 역할을 한다. 휴지의 실현이 발화 계획과 관련이 된다면, 발화 전반에 걸친 휴지의 실현 양상에 주목함으로써, 화자가 어느 정도로 구어의 단위를 구분하고 후행 내용을 계획하는지 파악할 수 있을 것이다.

더하여, 발화의 시간 구조를 관찰함으로써 발화 단위에 대한 이해와 발화 단위 전반에 걸친 운율 실현에 대한 이해를 넓힐 수 있다. 안병섭(2007)에 따르면 발화라는 용어는 대체로 '언어 행위, 언어 자료, 언어 단위'의 세 가지 개념으로 사용된다. 언어 행위로서의 발화는 화자가 정보를 말소리로 산출하는 발화 행위 자체를 의미하며, 언어 자료로서의 발화는 연구 대상이 되는 자료인 발화체를 지칭한다. 마지막, 언어 단위로서의 발화는 말소리를 구성하는 운율 단위의 일부를 의미한다. 이 연구에서 연구 대상으로 삼는 발화는 마지막 의미인 단위로서의 발화이다.

단위로서의 발화는 하나 이상의 억양구가 모여 만들어진 운율 단위로서, 일반적으로 문어의 문장에 대비되곤 한다. 그런데 발화 단위는 문장 단위와 정확히 일치하지 않아, 문장 단위를 구어에 적용하는 것은 적합하지 않다. 형태적인 문종결 표지가 대체로 명확한 문어와는 달리 구어는 형태적인 종결 표지 없이도 발화가 종결되는 경우가 있기 때문이다. 게다가 발화 종결을 표지하는 운율적 요소들에 대해서도 아직까지 이렇다 할 규준이 마련되었다고 하기 어렵다. 이 때문에 많은 연구들에서 발화 단위의 정의와 판단 근거에 대한 기준 마련의 필요성에 대해 언급하면서도, 아직까지 명확한 합의점은 찾지 못하고 있다.

이 연구는 발화 단위를 분석 대상으로 삼아, 발화가 크게 어떠한 운율적 분절을 나타내며 그 안에서 시간 구조들이 어떠한 운율적 실현을 보이는지를 관찰하고자 한다. 발화 단위를 기준으로 그 안에 관찰되는 시간 구조들의 운율 실현 양상을 확인할 수 있다면, 이는 발화 단위 판단에 근거가 되는 운율적 기준을 세우는 데에 도움이 될 수 있을 것이다.

휴지는 다양한 위치에서 여러 이유로 나타날 수 있으며 이로 인하여 발화의 시간적 구조는 다양한 실현 양상을 보일 것이다. 따라서 한 발화 단위 안에서 휴지가 어떠한 실현을 보이는지 살펴보아야, 휴지와 발화 단위의 언어학적 역할에 대한 더 깊이 있는 논의가 가능해질 것이다. 이에 본 연구는 발화 단위를 분석 단위로 삼아, 이 안에서 휴지가 어느 위치에 나타나며 이에 따라 구분되는 조음 구간과 휴지 구간의 운율적 실현 양상이 어떻게 달라지는지를 살피고자 한다.

마지막으로 이 연구는 발화의 시간 구조와 이것의 운율 실현 양상이 성별에 따라 차이를 보이는지 살필 것이다. 앞선 연구들에 따르면, 남성은 여성보다 발화에서 더 길고 빈번한 휴지를 둔다(Kendall, 2013; 이나라 외, 2017; 유도영·신지영, 2019 등). 앞서 언급하였듯이 휴지의 실현이 달라지면 이는 발화의 시간 구조를 다르게 만든다. 따라서 성별에 따라 휴지의 실현이 달라지면 발화의 시간 구조 역시 다른 실현을 보일 것이라고 예상할 수 있다. 그러나 한편으로, 발화의 시간 구조는 화자의 발화 계획과 발화 전개 양상과도 관련이 있으며, 여기에는 성별과 무관하게 확인되는 인간의 인지적인 발화 처리 과정이 개입되어 있다. 따라서 공통적으로 관찰되는 시간 구조도 존재할 것으로 보인다.

이 연구는 발화의 시간 구조와 이것의 운율 실현 양상을 성별에 따라 구분하여 제시하고, 이러한 실현들이 모든 성별을 아울러 공통적으로 관찰되는지, 혹은 성별에 따라 다른 양상을 보이는지 살필 것이다. 발화의 시간 패턴과 이것의 운율 실현 양상이 성별과 무관하게 공통적으로 관찰된다면, 한국어 발화 단위에 적용할 수 있는 일정한 운율적 패턴이 있다고 이야기할 수 있을 것이다. 반대로 어떤 실현 양상이 성별에 따라 차이를 보인다면, 이는 화자의 성별을 드러내는 색인적 정보(indexical information)[3]의 기능을 함께 수행한다고 할 수 있다.

이 연구는 한국어 화자가 발화를 어떠한 위치에서, 어느 정도로 끊어서 산출하는지를 살펴봄으로써 다음의 세 가지 연구 질문에 대한 탐색의 과정을 거칠 것이다. 첫 번째 질문은 '한국어 발화의 시간 구조는 어떠한 패턴을 보이며, 어떠한 운율적 특징을 보이는가?'이다. 휴지는 발화의 흐름을 중단하는 주요한 운율적 단서이므로, 휴지를 기준으로 발화가 어떻게 끊어지는지 관찰함으로써 한국어 발화의 운율 인상이 어떠한지 확인할 수 있을 것이다. 이 연구는 발화 단위를 연구 대상으로 삼아, 시간 구조 안에 관찰되는 운율 실현을 시간적, 선율적 차원으로 구분하여 관찰할 것이다. 이를 통해 한국어 발화 단위에 어떠한 운율적 특징들이 있는지 정리하고자 한다.

두 번째 질문은 '한국어 발화의 시간 구조에 특정한 실현 패턴이 있다면, 그러한 패턴이 나타나는 요인은 무엇인가?'이다. 본 연구는 구어 상황이나 한국어의 특성이 발화의 시간 구조에 영향을 미칠 것이며, 이는 많은 화자에게서 공통적으로 나타나는 패턴으로 드러날 것이라고 가정한다. 만약 많은 화자에게서 공통적으로 확인되는 시간 구조의 패턴이 존재한다면, 이는 화자별 특성이 아닌, 구어 상황이나 한국어의 특성을 반영한 결과라고 할 수 있다. 따라서 본 연구는 시간 구조에 관찰되는 운율 실현의 양상을, 구어 상황에서의 화·청자의 발화 처리

3) 색인적 정보란 언어에 담겨 화자의 정체성(identity)을 드러내는 화자 특정적 정보들을 의미하는 것으로, 성별, 세대, 지역 등이 이에 속한다(Borrie et al., 2013).

과정, 그리고 한국어의 통사·의미 구조와 연결하여 설명할 것이다.

마지막 질문은 '한국어 화자는 어떤 방식으로 발화를 계획하고 조직화하여 산출하는가?'이다. 휴지는 화자의 발화 계획, 인지적 부담량, 호흡의 여부 등에 따라 상이한 실현을 보이며, 이는 발화의 시간 구조를 변화시킨다. 이 연구는 발화의 시간 구조가 화자의 발화 전개 양상을 따라 일정한 패턴을 보일 것이라고 가정한다. 발화의 시작부터 끝에 이르기까지 화자는 발화를 동일한 길이만큼 끊어 산출하는 것이 아니라, 화자의 발화 계획과 산출의 변화 양상을 반영하여 다양한 길이의 조음 구간과 휴지 구간들을 산출할 것이다. 본 연구는 화자가 발화를 어떻게 끊어 말하는지 관찰함으로써 발화의 전반적인 전개 양상을 파악하고, 한국어 화자들이 구어 발화를 어떻게 조직화하고 산출하는지 확인해 볼 것이다.

2) 연구 대상과 범위

이 연구는 발화 단위를 기본 연구 단위로 삼는다. 발화 단위 내에서 휴지가 어느 위치에 어느 정도의 길이로 나타나며, 휴지로 인해 구분된 조음 구간들이 어떠한 운율적 특징을 갖고 실현되는지를 살필 것이다. 이를 통해 한국어 발화의 운율적 특징이 무엇인지 정리하고, 이러한 특징이 나타나는 요인에 대해 고찰하며, 화자들이 구어 발화를 어떻게 조직화하고 산출하는지 논의할 것이다. 따라서 이 연구의 분석 대상에 대해 이해하기 위해서는, 가장 먼저 발화 단위에 대한 이해가 필요하다.

억양 음운론(Intonational phonology)[4]적 접근에 기반해 한국어 운율 특성을 정리하고 전사 규약을 마련한 Jun(2000)의 K-ToBI에 따르면,

한국어 운율 단위는 <그림 1-3>과 같이 가장 작은 단위인 음절부터 음운단어, 강세구, 억양구까지 위계적인 확장을 보인다.

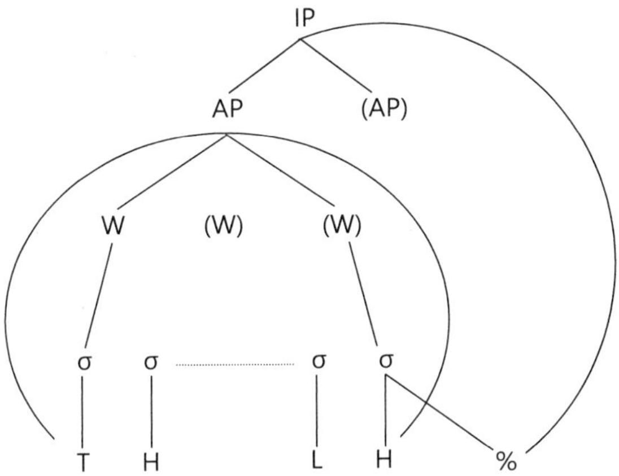

IP: 억양구(Intionation Phrase) / AP: 강세구(Accentual Phrase) / w: 음운단어 (phonological word), 6: 음절 / T(tone): 첫 음소가 기식음이거나 긴장음이거나 마찰음일 때 고조(H), 그 외에 저조(L), %: 억양구 경계 성조

<그림 1-3> 한국어 운율 구조(Jun, 2000:145)[5]

운율 구조에서 음절은 운율이 실리는 가장 작은 단위이다. 하나 이상의 음절이 모이면 하나의 음운단어가 형성된다.[6] 하나 이상의 음운

4) Pierrehumbert(1980), Pierrehumbert & Beckman(1988), Beckman & Pierrehumbert (1986)에서 제안된 억양 음운론의 자립분절(AM) 모델은 두 가지의 분절된 성조의 목표(고조 H와 저조 L)와 이것의 결합(LH, HL 등)으로 음높이 곡선을 분석하는 방식이다 (Jun, 2000:143).

5) Jun(2000)의 K-ToBI 기준안에 따르면 강세구 성조에 대한 설명으로, 첫 번째 음소가 기식음/긴장음일 땐 H, 그렇지 않을 땐 L이라고 설명하고 있다. (원문: T= H, when the syllable initial segment is aspirated/tensed, otherwise, T=L) 그러나 이러한 설명은 한국어의 평마찰음을 포함하지 못한다. 평마찰음 /ㅅ/ 역시 강세구에 가장 처음에 놓이면 고조로 실현되므로, H가 실현되는 환경에 마찰음을 추가하였다.

단어가 모이면 강세구를 이루는데, 강세구는 각 음절에 일정한 음높이 패턴(THLH)이 실현된다는 특징이 있다. 하나 이상의 강세구가 모이면 억양구가 형성된다. 억양구는 마지막 음절이 장음화되고, 구말 음절에 억양구 경계 성조가 실현되며 휴지가 뒤따를 수 있다는 특징이 있다.

Jun(2000)에서는 발화 단위에 대해 별다른 설명을 하지 않았으나, 후속 연구인 Jun(2019)에서는 발화 단위를 하나 이상의 억양구가 모여 만들어지는 단위라고 설명하였다[7]. 신지영(2014), 안병섭(2007) 등에서도 발화를 한국어 운율 구조 내의 최상위 단위로 설정하고, 억양구의 상위 단위라고 설명하고 있다. 정리하면, 발화는 하나 이상의 억양구가 모여 만들어진 운율 단위라고 할 수 있다[8].

---

6) 신지영(2014)에 따르면 음운단어는 대체로 형태론적 단어와 일치하나, 반드시 일치하는 단위는 아니다. 가령 두 개의 형태론적 단어가 하나의 단어처럼 산출되거나(의존 명사 등), 하나의 단어가 두 개의 단어처럼 산출되는 등(일부 접미사 등)의 예시가 존재하므로 음운단어는 형태론적 단어와 별개로 설정이 필요한 단위이다.

7) Jun(2019)에 따르면 발화는 하나 이상의 IP(억양구)들의 연쇄로 구성된 단위이다. 그런데 Jun(2019)에서는 발화 단위를 운율 구조에 포함하지 않는데, 발화를 구성하는 IP들에 걸쳐 적용되는 음운 규칙을 발견하지 못하였고 따라서 최대 발화(maximal utterance)를 파악할 수 없다는 이유에서이다(Jun, 2019:58). 그러나 이것이 발화 단위가 운율 단위가 될 수 없음을 의미하지는 않는다. 아직 적절한 음운론적 설명 방식을 찾지 못하였을 뿐, 발화는 억양구의 집합으로 이루어진 단위이므로, 운율 구조 안에서 설명하는 것이 적절하다.

8) '발화가 실제로 운율 단위의 최상위 단위인가?'에 대해서는 이견의 여지가 있을 수 있다. 그러나 발화 단위가 한국어 운율 구조의 최상위 단위가 맞는지는 이 연구의 관심의 대상이 아니다. 이 연구는 많은 연구들에서 '발화'라고 명명하는 것들이 실제로 어떠한 운율적 실현을 보이는지에 관심이 있다. 따라서 이 연구는 기존의 연구들에서 대체로 일치하는 기준인, 하나 이상의 억양구가 모여 만들어진 운율 단위로서 발화를 연구 대상으로 삼는다.

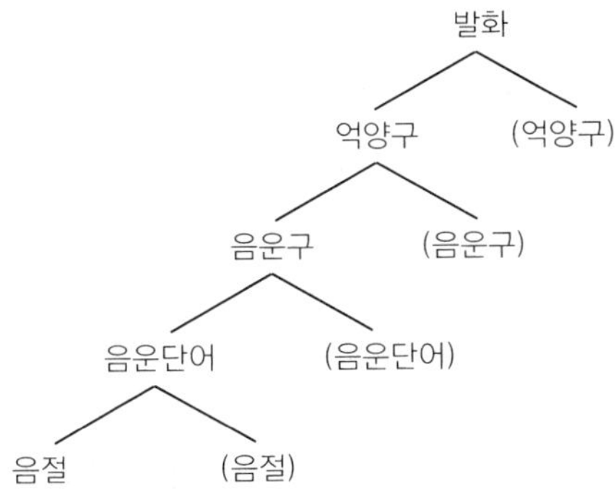

〈그림 1-4〉 한국어 운율 구조(신지영, 2014:230)

문법 단위가 뜻을 가진 가장 작은 단위인 형태소부터 단어, 구, 절, 문장까지 확장되는 것처럼 운율 단위 역시 〈그림 1-4〉와 같이 음절, 음운단어, 음운구, 억양구, 발화까지 확장을 보인다. 여기서 발화는 문법 단위의 문장에 대비될 수 있다. 그런데 발화 단위는 문장 단위와 정확하게 일치하지 않으므로, 문장 단위를 구어에 적용하는 것은 적합하지 않다. 따라서 발화 단위를 연구의 분석 대상으로 삼을 경우, 구어 연구에 활용할 수 있는 언어 단위로서의 발화를 정확히 정의해야 할 필요가 있다.

문어의 문장에 대비하여, 구어의 기본 분석 단위를 무엇으로 설정할지 논의한 연구들은 대표적으로 아래와 같다. 이 연구들에서는 구어의 기본 단위를 무엇으로 설정하고 이를 어떻게 지칭해야 하는지에 대해 자세히 논의하고 있다.

1) Nespor & Vogel(1952: 221) [Utterance] 운율 구조에서 가장 큰 성분으로 하나 이상의 억양구(intonational phrase)로 구성되어 있으며, 통사 수형도에서 최상위 노드에 지배되는 범위로 확장된다.

2) 유필재(1994) [발화] 음연쇄에서 담화보다는 작으며 음운론적으로

양 끝에 휴지를 가진 완결된 단위.

3) 이희자(2002) [발화문] 언어 행위를 수행하는 의사소통의 최소 단위
4) 전영옥(2003) [억양 단위] 화자가 그 순간에 떠오른 생각을 하나의 통일된 억양 곡선으로 실현한 단위.
6) 안병섭(2007) [발화(발화 단위)] 화자의 발화 의지가 운율적으로 완료된 의사소통의 자립 단위

Nespor & Vogel(1952:221)는 운율음운론에 입각하여 발화 단위를 정의한 연구이다. 운율 음운론은 통사부를 기저로 설정하고 통사부 이후의 단계를 음운론으로 설명하고자 한 이론이다(안병섭, 2020:62). 이 연구에서는 운율 구조와 통사 구조를 동형으로 둘 수 없다고 언급하면서도, 운율 구조를 통사 구조의 용어로 설명하였다는 점에서 순환적 오류를 갖고 있다. 발화 단위를 정의함에 있어서도 같은 한계를 보인다. 통사 구조의 최상위 단위가 발화에 대응될 수 있다는 인식을 반영했다는 의의는 있으나, 운율 단위를 운율 특성이 아닌 통사론적 구조와의 관계에 기대 설명하였다는 점에서 이러한 정의는 운율 연구에 활용하기 어렵다.

유필재(1994)는 발화를 음운론적으로 양 끝에 휴지를 가진 완결된 단위라고 정의하고, 많은 경우 이러한 발화가 주어, 서술어를 가지고 화자의 완결된 생각을 나타내는 문장에 대응한다고 설명하였다. 그러면서 모든 문장은 발화라는 점을 언급하였다. 이 연구는 한국어 연구 가운데 거의 최초로 구어의 발화 단위를 정의했던 연구라는 점에서 의의가 있다. 그러나 현실 구어에서 관찰되는 모든 발화의 시작과 끝에 휴지가 나타난다고 보기 어렵고, 발화보다 작은 단위에도 양 끝에 휴지가 관찰될 수 있으므로 발화의 정의에 휴지를 포함시키는 것에는 무리가 있다.

이희자(2002)는 '말의 실제 단위의 본질을 일정한 언어 행위를 수행하는 의사소통의 최소 단위'라고 규정하고 이를 발화문이라고 지칭했다. 이 연구는 문어의 기본 단위인 '문장'이 실제 언어 현실을 잘 반영하지 못하는 데에서 나타나는 한계를 극복하고자 구어의 기본 단위를 새롭게 도입하고자 한 것이다. 그러나 해당 연구에서는 운율적 기준을 고려하지 않아, 구어 단위로서의 발화에 대한 충분한 기준을 제시하지 못했다는 한계가 있다.

이밖에 구어의 기본 단위로 억양 단위를 설정해야 한다는 논의도 있어 왔다. 전영옥(2003)은 억양 단위를 하나의 억양 윤곽에서 나타나는 발화의 길이로서, 화자의 의식에서 그 순간에 초점이 놓인 특별한 정보가 언어로 표현된 것이라고 하였다. 또 대체로는 절 단위가 억양 단위와 일치하나 반드시 그렇지는 않다고 주장하였다. 따라서 하나의 문장이 하나의 억양 단위에서 실현되기도 하고, 절보다 작은 단위가 하나의 억양 단위가 되기도 한다. 이 연구는 발화의 기본 단위에 의미적 기준의 도입을 주장하였다는 점에서 의의가 있으나, 구어 분석에서 의미적 기준을 최우선 기준으로 삼기에는 어려움이 있다. 또한 '억양 윤곽'이라는 설명도 구체적이지 않아, 이러한 정의와 기준을 실제 연구에 적용하기에는 한계가 있다.

안병섭(2007)의 정의는 발화의 언어 수행적 접근을 수용하되, 단위로서의 특징을 구체화할 기준으로 '운율적 기준'과 '화자의 발화 의지'라는 개념을 추가한 것이다. 이 연구에서는 운율적 기준을 1차 기준으로, 화자의 발화 의지의 실현이라는 기준을 운율적 기준의 상호보완적 기준으로 삼아야 한다고 하였다. 안병섭(2007)의 논의는 발화의 정의와 이에 대한 판단 기준에 대해서 구체적으로 언급한 연구로, 상당히 수용할 만한 주장이다.

본 연구에서는 앞선 연구들의 일부를 수용하여, 발화의 정의를 정리하고자 한다. 먼저 발화는 화자가 이야기하고자 한 어떠한 의도나 내용이 완성되는 단위여야 한다. 이는 앞선 연구들에서 문장을 대신할 구어의 단위 설정을 고민하였던 이유와 맥을 같이한다. 학교문법에서 문장이 '의미적인 면에서 통일되고 완결된 내용을 표현하는 언어 형식'이라고 정의된다는 사실을 고려하면, 발화 단위의 정의에서도 역시 의미적 측면에서의 화자의 의도적 완결성이 포함되어야만 한다. 이때 화자의 의도는 글로 표현될 때와 말로 표현될 때 그 형식을 달리할 수 있다. 문어에서는 문법적인 기준을 통해 문장의 형식적 완결성을 판단한다면, 구어는 이를 운율적 기준을 통하여 판단할 수 있다. 따라서 발화는 구어 단위로서, 운율적인 완결성이 있어야 한다.

이러한 점을 고려하면 발화에 대한 정의는 안병섭(2007)의 정의가 가장 적합해 보인다. 따라서 이 연구에서 사용하는 발화는 안병섭(2007)을 따라 '화자의 발화 의지가 운율적으로 완료된 의사소통의 자립 단위'로 정의한다. 여기서 화자의 발화 의지란, 화자의 의식에서 그 순간에 초점이 놓인 정보들을 언어로 표현하고자 하는 의지이다.

이렇게 구분된 발화 안에는 휴지가 실현되지 않을 수도, 여러 번의 휴지가 실현될 수도 있다. 즉 발화가 휴지로 인해 중단되지 않는 발화, 한 번 이상 중단되어 여러 개의 조음 구간으로 구분되는 발화로 나눌 수 있다. 이 연구에서는 운율 단위로서의 발화와, 휴지가 개입하지 않고 실현된 말소리의 구간을 구분하여 살필 것이다. 따라서 휴지와 휴지 사이에 나타나는 말소리의 구간은 '조음 구간'으로, 운율 단위로서의 발화는 '발화'로 칭한다. 따라서 발화에는 여러 개의 휴지 구간과 조음 구간이 포함될 수 있으나, 조음 구간에는 휴지가 포함되지 않는다. 〈그림 1-5〉는 이러한 정의에 따라 연구 대상을 표시한 예이다.

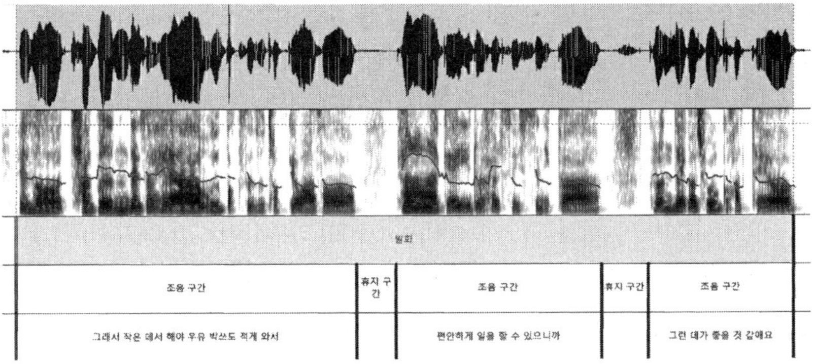

〈그림 1-5〉 발화 단위, 휴지 단위, 조음 구간의 예시

〈그림 1-5〉의 발화는 '그래서'라는 어절로 시작하여 '같애요'라는 어절로 끝나는 구간 전체를 일컫는다. 해당 발화 안에는 두 번의 휴지가 실현되었고, 이로 인하여 세 개의 조음 구간이 형성되었다. 휴지와 휴지 사이에 실현된 말소리 구간, 즉 조음 구간은 각각 '그래서 작은 데서 해야 우유 빡쓰도 적게 와서' / '편안하게 일을 할 수 있으니까' / '그런 데가 좋을 것 같애요'이다. 휴지 구간은 각각의 조음 구간 사이에 실현된 물리적 묵음의 구간이다.

본 연구에서는 발화의 전반적인 운율 실현을 살피기 위하여, 시간적 실현 양상과 선율적 실현을 구분하여 관찰할 것이다. 시간적 실현에는 물리적 길이인 지속 시간(duration, 이후 길이라고 칭함)과 각 단위 내 음절 수, 어절 수가 포함되며 속도는 말 속도와 발화 속도가 포함된다. 또, 조음 구간 내에서는 세부적으로 어떠한 시간적 실현이 관찰되는지 확인하기 위하여 조음 구간 내 음절의 길이를 관찰한다.

선율적 실현은 억양구 단위와 음높이에 초점을 맞추어 살핀다. 조음 구간 내 가장 큰 선율적 변이를 관찰할 수 있는 단위는 억양구이다. 억양구는 경계 성조의 특성뿐 아니라 장음화와 휴지로 특징지어진다.

따라서 조음 구간 안에 나타난 억양구의 실현 양상을 관찰하기 위해서 경계 성조 유형뿐 아니라, 경계 음절의 길이와 후행 휴지 길이를 함께 살핀다.

조음 구간의 세부적인 음높이 변이를 확인할 수 있는 단위는 음절이다. 조음 구간 내에서 세부적으로 어떠한 음높이 움직임이 관찰되며 이것이 발화 전반적으로는 어떠한 인상을 주는지 관찰하기 위하여 모음의 음높이를 분석할 것이다. 안병섭(2007)에 따르면 발화를 판단하는 기준으로 음높이의 점진적인 하강 현상을 언급하였다. 실제 발화에서 음높이의 하강 현상이 관찰되며 이것이 발화 판단의 주요한 단서가 될 수 있는지 살피기 위해서는 발화의 시작에서 끝에 이르기까지 음높이가 전체적으로 어떠한 실현을 보이는지 알아보아야 한다. 이를 위하여 조음 구간 내 음높이를 관찰할 것이다.

이 연구에서는 각각의 조음 구간과 휴지 구간이 발화 안에서의 위치에 따라 어떠한 실현을 보이는지를 구분하여 관찰할 것이다. 일반적으로 화자가 모든 발화를 처음부터 끝까지 계획한 뒤에 산출하기 어려우므로, 화자는 발화를 몇 개의 청크로 묶어 계획하고 산출할 수밖에 없다. 이러한 화자의 발화 전개 양상이 조음 구간과 휴지 구간의 다양한 운율 실현을 만들어낼 것이다. 따라서 발화의 시작부터 끝에 이르기까지 동일한 시간 구조가 관찰된다기보다는 화자의 발화 전개 양상을 따라, 조금 더 동적인 양상을 보일 수 있을 것이다.

이 연구는 발화의 전반에 관찰되는 운율 실현을 살피는 것이 목적이기 때문에, 발화의 시작부터 끝에 이르기까지 각 조음 구간과 휴지 구간이 어떠한 운율적 움직임을 보이는지 확인하고자 한다. 따라서 조음 구간과 휴지 구간이 발화 내에서 몇 번째 위치에 실현되었는지를 구분하여 시간적 실현과 선율적 실현 양상을 관찰할 것이다. 만약 조음 구간과 휴지 구간의 발화 내 위치에 따른 운율 실현이 발화 전체에 걸쳐 동일한 양상을 보이거나 차이를 보인다면 그러한 실현을 보이는 이유가 무엇인지를 논의할 것이다.

마지막으로, 발화에 관찰되는 시간 구조와 운율 실현 양상을 관찰하기 위하여, 구어의 특징이 잘 반영되면서 자연스러운 운율이 실현된 음성 자료를 분석할 것이다. 이 연구는 발화 단위에 관심이 있으므로, 완결된 발화 단위가 잘 확보되면서, 최대한 자연스러운 운율이 산출된 자료를 분석하는 것이 적절하다. 따라서 본고는 자연스러운 운율이 실현된 완결된 발화의 분석을 위하여, 자유 독백 발화를 분석 대상으로 삼을 것이다. 이를 통해 한국어 화자가 구어 발화를 어떻게 조직화하고 산출하는지 알아보고, 구어 단위로서의 발화 단위에 대한 이해를 넓히고자 한다.

3) 선행 연구 검토

이 절에서는 지금까지 휴지와 조음 구간, 그리고 발화 단위에 대한 운율 연구가 어떠한 방향으로 진행되어 왔는지를 정리할 것이다. 먼저 휴지와 조음 구간에 관한 연구를 개괄한 뒤에 본고에서 휴지와, 휴지로 인해 구분된 단위인 조음 구간에 주목한 이유를 설명할 것이다. 두 번째로는 발화 단위의 운율 연구에 대하여 개괄하고, 선행 연구의 의의와 한계를 밝힘으로써 발화 단위의 운율 실현 양상을 살피는 데에 본고의 접근 방식이 필요한 이유에 대하여 설명하도록 하겠다.

(1) 휴지와 조음 구간에 대한 연구

가. 휴지 연구

휴지가 언어학의 연구 대상이 된 것은 1960년대 경 영어 연구에서부터이다. 일찍이 휴지의 실현에 주목한 연구 분야는 인지언어학 분야였다. 이는 과거부터 많은 인지언어학자들이 휴지를 언어 처리 행위의 결과이자 지표로 여겨왔기 때문이다(Kendall, 2013). 인지적인 이유로 인해 휴지의 실현이 달라질 수 있다는 것은 여러 연구들에서 이미 보고되어 온 바가 있다. 휴지의 초기 연구인 Henderson et al.(1965), Henderson et al.(1966)과 Goldman-Eisler(1972)는 낭독 발화와 자유 발화에서 관찰되는 휴지를 비교하여, 휴지가 인지적 차이를 어떻게 반영하고 있는지 밝히고자 했다.

Henderson et al.(1965)는 자유 발화와 낭독 발화에서 관찰되는 휴지의 빈도를 살폈는데, 들숨 동반 휴지와 들숨 비동반 휴지의 빈도가 모두 자유 발화에서 더 빈번하게 나타났음을 밝히면서, 짧은 휴지와 긴 발화가 발화 계획과 관련되어 있다고 하였다. Henderson et al.(1966)에서도 망설임 국면(hesitant phase)에는 긴 휴지가, 유창함 국면(fluent phase)에는 짧은 휴지가 나타난다고 하여, 이것이 화자의 인지적 부담량을 반영하는 결과라고 하였다. Goldman-Eisler(1972)에서도 자유 발화와 낭독 발화의 휴지 패턴을 분석하였는데, 낭독 발화에서 더 짧은 휴지가 나타나며, 이것이 발화의 유창성과 관련된다는 점을 언급하였다.

그 외에도 여러 연구들에서 인지적 부담량이 휴지 길이와 빈도에 영향을 준다는 사실을 언급하였다(Grosjean et al., 1979; Cappella, 1985; Ferreira, 1991; Smith, 2004). 이러한 연구들에서 공통적으로 설명한 것은, 화자가 더 많은 감시나 계획이 요구되는 상황에서 더 큰 인지적 부담을 느끼고, 이러한 상황이 더 많은 휴지의 사용을 야기한다는 것이다.

발화 문장을 구성하기 위한 인지적 활동이 많이 요구될수록 휴지의 길이나 빈도가 길고 잦아진다는 것은 한국어를 대상으로 한 연구에서도 확인할 수 있다. 유도영·신지영(2019)는 낭독 발화와 자유 발화에서 나타나는 휴지의 실현을 관찰하였는데, 이 연구에서도 낭독 발화보다 자유 발화에서 더 빈번하고 긴 휴지가 나타났다는 점이 보고되었다. 또한 발화 말 휴지가 발화 내 휴지보다 더 길게 관찰된다는 점을 언급하면서, 길고 빈번한 휴지가 발화 계획 여부와 관련이 있다고 해석하였다.

발화 내 호흡의 출현 위치를 살핀 연구를 통해서도 인지적인 부담이 휴지 실현에 영향을 준다는 사실을 발견할 수 있다. 숨을 들이쉬는 동안에는 말소리를 산출할 수 없으므로, 들숨을 쉬는 위치는 반드시 휴지가 실현된 위치이다. 따라서 호흡의 위치는 곧 휴지의 실현 위치라고 해석할 수 있다.

Mitchell et al.(1996)은 20~30대 여성에게 인지·언어적 부담량이 다른 두 가지 과제를 제시하고, 인지·언어적 부담량과 호흡 조정 간 상관관계를 살폈다. 그 결과 인지·언어적 요구가 큰 과제일수록 호흡 군당 음절 수가 줄고, 발화 속도가 느려졌으며, 음절 당 폐 용량이 커지고 묵음 휴지에 소비하는 시간이 늘어났다.

Rochet-Capellan & Fuchs(2013)에서도 26인의 독일어 화자의 발화를 분석하였는데, 들숨이 대체로 절 경계나 비유창함 이전에서 잘 나타난다고 하였다. 또 들숨의 깊이는 등위절일 때 다른 절보다 더 깊었다는 사실을 발견하였는데, 이를 통하여 통사적 복잡성이 들숨의 길이와 강도에 영향을 준다고 보았다. 또 들숨의 양은 후행 내용을 떠올리는 발화 계획과도 관련이 되는데, 화자는 다음에 오는 것이 무엇인지 확실히 몰라 머뭇거려질 때 더 많은 공기를 들이쉰다고 하였다.

Fuchs et al.(2013)은 문장의 길이 역시 휴지와 호흡의 길이에 영향을 준다고 설명하였다. 이 연구에서는 더 긴 문장을 말할 때 더 많은 계획이 필요하므로 휴지 길이나 흡기의 정도가 커질 것이라는 가정으로, 성인 화자 12명의 문장 낭독 자료를 분석하였다. 그 결과 문장 길이가 길어질수록 휴지 길이가 길고 흡기가 깊고 길었다.

사회언어학적 변수와 휴지의 실현 또한 밀접하게 관련이 있다는 것이 여러 연구들에서 확인되었다. 영어를 대상으로 한 연구인 Kendall(2013)은, 2명의 남성 화자와 3명의 여성 화자의 인터뷰 발화를 분석하였는데, 그 결과 휴지 길이는 남성이 여성보다 길었고 이는 발화 내, 발화 간 휴지 모두 동일한 양상으로 나타났다. 그러면서 휴지가 화자의 성별 특성을 드러내 주는 주요한 지표가 될 수 있다고 설명하였다.

또 낭독 발화를 대상으로 한국어 발화 속도의 세대, 성별, 지역적 차이를 고찰한 이나라 외(2017)은 세대 간 성별 간 발화 속도의 유의미한 차이가 있음을 밝혔으며 이것이 휴지부의 비율의 차이에서 기인했다고 해석하였다. 발화에서 휴지가 차지하는 비율은 대체로 장년층이 청년층보다, 남성이 여성보다 더 많았다.

유도영·신지영(2019)에서도 세대, 성별에 따른 휴지의 실현을 관찰하였다. 연구 결과 남성 화자가 여성 화자보다 긴 길이의 휴지를 산출하였는데, 이러한 차이는 들숨 동반 휴지에서 더 두드러지게 나타났다. 또 남녀의 휴지 길이 차이는 발화 내 위치보다 발화 말 위치에서 더 컸다는 점을 보고하였다. 세대의 경우 휴지 빈도에서만 차이가 있었는데, 장년층 화자가 청년층 화자보다 발화 안에서 더 잦은 휴지를 두었다.

이상의 연구들을 통하여 화자가 발화를 산출하는 데에 인지적 부담을 느끼면 더 빈번하고 긴 길이의 휴지를 산출한다는 사실을 확인할 수 있었다. 일상적인 구어 상황에서 화자는 끊임없이 발화를 계획하고 복잡한 문장을 일정 정도로 끊어 말해야 한다. 이러한 과정에서 휴지가 발생하기 때문에 화자가 어떻게 발화를 조직하고 산출하는지 알기 위해서는 휴지의 실현 위치와 길이 등을 관찰해야 할 필요가 있다. 위 연구들은 휴지의 실현과 인지적 부담량 간의 상관관계를 밝혔다는 점에서 상당한 의의가 있다.

그러나 앞선 연구들은 대체로 휴지의 출현 위치를 고려하지 않거나, 고려하더라도 특정한 운율 경계(발화 시작, 발화 내 등)나 통사적 경계(절 경계 등)에만 집중하여 한 발화 안에서의 휴지 실현이 다채롭게 나타날 수 있다는 사실에는 주목하지 못하였다. 그러나 휴지는 특정한 위치에서만 나타나지 않는다. 휴지는 한 발화 안에서도 여러 원인으로 인하여 여러 위치에서 관찰될 수 있으며 이렇게 실현된 휴지는 실현 위치나 원인에 따라 길이를 달리할 수 있다. 따라서 발화 안에 나타나는 휴지의 출현 위치를 구분하고, 어느 위치에 나타난 휴지가 화자의 인지적 부담량을 반영하는지 자세히 살펴봐야 할 필요가 있다. 이에 이 연구는 휴지가 발화 안에서 어떤 위치에 출현하는지를 세분하여 이것이 발화에 대한 인지적 부담량을 어떤 식으로 반영하고 있는지 논의하고자 한다.

또 성별이나 세대에 따른 휴지 실현 양상을 살핀 앞선 몇몇 연구들을 통하여, 화자의 사회언어학적 지위가 휴지의 실현에 영향을 미칠 수 있는 변수라는 점을 확인하였다. 따라서 휴지를 연구 대상으로 삼을 때에는 화자의 사회언어적 변수를 고려해야만 한다. 이 연구는 발화 단위가 잘 관찰될 수 있는 청년층 화자로 분석 대상자를 고정하고, 청년층 화자 내에서 성별 차이가 앞선 연구들과 동일하게 관찰되는지 살펴볼 것이다.

나. 조음 구간 연구

조음 구간은 필연적으로 휴지 구간을 고려해야만 살펴볼 수 있는 단위이므로, 조음 구간에 관한 연구는 대체로 휴지 연구와 병행하여 이루어져 왔다. 조음 구간 역시 휴지 구간과 마찬가지로 여러 요인에 의하여 그 실현 양상이 달라질 수 있다. 먼저, 화자가 발화를 일정한 양씩 끊어 말하는 데에는 인지적이거나 언어적인 이유가 관여하므로, 조음 구간의 실현 양상은 발화의 난이도에 영향을 받을 수 있다. 일부 연구들에 따르면, 인지적으로 부담이 있는 상황에서 발화의 길이가 더 짧아짐을 확인할 수 있었다.

인지적인 이유로 인하여 조음 구간의 길이가 달라질 수 있다는 사실을 처음으로 언급한 연구로 Henderson et al.(1965)를 들 수 있다. Henderson et al.(1965)는 휴지를 분석하는 과정에서, 휴지 사이에 실현된 조음 구간이 발화의 난이도에 따라 길이의 차이를 보인다는 점을 발견하였다. 이 연구는 낭독 발화와 자유 발화 분석을 통하여, 인지적으로 부담이 있는 자유 발화 상황에서 조음 구간의 길이가 더 짧게 실현되었다는 점을 보고하였다.

한국어를 대상으로 발화 과제에 따른 조음 구간의 길이를 살핀 유도영·신지영(2020)에서도 낭독 발화의 조음 구간보다 자유 발화의 조음 구간이 더 짧다는 사실을 밝혔다. 그러면서 복잡한 문장 구조의 유무, 인지적 부담량의 차이 등에 따른 발화 난이도가 조음 구간의 길이 실현에 영향을 미치는 주요한 변수임을 언급하였다.

이 밖에도 휴지 길이에 영향을 미치는 운율적 요소를 밝히려는 목적으로 조음 구간에 주목한 연구가 있는데, Krivokapic(2007)과 Kamoi et al.(2011)이 그 예이다. Krivokapic(2007)은 발화 문장의 복잡도와 길이에 따라 선·후행하는 휴지의 길이에 차이가 있는지 살펴보았다. 그 결과, 후행하는 발화의 내용이 길고 복잡할수록 선·후행하는 휴지가 길어지는 결과가 관찰된다고 보고하였다. 비슷하게, Kamoi et al.(2011)은 긴 문장과 짧은 문장 조합으로 읽게 한 실험에서, 문장 사이에 오는 휴지 길이를 살펴보았는데, 그 결과 긴 문장으로 시작하면 그 뒤에 삽입되는 휴지 길이도 길어진다는 사실을 확인하였다.

이 밖에도, 사회언어학적 변수들이 조음 구간의 길이에 영향을 줄 수 있다. 유도영·신지영(2020)은 성별과 세대에 따른 조음 구간의 길이 차이를 살폈는데, 그 결과 남성의 조음 구간이 여성의 조음 구간보다 더 길었고 조음 구간 내 음절 수도 더 많았다. 반면 세대 변수의 경우, 조음 구간 내 음절 수는 청년층이 장년층보다 많았지만, 그 길이는 통계적으로 유의한 차이를 보이지 않았는데, 이는 장년층의 발화 속도가 느렸기 때문이라고 해석하였다.

휴지가 여러 분야에서 주요한 연구 대상이 되어 왔던 것과는 다르게, 조음 구간은 그다지 큰 관심을 받아 오지 못하였다. 그러나 몇 가지 연구를 통하여 인지적 요인, 사회언어학적 변수들이 조음 구간의 길이 실현에 영향을 줄 수 있으며, 휴지 길이와 조음 구간의 길이가 서로 효과를 주고받을 수 있다는 것 역시 확인할 수 있었다.

발화는 조음 구간과 휴지 구간의 연쇄로 구성되므로, 휴지 구간에 대한 이해만으로는 발화의 전체적인 시간적 구성을 이해하기에 한계가 있다. 따라서 발화의 전반적인 시간 구조를 이해하기 위해서는 조음 구간에 대한 연구 역시 뒷받침되어야 할 필요가 있다. 또 실제로 화자가 발화를 만들고 산출하는 단위는 휴지가 아닌 조음이 이루어지는 구간이다. 따라서 발화의 시간적 구조를 이해하기 위해서, 또 화자가 어느 정도로 문장을 구조화하고 산출하는지 이해하기 위해서는 휴지와 더불어 조음 구간에도 주목해야 한다. 이에 본고는 조음 구간 또한 연구 대상으로 삼아, 이것이 발화 내에서 휴지 구간과 어떠한 상관관계를 보이며 출현하는지 자세히 살필 것이다.

(2) 발화 단위에 대한 연구

이 절에서는 본 연구의 주요 연구 대상인 발화 단위의 운율 실현 연구가 어떻게 이루어졌는지 개괄할 것이다. 연구의 관심에 맞추어 발화 단위의 운율 실현 연구를 시간적 실현 연구와 선율적 실현 연구로 나누어 살펴본다. 여기서는 선율적 실현 연구를 먼저 제시할 것인데, 이는 전통적인 발화 단위에 대한 운율 연구가 대체로 선율 연구 위주로 진행되어 왔기 때문이다. 따라서 여기서는 발화 단위에 대한 선율 연구를 먼저 살펴본 후 발화 단위의 시간 연구에 대하여 개괄할 것이다.

가. 발화 단위의 선율적 실현 연구

발화 단위가 운율 연구로 들어오게 된 것은 발화 종결을 표지하는 운율적 단서가 무엇인지 탐색하는 과정으로부터 시작되었다. 구어는 운율적 단서를 이용하여 단위의 경계를 표지하는데, 발화의 경계를 드러내는 음성적 단서가 존재한다면 이는 발화의 실체를 확인할 수 있는 좋은 증거가 될 수 있다. 발화 단위의 종결을 살핀 많은 연구들은, 종결에 사용되는 특별한 성조 패턴(억양)이 있거나, 큰 단위의 전환을 나타내는 음높이 변이가 존재할 수 있음을 보고하였다.

먼저 종결에 사용되는 성조 패턴에 대한 연구는 대체로 발화 말에 얹히는 종결의 억양이 무엇인지 관찰하는 데에서 시작되었다. 이러한 관심은 구어의 운율 단위를 체계화하는 과정에서 일부 언급된 바 있다. 영국식 억양 음운론의 관점에서 운율 구조를 정의하고 구분한 이호영(1996)과 미국식 억양 음운론의 관점에서 한국어 억양 구조를 정리하고 전사 규약을 마련한 Jun(2000)에서 이를 확인할 수 있다.

먼저 이호영(1996)에서는 숨쉬기의 단위를 말마디라고 정의하고, 말마디의 경계 앞 음절에는 핵억양이 얹히며 장음화가 관찰된다고 하였다. 이 연구에서 제시한 바에 따르면, 문말과 문중에 따라, 또 문장 종결의 의미와 기능에 따라 사용되는 핵억양이 다르다. 예를 들어, 낮은 수평조가 평서문에 사용될 때는 단정적이고 냉정한 진술, 적대적인 진술을 의미하며, 의문문일 경우에는 일방적으로 질문할 때나 단순한 질문을 할 때 사용되며, 명령문일 때는 권위를 가지며 청유문일 때는 사무적인 제의를 한다고 하였다. 또 낮은 수평조가 문중에 사용될 때는 공식적인 말씨의 특징을 갖는다고 하였다.

이러한 분류는 문중과 문말에서 사용되는 억양이 전달하는 의미와 기능이 다를 수 있음을 언급하였다는 점에서 매우 의미가 있다. 그러나 같은 감정이나 태도가 여러 문말 억양 설명에 중복적으로 기술되었고, 억양 분류가 대부분 분석자의 직관에 의존하고 있어, 구어 분석에 적용이 어려웠다는 점은 아쉬움으로 남는다.

한편 Jun(2000)에서는 자료를 통해 관찰된 한국어 억양구의 경계 성조를 9개로 구분하고, 이 가운데 네 개의 경계 성조 유형을 발화의 종결법과 관련하여 설명하였다. 〈표 1-1〉은 Jun(2000)에서 설명하고 있는 종결법과 관련한 경계 성조의 특징을 정리한 것이다.

〈표 1-1〉 경계 성조의 기능(Jun, 2000)

L%	사실을 전달할 때나 평서문을 읽을 때 주로 사용된다.
H%	판정 의문문과 같이 정보를 탐색할 때 주로 사용된다.
LH%	의문문이나 설명적 종결 어미(explanatory ending)에서 주로 사용된다. 또한 짜증이나 불신을 신호하기도 한다.
HL%	평서문이나 설명의문문에서 주로 사용되며, 뉴스 방송에서 잘 나타난다.

위 설명에 의하면 L%와 HL%는 평서문에, H%와 LH%, HL%는 의문문에 주로 사용된다. 이러한 설명은 발화에 끝에 실현되는 억양 유형이

서법의 의미를 전달할 수 있음을 보고한 것으로 매우 의미가 있다고 할 수 있다.

그러나 Jun(2000)에서는 발화 단위를 따로 정의하고 있지 않아, 문말 억양에 대한 깊이 있는 논의로 이어지진 못하였다. 이것이 실제 한국어 발화의 종결 표지들과 어떠한 상관을 보이며, 발화 안에서 사용되는 억양구 경계 성조와 발화 종결을 표지하는 경계 성조가 실제로 어떠한 차이를 보이는지에 대한 논의까지는 확장되지 못하였다는 점이 아쉬움으로 남는다.

발화 종결의 형태 표지와 운율적 표지에 집중하여 연구된 것으로는 오재혁(2011), 조민하(2011)이 있다. 오재혁(2011)은 종결법의 유형에 따른 한국어 발화의 종결 억양과 이에 따른 음성 특징을 지각적으로 밝힌 연구이다. 이 연구에 따르면 하강 억양(3 세미톤 이하)과 낮은 상승-하강 억양(굴곡지점의 음높이 6 세미톤 이하), 하강-상승 억양은 평서법 혹은 명령법의 기능을, 상승 억양(9 세미톤 이상)과 높은 상승-하강 억양(굴곡 지점의 음높이 12 세미톤 이상)은 의문법의 기능을 갖는다.

이 연구는 발화 종결에 사용되는 억양이 실제 음성적으로 어떠한 실현을 보이는지 밝혔다는 점에서 의의가 있다. 특히 동일한 상승-하강의 억양이라도, 굴곡 지점의 음높이가 얼마나 높아지는가에 따라 청자가 지각하는 종결법의 범주가 달라질 수 있다는 점을 언급하였다는 점에서, 단순히 H나 L로만 기술하였던 억양음운론적 운율 기술에선 설명하지 못했던 차이를 밝혔다.

조민하(2011)은 연결 어미의 종결 기능에 주목한 연구로, 연결 어미가 종결의 형식에 사용될 때 어떠한 억양으로 나타나는지 관찰한 연구이다. 이 연구에 따르면 연결 어미가 종결에 사용될 때 L%, H%, LH%, HL%, LHL%가 모두 사용될 수 있으며 각 어미가 담고 있는 의미 특성에 따라 실현 양상이 달라진다고 하였다. 또 발화 종결 기능을 하는 연결 어미는 발화 완결기능과 담화 결속의 기능을 모두 가진다는 점에서, 완결 기능만을 가진 종결 어미와 차별된다고 하여, 이를 종결 어미화된 연결 어미로 부를 것을 제안하였다.

연결 어미로 발화가 종결되는 현상이 구어에서 매우 빈번하게 관찰됨에도, 그동안 연결 어미의 종결 형식에 사용되는 억양에 대한 연구가 드물었다는 점을 고려하면, 연결 어미의 종결 억양을 구분하고 기능을 분류한 조민하(2011)은 매우 의미 있는 연구라고 할 수 있다.

이상의 연구들은 발화를 종결하는 운율이 음운론적으로 어떻게 구분되며, 음성적으로 어떠한 실현을 보이는지 밝혀 발화 판단에 주요한 근거를 제공하였다는 점에서 의의를 갖는다. 그러나 발화 단위 전체를 놓고 보았을 때, 전 발화에 걸친 운율 실현이 어떠한 모습을 보이며, 발화 중간에 놓이는 억양과 발화 끝에 놓이는 억양이 구체적으로 어떤 음성적 차이를 보이는지에 대해서는 논의하지 못했다는 아쉬움이 공통적으로 발견된다.

종결 형식에 얹히는 성조의 유형 이외에도, 발화 전반에 걸친 음높이 변화에 주목한 연구들이 있다. 여러 연구들을 통하여, 음높이 변이가 발화와 같은 큰 단위의 전환을 나타낸다는 사실이 확인되어 왔다. 음높이는 기류의 양과 관련이 있는데, 기류의 양이 많을수록 음높이는 높아진다. 화자는 발화를 이어갈 때 계속해서 기류를 바깥으로 산출하게 되므로, 기류의 양이 점차 줄어들게 되며 자연스레 음높이는 낮아지게 된다. 어떤 단위에 걸쳐 음높이가 점차 낮아지는 이러한 현상을 점진하강(declination)이라고 부른다. 음높이가 점차 낮아지는 것이 일반적인 현상이라면, 다시 음높이가 높아지는 음높이 재설정(pitch reset)의 순간이 나타난다면, 이는 높은 확률로 들숨을 쉬어 기류가 보충된 위치일 것이다. 그리고 이러한 위치는 대체로 큰 단위의 구어 경계와 관련이 있다는 것이 많은 선행 연구에서 조사되어 왔다.

영어를 대상으로 발화 단위의 음높이 실현을 살핀 연구로는 Hirschberg & Nakatani(1996), Shriberg et al.(1997), Baron et al.(2002), Lin & Fon(2011)이 있으며, 네덜란드어를 대상으로 한 Swerts & Collier(1992), Swerts & Geluykens(1994)의 연구도 있다. 이러한 연구들은 문장의 경계를 탐지하는 데에 음높이 변이가 안정적인 도구가 될 수 있음을 언급하고 있다.

먼저 Hirschberg & Nakatani(1996)은 발화 경계에 어떠한 운율적 요소가 사용되는지를 산출의 측면에서 관찰한 연구이다. 코퍼스 분석을 통해 발화 경계의 운율 요소를 살핀 이 연구에서는, 발화 말로 갈수록 음높이와 강도가 줄어들고 발화 속도는 빨라지며, 마지막 부분(segment)[9] 앞에 오는 휴지는 짧고 뒤에 오는 휴지는 길었다는 사실을 발견하였다. 또 이러한 체계적인 변이는 담화의 구조적 분절을 신호하는 데 사용되는데, 음높이 범위의 큰 상승은 주요한 경계를 표지하며, 만약 잠재적 경계에서 음높이 하강이 나타나지 않는다면, 경계가 존재하지 않음을 의미한다고 보았다.

비슷하게 Baron et al.(2002)와 Shriberg et al.(1997) 역시 코퍼스 분석을 통하여 자유 발화의 문장 경계 신호에 어떠한 운율적 파라미터가 사용되는지 관찰하였다. 그 결과 두 연구 모두 음높이나 강도, 길이가 모두 경계를 신호하는 데에 유의미한 기능을 한다는 사실을 밝혔다. 특히 Shriberg et al.(1998)에서는 휴지 길이와 음높이가 결정적인 역할을 한다고 하면서, 휴지가 길고 음높이가 낮을수록 문장 경계일 가능성

9) 본 연구의 용어로 해석하면, 이는 발화의 마지막 조음 구간으로 이해할 수 있다.

이 크다고 하였다.

이러한 운율 특성들이 실제로 발화 판단에 유효한 지각적 단서가 될 수 있다는 사실은 이후에 발표된 Swerts & Collier(1992), Swerts & Geluykens(1994), Lin & Fon(2011)의 지각 실험을 통하여 확인되었다.

영어를 대상으로 음높이 움직임이 발화 경계 탐지에 어떠한 영향을 주는지 지각적으로 살핀 연구가 바로 Lin & Fon(2011)이다. 이 연구에서는 음높이 재설정이 발화의 정보 구조를 인지하는 기능과 어떠한 관련이 있는지 살펴보기 위하여, 경계 탐지 실험(boundary detection test)과 경계 위계 평가 실험(boundary hierarchy rating test)을 진행하였다. 그 결과 음높이 재설정의 실현 여부와 실현 강도가 발화의 정보 경계를 탐지하는 데에 영향을 주는 것으로 밝혀졌는데, 음높이 재설정이 일어나면 청자는 그것을 언어적 경계로 인식하며, 더 큰 음높이 재설정은 더 큰 담화 경계로 인식하였다.

네덜란드어의 결과도 앞선 연구들과 유사하였다. Swerts & Collier(1992)는 네덜란드어를 대상으로, 독백 자유 발화의 운율적 구조를 지각하고 판단하는 음향적 단서가 무엇인지 산출과 지각 측면에서 조사한 것이다. 그 결과 화자는 선율적 단서(음높이 변이, 점진 하강)와 시간 구조(휴지 길이의 변이)를 통하여 담화를 화제 단위(topic unit)로 구분함을 밝혔다. 그러나 지각적으로는 두 가지 운율 파라미터 중에서도 선율적 특성들이 휴지 구조보다 조금 더 중요하게 판단에 기여했다는 점을 언급하였다.

Swerts & Geluykens(1994)에서는 문장의 완료성(finality)을 신호하는 선율적 단서의 지각에 대하여 조사하였다. 이를 알아보기 위해 남성 화자가 발화한 네덜란드 문장의 억양을 조작하고 이를 피험자에게 들려준 후, 어디서 완료가 됐는지, 완료성의 강도는 어떠한지를 살폈다.

이 연구에서는 굴곡의 변이(contour difference), 레지스터의 변이(register variation), 범위의 변이(range variation)라는 세 가지 단서 가운데 어떤 것이 가장 중요한지를 피험자에게 판단하게 하였다.[10] 연구 결과 굴곡 〉 레지스터 〉 범위 순으로 평가에 영향을 미쳤다는 사실이 밝혀졌다. 다시 말해 네덜란드어에서는 음높이가 얼마나 오르내리느냐보다는, 어느 정도의 음높이 구간에서, 어떠한 성조가 실현되었는지가 완료성을 평가하는 데 중요하다는 것이다.

이상의 연구들은 음높이의 변이가 발화의 경계를 신호하고 탐지하는 데에 주요한 음성적 파라미터가 될 수 있음을 암시하는 결과들이다. 서로 다른 언어에서 유사한 결과가 관찰되었다는 사실은, 이것이 언어 보편적으로 관찰되는 현상일 수 있음을 암시한다. 다시 말해 한국어에서도 유사한 결과가 나타날 수 있다는 것이다.

실제로 한국어를 대상으로 발화 전반에 걸친 음높이 실현 양상을 살핀 연구가 있다. 대표적인 연구로는 곽숙영(2012)가 있다. 이 연구에서는 문장 읽기 자료를 통해, 문장 유형에 따른 점진하강(declination) 양상을 관찰하였는데, 한국어에서도 문장의 뒷부분으로 갈수록 음높이가 점차 낮아지는 점진하강 양상이 관찰됨을 발견하였다. 또, 한 문장 안에서도, 문법적으로 큰 경계가 나타나는 위치에서는 음높이가

10) 이 연구에서 말하는 굴곡(contour)은 ToBI의 경계 성조와 유사하다. 이 연구에서는 상승 굴곡(high-ending contour)은 뒤에 무엇이 더 있음을 신호하고, 하강 굴곡(low-ending contour)은 담화가 끝남을 표지한다(Brown et al., 1980)는 점에 착안하여, 끝부분에 상승 굴곡(rising contour)이 올 때와, 그렇지 않을 때를 구분하여 자극으로 만들었다. 레지스터의 경우, 화자가 자신의 음높이 범위 가운데 어느 부분을 사용하는지와 관련되어 있다. 똑같은 굴곡이 사용되더라도, 레지스터가 위쪽(high register contour)이라면 이는 내용이 더 남겨졌다는 것을 의미하고, 반대로 낮은 곳은 좀 더 발화 말로 지각될 것이라고 보았다. 음높이 범위는 음높이 움직임의 크기와 관련이 있다. 이 연구에서는 더 적은 양의 음높이 움직임이 더 발화 말처럼 지각될 것이라고 보았다.

다시 높아지는 재설정 현상이 나타나며, 이는 절의 종류에 따라서도 다르게 실현된다는 결과를 보고하였다. 비슷하게 하영우· 김민국(2018)에서도 절 종류에 따른 문장의 점진하강 양상을 분석하였는데, 발화의 시작부터 끝에 이르기까지 음높이가 하강하는 양상이 관찰됨을 확인하였다. 또한 절의 종류와 의미 기능에 따라 재설정 위치와 그 정도가 다르다는 사실 역시 확인할 수 있었다.

한국어 발화 전반에 걸친 음높이 실현에 주목하여, 발화 단위와 통사적 특성에 따라 점진하강 양상이 달라질 수 있음을 밝힌 위 연구들은 매우 주목할 만하다. 다만 한국어 점진하강 연구가 예외 없이 문장 낭독 자료 중심으로 진행되었다는 점은 아쉬움이 있다. 영어나 네덜란드어를 대상으로 한 연구 결과는 자유 발화에서 발화 단위 전반에 걸친 음높이 하강이 관찰되며, 음높이의 재설정이 관찰되면 청자는 이를 발화의 경계로 인지한다는 사실을 보여준다. 그러나 한국어 자유 발화에서도 이와 같은 현상이 관찰되는지는 확인하기 어려웠다.

한국어에서도 발화 전반에 걸친 점진하강 현상이 확인되며, 절의 종류와 기능에 따라서 그 양상이 달라진다는 사실이 문장 낭독 자료를 통해 확인되었다면, 이것이 자유 발화에서도 동일한 양상을 보이는지 확인해 볼 필요가 있다. 이러한 관찰을 통하여 음높이가 발화 종결을 신호하는 유의미한 음성적 파라미터가 될 수 있는지, 이것이 언어 보편적으로 관찰되는 현상인지를 폭넓게 논의할 수 있을 것이다.

나. 발화 단위의 시간적 실현 연구

지금까지는 발화 단위 종결에 사용되는 억양 형식이나, 발화 전반에 관찰되는 음높이 실현에 대한 연구들을 개괄하였다. 이는 이 연구의 관점에서 선율적 실현과 관련이 있다. 발화 단위에 대한 선율적 실현은 앞서 언급한 바대로 상당한 연구가 진척되어 온 바 있다. 그러나 발화 단위를 대상으로 시간적 실현을 살핀 연구는 발화의 선율적 실현 연구에 비하여 드문 편이다. 여기서는 발화의 시간 실현에 주목한 연구들을 몇 가지 제시할 것이다.

먼저 발화 단위 안에 나타나는 언어 단위들의 위치를 구분하고 이들의 시간적 변이를 살핀 연구들이 있다. 이러한 연구로는 발화 내 운율 구조에 따른 음소의 시간 변이를 관찰한 이숙향(1998), 이향원(2021), 발화 내 어절의 위치에 따른 어절 길이와 단모음의 길이를 살핀 오재혁(2015; 2016)이 있다.

이숙향(1998)은 운율 단위에 따라 음절의 길이가 어떠한 시간적 실현을 보이는지 관찰한 연구이다. 20대 아나운서의 2인의 낭독 발화를 분석한 이 연구는 강세구말 ≦ 어절말 〈 억양구말 〈 문장말 순으로 음절의 길이가 길어졌고, 한 어절과 악센트 단위 안에서는 해당 단위 말에 오는 음절이 초에 오는 음절보다 더 길었다는 결과를 보고하였다. 이는 발화 내 위치에 따라 음절의 시간적 실현이 달라질 수 있음을 보여주는 결과라고 할 수 있다.

오재혁(2015)은 한국어의 리듬적 등시성이 어디서 오는가를 밝히기 위하여 자유 발화 코퍼스를 분석하였다. 이 연구에서는 어절이 발화 내 위치에 따라 그 길이를 달리한다는 점을 포착하였는데, 즉 발화의 마지막에 위치하는 어절들은 평균 510~530ms 길이로 나타나, 발화 중간에 있는 어절들(평균 320~350ms)보다 더 길게 나타났다는 것이다. 그러면서 한국어의 발화는 발화 중간에 있는 것과 발화 말에 위치한 것이 서로 다른 그룹으로 묶여 반복성을 만들어낸다고 하였다. 오재혁(2016)에서는 어절의 발화 내 위치에 따른 단모음의 길이 실현을 살펴보았는데, 그 결과 발화 초 어절의 평균 길이는 66.3ms, 발화 중에서는

65.8ms, 발화 말 위치에서는 86.0ms로 발화 말에서 가장 길다고 하였다. 한 어절 안에서는 어절의 끝에 올 때 모음의 길이가 가장 길었다.

이향원(2021)은 운율 단위에 따른 음절의 시간적, 공간적 실현을 관찰한 연구이다. 20대 화자 60인의 낭독 발화를 분석한 이 연구에서는 단위의 초에서 음운구 말 < 발화 말 < 억양구 말 순으로 음절의 길이가 길어진다는 사실을 발견하였다. 단위가 커질수록 음절이 길어진다는 앞선 연구들과는 다소 차이를 보였다. 이 연구는 발화 말에 비하여 억양구 말의 음절 길이가 길어진 이유에 대하여, 발화가 아직 끝나지 않은 억양구 말에서 발화의 지속을 표시하려는 의도가 장음화로 표지된 것이라고 해석하였다.

위 연구들은 발화 내 운율 단위의 위치를 구분하여, 해당 단위에서 음절이나 어절의 길이가 어떠한 차이를 보이는지 관찰하였다는 점에서, 발화의 운율적 실현을 여러 위치에 따라 살펴보고자 하는 본 연구의 목적에 부합한다. 그러나 위 연구들의 분석 단위가 어절 이하에 머물러 있다는 점이 본 연구와 차이를 보인다. 본 연구는 이보다 큰 단위인 조음 구간, 휴지 구간, 그리고 더 나아가 발화 전체까지 확장하여, 발화의 시간적 실현이 전반적으로 어떠한 변동을 보이는지를 살피고자 한다.

발화 단위 전체의 길이 실현을 살핀 연구로는 발화 내 음절 수 측면에서 발화의 길이를 살핀 이영미·김향희(2001), 김한식(2003), 그리고 발화의 물리적 길이에 대하여 언급한 김정선(2017)이 있고, 병리학적 관점에서 연령에 따른 발화 길이나 성별에 따른 발화 길이를 살핀 연구들이 있다.

발화 단위 내 음절 수의 측면에서 발화의 시간적 실현을 관찰한 연구로는 이영미·김향희(2001)와 김한식(2003)을 들 수 있다. 이영미·김향희(2001)에서는 46명의 성인을 대상으로 발화 과제에 따른 발화 길이 실현을 관찰하였다. 이 연구에서는 연구 대상자들에게 대화 과제와 그림 설명 과제를 수행하도록 요청하였고, 이에 따른 발화당 음절 수, 발화 속도(초당 음절 수)를 측정하였다. 그 결과 한 발화 내 음절 수가 대화 과제에서는 18.32음절, 그림 과제에서는 14.92음절인 것으로 확인되었고, 초당 음절 수는 대화 과제에서는 5.20sps, 그림 과제에서는 4.28sps로 확인되었다.

김한식(2003)은 통역의 관점에서 접근한 연구인데, 한국어의 일반적인 문장 길이에 대한 이해를 통해 구어 통역의 효율성과 정확성을 재고하고자 하였다. 이 연구에서 살핀 구어 자료는 원고 있는 발화(축사 등)와 원고 없는 발화(강연 등)로 나뉘었다. 연구 결과, 원고 있는 발화는 문장당 56.7음절을 산출하는 것으로 나타났고, 원고 없는 발화는 문장당 평균 58.5음절을 산출하는 것으로 나타났다.

위 연구들은 한국어 발화가 평균 몇 개의 음절로 구성되어 있는지 조사하였다는 점에서 이 연구의 관심과 다소 일치하는 점이 있다. 그러나 위 연구들은 발화 내 음절 수나 발화 속도만을 제시하였다는 점에서 실제 한국어 발화가 어느 정도의 길이로 구성되어 있는지를 알기는 어렵다. 음절 수나 속도는 조음 구간에서만 확인할 수 있으며, 따라서 위와 같은 연구에서 휴지 구간은 분석 대상에서 제외되기 때문이다. 그러나 휴지는 발화의 길이에 영향을 미치며 발화의 운율적 인상을 다르게 만든다. 따라서 한국어 발화가 어느 정도의 길이로 구성되어 있는지를 알기 위해서는 휴지를 포함한 발화의 물리적 길이 또한 살펴볼 필요가 있다.

발화의 물리적 길이에 대하여 언급한 연구가 전혀 없는 것은 아니다. 김정선(2017)에서는, 발화 속도와 발화 길이의 상관관계를 조사하기 위하여 서울 코퍼스 자료를 이용하여 20대 남녀 10명의 발화 길이와 발화 속도를 조사하였다. 연구 결과, 발화 길이는 전 피험자 평균 0.8~1.5초로 나타났으며, 평균 3~7.1음절이 실현되었다. 또 발화 길이가 길어질수록 발화 속도가 빨라진다는 점도 확인되었다.

그런데 여기서 발화 길이라고 제시한 0.8~1.5초는 상당히 짧은 길이이다. 이 연구에서 발화를 어떻게 정의하였는지 구체적으로 제시되어 있지는 않으나, 음성 레이블링이 된 곳뿐 아니라 휴지 길이나 소음 등의 지속 시간 또한 발화 시간이라고 언급하고 있는 점으로 미루어 보아, 실제 발화와 무관한 구간들이 측정되었음을 예상할 수 있다. 이러한 발화와 무관한 구간들의 길이가 발화 길이의 평균값에 큰 영향을 미쳤을 것으로 보인다. 이러한 방식의 발화 길이 연구는 본 연구에서 확인하고자 하는 언어 단위로서의 발화의 길이와는 상당한 차이가 있다.

운율 단위로서의 발화 길이를 관찰한 언어학적 연구들 이외에도, 병리학적 관점에서 발화의 길이를 측정한 연구들이 있다. 병리학에서는 발화의 길이를 언어 능력을 나타내는 지표로 여겼다. 병리학 연구에서는 주로 연령이나 성별 등 화자의 생리적 특징이나 노화에 따른 언어 산출 능력의 차이를 살피기 위하여 발화의 길이를 조사하였다.

먼저 연령에 따른 MLU(Mean Length of Utterance)[11]의 차이를 관찰한 연구는 Kemper & Sumner(2001), 윤지혜 외(2018)를 들 수 있다. 청년층 화자(18~28세) 100명과 노년층 화자(63~99세) 100명을 대상으로 조사한 Kemper & Sumner(2001)에서는, 청년층의 평균 MLU-w가 노년층의 평균 MLU-w보다 많이 실현되었으며, 두 연령 집단 간 통계적으로 유의미한 차이가 있음을 보고하였다.

---

11) MLU는 연구 대상자가 산출한 말소리에서 발화당 형태소(MLU-m)나 단어(MLU-w)의 출현 빈도를 세는 것이다.

유사하게 윤지혜 외(2018)는, 인터뷰 형식의 자유 발화에서 관찰되는 MLU-m의 실현을 관찰하였는데, 그 결과 성인 화자의 경우, 초기 성인기(19~35세)에서 후기 성인기(36~60)세는 차이가 거의 없거나 값이 소폭 증가하다가, 노년기 화자(61세 이상)에 접어들면 MLU-m의 길이가 확연히 감소한다는 사실을 발견하였다.

반면 최현주(2012)와 신윤경 외(2018)에서는 연령에 따른 구어 능력의 차이는 있으나, 성별에 따른 차이는 발견되지 않았음을 보고하였다는 점에서 앞선 연구와 차이를 보인다. 20대와 65세 이상의 남녀 화자 80명을 대상으로 문장당 어절 수(MLU-w)와 CIU[12)]를 살핀 최현주(2012)에서는, 청년층이 노년층보다 MLU-w가 많고 CIU 비율이 높았으나, 성별 차이는 유의하지 않았음을 언급하였다. 유사하게 C-unit[13)] 별 단어 길이를 관찰한 신윤경 외(2018)에서도, 청년층의 C-unit별 단어 수가 노년층보다 많았으나, 성별에 따른 차이는 관찰되지 않았다고 하였다.

위 연구들을 통하여 언어 장애가 없는 성인 화자의 경우 대체로 연령이 증가함에 따라 언어 산출 능력이 감소하며, MLU나 CIU 혹은 문장당 음절 수와 같은 발화의 길이 역시 짧아진다는 것을 알 수 있다. 한편 성별의 경우는 여성이 남성에 비하여 발화 길이가 더 길다는 연구가

12) CIU는 Nicholas & Brookshire(1993)이 제안한 지표로, 문맥상 명료하고 주제에 적합하며 명확한 정보를 제공하는 단어를 의미한다. 이는 산출한 단어 중 내용과 유관하거나 적합한 것만을 세는 것으로, 정보 전달의 효율성을 평가하는 데 유용한 도구이다(권미선 외, 1998).

13) C-unit(communication unit)은 수식어를 포함한 독립된 절들의 단위이다(Loban, 1966). 이는 문장의 복잡도를 평가하기 위해, 주절과 주절에 붙은 종속절을 하나의 단위로 취급한 T-unit(terminable unit)을 구어에 알맞게 변형한 단위이다. C-unit은 T-unit과 달리, 서술어를 포함하지 않으나 의사소통적 가치를 지닌 독립된 구들도 개별 단위로 포함한다는 특징이 있다(Crookes, 1990).

있는 한편, 차이가 발견되지 않았다는 보고도 있었으며, 성별 차이가 연령에 따라 다른 양상을 보인다는 상호작용 효과를 보고한 연구도 있었다.

이러한 연구는 발화 길이가 한국어 화자들의 연령 차이를 드러내주는 지표가 될 수 있다는 사실을 암시한다. 발화 길이가 짧으면 이는 일반적으로 노년층의 발화로 인식될 수 있다는 것이다. 그러나 성별의 경우는 다르다. 성별에 따른 발화 길이는 연구마다 다른 결과를 보고하고 있다. 성별에 따른 차이가 일관되지 않은 원인으로는 발화 자료의 차이, 분석 방법에 차이 등이 있을 수 있다. 그러나 무엇보다도 성별에 따른 차이를 보고할 만한 더 많은 연구가 더 축적되어야 한다는 것을 의미하기도 한다.

발화 길이에 대한 연구 결과가 상당한 차이를 보인다는 점도 문제가 된다. 발화 내 음절 수는 연구 결과에 따라 3음절부터 50음절 이상까지 매우 큰 차이를 보인다. 이러한 차이는 발화 자료의 차이이거나 발화 단위의 판단에 차이일 수 있다. 이러한 차이를 보이는 이유를 설명하기 위해서는, 정확한 발화 판단 기준을 세워 발화 단위를 규정하고, 이렇게 구분된 발화 단위가 어떠한 시간적 실현을 보이는지 자세히 관찰한 결과가 있어야만 한다.

따라서 이 연구는 일관된 발화 판단 기준을 세워 이 기준에 맞춰 발화를 구분하고, 발화의 시간적 실현을 살피고자 한다. 이를 통하여 한국어 발화가 대체로 어느 정도의 길이를 갖는지 확인할 것이다. 또 발화의 시간적 실현이 성별과 무관하게 일관된 패턴을 보이는지, 만약 차이를 보인다면 이러한 실현이 성별에 대한 정보를 포함하는 변수가 될 수 있는지 논의할 것이다.

4) 논의의 구성

이 연구의 목적은 한국어 발화가 어떠한 시간적 구조를 보이는지 관찰하여, 화자가 어떠한 방식으로 발화를 계획하고 전개해 나가는지 확인하고 이것이 발화의 운율적 인상에 어떠한 영향을 미치는지 고찰하는 것이다. 이를 위하여 자유 독백 발화를 분석 대상으로 삼아, 시간 구조에 관찰되는 운율 실현 양상을 시간적(temporal) 실현 양상과 선율적(melodic) 실현으로 구분하여 관찰할 것이다.

1장에서는 연구의 목적을 밝히고, 선행 연구를 검토하여 본 연구의 필요성과 차별성을 탐색한다. 2장에서는 본고에서 사용한 연구 방법에 대하여 설명한다. 먼저 분석 자료가 무엇인지 설명하고, 해당 자료를 어떤 기준으로 선별하였는지 분석 대상의 판단 기준을 제시할 것이다. 그다음 각 분석 단위별 분석 내용에 대하여 자세히 기술한다. 3장에서는 2장에서 제시한 연구 방법에 따라 도출된 연구 결과를 시간적 실현 양상과 선율적 실현 양상으로 구분하여 제시한다. 시간적 실현은 각 분석 대상별 시간 실현 양상, 발화 유형별 시간 실현 양상으로 나누어 살핀다. 선율적 실현은 억양구의 실현 양상, 음높이 실현을 관찰하고, 발화 유형별 선율 실현 결과를 제시할 것이다. 4장에서는 3장에서 도출된 연구 결과를 바탕으로 한국어 발화의 운율적 특징이 무엇인지 정리할 것이다. 5장에서는 한국어의 시간 구조와 운율 실현 요인에 대하여 논의한다. 마지막 6장에서는 연구 결과를 정리하여 요약하고, 이 연구의 의의와 한계를 밝힌다.

2. 연구 방법

1) 연구 자료

이 연구에서는 발화 단위의 시간적 구성과 운율적 실현을 살피기 위하여 자유 발화를 분석 대상으로 삼았다. 발화는 구어의 분석 단위이므로, 전반적인 발화의 특성을 명확히 관찰하기 위해서는 구어의 성격을 잘 갖추면서, 발화 단위가 잘 실현된 자료를 활용하는 것이 적당하다고 판단하였다.

구어는 구두-청각적인 음성 기호로 이루어진 언어로, 시각적인 문자로 재현된 언어와 구분된다(노대규, 1996:15). 따라서 음성을 매개로 실현된 것들은 모두 구어로 인정할 수 있다. 그러나 구어 안에서도 매체의 특성에 따라 구어적 특징을 지닌 자료와 문어적 특징을 지닌 자료로 구분되기도 한다. 강범모 외(1998)에서는 구어적 상황을 반영하는 가장 중요한 특징이 상호 교류와 실시간 상황성이라고 언급하였다. 구현정(2005)에서도, 구어의 특성 중에 가장 중요한 것으로 실시간성과 상호 교류성을 꼽았다.

구어의 주요한 특징이 상호 교류의 특성과 실시간 상황성이라면, 이러한 특징을 잘 반영한 자료를 연구 대상으로 삼아야 한다. 이러한 기준에 근거하여 이 연구에서는 자유 발화 자료를 분석 대상으로 삼고자 하였다. 여러 구어 발화 가운데 자유 발화 자료는 화자가 그때그때 후행 내용에 대한 계획을 만들어가며 산출한 발화 자료들이므로, 실시간 상황성이 충분한 자료라고 할 수 있다. 자유 발화 자료의 분석을 통하여 발화를 전개하는 데에 사용되는 여러 전략 및 시간·운율적 특성에 따른 발화의 실현 양상을 다각도로 살필 수 있다.

이 연구는 자유 발화 가운데서도, 화자의 발화 특성을 가장 잘 살필 수 있는 것으로 독백 발화를 선택하였다. 발화의 특성을 확인하기 위해서는 구어의 특성을 잘 반영하면서도 온전한 발화 단위를 잘 획득할 수 있으며, 어느 정도의 유창함이 담보된 자료를 활용해야 한다. 독백 발화 자료는 화·청자가 자유롭게 대화를 주고받는 대화 자료보다 상호 교류의 특성에서 다소 부족함이 있다고 할 수 있다. 그러나 일반적으로 독백적 말하기 상황에서도 화자는 청자를 상정하고 이야기를 진행해 나간다. 따라서 독백 상황 역시 상호 교류성이 담보된 구어 상황이라고 할 수 있다.

또한 독백 상황에서는 대화 상황보다 화자의 완결된 발화를 더 잘 관찰할 수 있다. 대화 상황에서 화자는 그들의 발화를 다른 사람과 조정해야 하고, 독백 상황에서는 다른 사람의 방해 없이 모든 담화를 계획해야 하기 때문이다(Clark & Clark, 1977:227). 독백 발화의 경우 상대의 발화 개입이나 화·청자 간 발언권 다툼이 존재하지 않아, 화자의 의도가 완결된 운율 단위인 발화 단위를 관찰하기에 가장 적합하다. 따라서 이 연구에서는 구어 자료 가운데 자유 독백 발화 자료를 분석 대상으로 선택하였다.

본고는 자유 독백 발화 자료를 살펴보기 위하여 기구축된 음성 코퍼스를 분석하였다. 이 연구에 사용된 코퍼스는 고려대학교 음성언어정보연구실에서 구축된 '2차 말글 비교 실험 DB'이다. 2차 말글 비교 실험 DB는 고찰할 수 있도록 설계 및 수집된 자료이다(신지영·김경화,

2017). 이 DB의 음성 자료는 총 204명의 20·30대 화자가 여러 주제를 3~5분 분량으로 말한 자료로 구성되어 있다.

이 연구의 분석 대상이 된 것은 2차 말글 비교 실험 DB의 말하기 과제 중 자유 말하기 과제에 해당한다. 연구 참여자는 동아리, 취미, 관심사 등 자신이 좋아하는 것이나 관심 있는 것에 대하여 자유롭게 생각하고 발화하였다. 총 204명의 연구 참여자 가운데 자유 발화 과제를 수행한 연구 참여자는 55명이었고, 음성 파일은 약 4시간(243분) 분량이었다. 자유 발화 자료에 한해서는 음성에 대한 정보를 주석한 레이블링 자료가 존재했다.

총 55개의 자유 발화 자료 가운데 이 연구에서 사용된 자료는 50명의 자유 발화 자료였다. 연구 참여자가 매우 긴 휴지를 빈번히 사용하거나 말을 자주 더듬는 등, 전반적으로 매우 비유창하고 분석에 적합하지 않다고 판단된 5개 파일은 분석에서 제외되었다.[1] 이 연구에서 분

---

1) 분석에서 제외된 피험자는 여성 2인과 남성 3인이었다. 이 화자들의 자료에는 아래 그림과 같이, 발화 내 2~3초 이상의 긴 휴지가 빈번히 나타났고 발화의 반복이나 수정 또한 상당히 많이 관찰되었다. 따라서 이 다섯 개의 파일은 비유창한 자료라고 판단하여 분석에서 제외하였다.

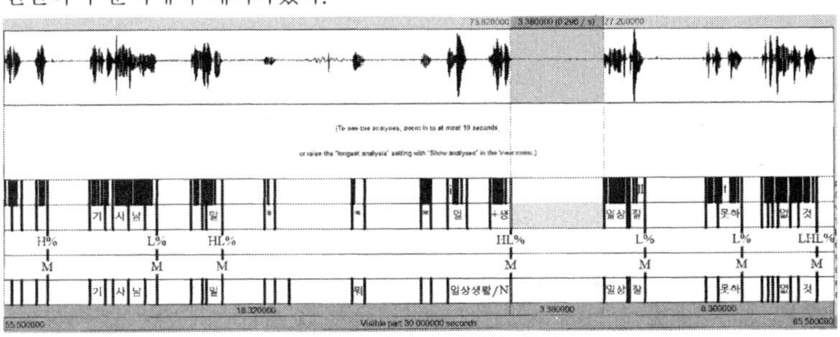

〈분석에서 제외된 파일의 예시〉

위 그림에서 파형의 신호가 관찰되지 않는 부분은 휴지 구간이다. 그림에서 선택된 영역은 발화 안에 약 3.38초의 휴지가 실현된 곳이다. 이 부분 이외에도, 전체적으로 매우 긴 휴지가 아주 빈번히 관찰되었음을 알 수 있다.

석한 연구 대상자에 대한 자세한 정보는 〈표 2-1〉과 같다.

〈표 2-1〉 연구 대상자 정보

남성 연구 대상자			여성 연구 대상자		
피험자	연령	주요 거주지	피험자	연령	주요 거주지
m1	22	서울	f1	21	서울
m2	21	경기	f2	21	서울
m3	23	서울	f3	20	서울
m4	21	서울	f4	20	서울
m5	19	서울	f5	20	인천
m6	23	서울	f6	22	서울
m7	23	서울	f7	20	경기
m8	24	서울	f8	20	경기
m9	20	서울	f9	20	서울
m10	26	서울	f10	21	경기
m11	19	서울	f11	19	경기
m12	24	경기	f12	22	경기
m13	25	서울	f13	20	경기
m14	24	경기	f14	22	서울
m15	23	서울	f15	22	경기
m16	20	서울	f16	21	서울
m17	24	서울	f17	23	서울
m18	24	인천	f18	21	서울
m19	20	서울	f19	23	서울
m20	21	경기	f20	22	경기
m21	22	서울	f21	20	서울
m22	24	경기	f22	23	서울
m23	23	서울	f23	21	서울
m24	21	서울	f24	22	서울
m25	23	서울	f25	22	서울

연구 대상자는 모두 만 19세 이상의 대학생이었고, 수도권(서울, 경기, 인천)이 주 거주지인 표준어 사용자였다. 성별은 남녀 각 25명이었다.

본고는 기구축된 음성 자료(.wav 파일)와 레이블링 자료(.TextGrid 파일)를 연구에 활용하였다. 레이블링 자료는 음소, 어절, 억양구, 발화 단위에 대한 정보가 표시된 자료였다. 이 레이블링 자료는 전사된 자료를 바탕으로 음소, 어절 단위를 음성과 맞추는 강제정렬(forced alignment) 작업을 진행한 후에 음성학 전공자 5인이 어절, 억양구 경계 성조, 발화 경계 여부, 형태소 정보를 추가로 조정 및 추가한 것이다. 이 가운데 어절, 억양구 경계 성조, 발화 경계 여부는 음성학 전공자 5인의 교차 검토가 완료된 것이었다. 레이블링 자료는 Praat(Boersma & Weenink, 2017) 프로그램의 TextGrid 형식으로 제공되었다. 아래 〈그림 2-1〉은 레이블링 파일의 예시이다.

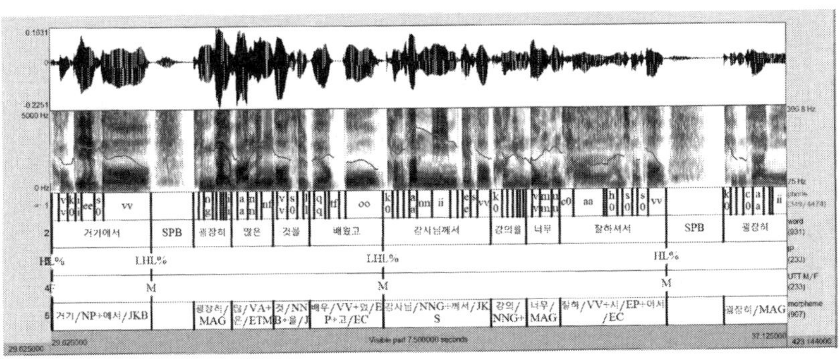

(파형과 스펙트로그램 아래 TextGrid의 상위 티어부터 음소, 어절, 억양구, 발화 단위, 형태소 순)

〈그림 2-1〉 기구축된 레이블링 파일 예시

본고는 교차 검토가 완료된 위 레이블링 자료를 연구에 활용하였다. 다만 본고의 분석에 필요한 정보를 추가로 주석하기 위하여 레이블링 파일에 음절 티어와 문장 성분 티어를 추가하였다. 음절 티어는 음소 티어를 활용하여 만들었으며, 문장 성분 티어는 각 어절의 성분에 대한 정보를 주석하는 방식으로 이루어졌다. 어절과 문장 성분이 추가된 레이블링 자료의 예시는 아래와 같다.

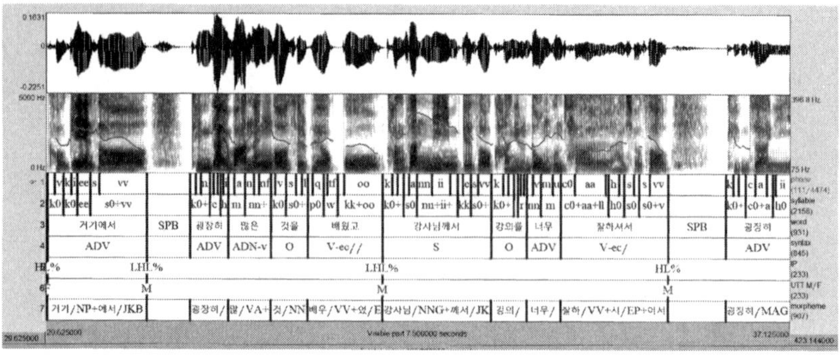

(파형과 스펙트로그램 아래 TextGrid의 상위 티어부터 음소, 음절, 어절, 문장 성분, 억양구, 발화 단위, 형태소 순)

〈그림 2-2〉 본 연구에 활용한 음성 레이블링 파일 예시

발화의 종결 여부는 본 연구의 기준에 맞게 연구자가 다시 한번 검토하는 작업을 거쳤다. 그 과정에서 기존 레이블링 자료와 연구자의 판단이 불일치하는 경우가 있다면, 해당 경우에 한해 다시 음성학 전공자의 교차 검정을 거치도록 하였다.[2] 또한 연구 대상자들은 녹음이 시작되면 본인의 신상(이름, 학교, 전공 등)에 대해 간단히 언급하였는데, 따라서 모든 파일의 시작은 화자 정보에 대한 것이었다.[3] 이러한 부분은 화자가 어떠한 내용을 자발적으로 계획하고 구조화하여 산출한 결과물이 아니라고 판단하여, 분석에서 제외하였다.

그 결과 본고의 분석 대상이 된 자료는 50개 파일이었으며 그 길이는

2) 발화의 경계 판단에 대한 내용은 2-2)-(1)-①절에 제시하였다. 음운구 경계 성조 판단은 기존에 주석된 정보를 그대로 따랐으며, 경계 성조별 예시는 부록으로 제시하였다.

3) "저는 OOO입니다. 녹음 시작하겠습니다."와 같은 부분이다.

총 3시간 41분(221분)이었다. 분석 대상의 크기는 908개 발화에서 관찰된, 총 5,049개 조음 구간, 4,859개 휴지 구간, 6,293개 억양구, 52,681개의 음절이었다.

2) 분석 방법

(1) 분석 대상의 판단 기준

연구에서 분석의 대상이 되는 단위는 발화 단위와, 발화 단위 내의 조음 구간 및 휴지 구간이다. 이 절에서는 발화 단위의 판별 기준과 조음 구간, 휴지 구간의 측정 기준에 대하여 설명할 것이다. 또 발화의 시간 구조와 운율 실현을 살피기 위하여 추가로 분석된 억양구 단위 및 음절, 그리고 통사 성분 분석에 대한 판단 기준에 대해서도 설명할 것이다.

① 발화 단위

발화 단위 판단에 있어 주요한 이슈는 발화의 종결 판단이다. 구어의 발화 단위는 형태적으로 종결 형식이 사용되지 않을 수 있으므로, 종결에 대한 기준이 명확히 설정되어야 한다. 그렇다면, 어떠한 요소들이 구체적으로 발화 판단의 기준으로 적용될 수 있는지를 고민해야 한다. 발화의 판단 기준에 대해서 언급한 연구들로는 김수진 외(2011), 신지영(2017) 등이 있다.

김수진 외(2011)에서는 발화의 구성 요소와 발화의 구분 요소를 나누어 제시하였다. 이 연구에서 말하는 발화의 구성 요소에는 종결 어미, 휴지, 통사적, 의미적 요소가 속하며, 발화의 구분 요소에는 말차례,

종결 억양, 휴지 세 가지가 속한다. 이 연구에서는 발화의 구분 요소 가운데 가장 중요한 것은 종결 억양이고 말차례와 휴지는 부차적인 기준이라고 하였다.

신지영(2017)은 한국어의 문장 종결 방법이 크게 형태 표지에 의한 것과, 운율 표지에 의한 것으로 구분된다고 하면서, 문종결의 형태 표지가 어절의 끝에 놓이게 되면 문의 종결이 이루어지고, 그 이외의 형태 표지가 어절의 끝에 놓이는 경우에는 종결 운율의 실현으로 문의 종결이 이루어진다고 하였다.

본고는 발화의 종결 판단에 있어, 위 연구들을 따라 형태·통사적, 운율적 기준을 두고, 여기에 담화·의미적 기준을 새로 추가할 것이다. 세 가지 기준을 고려하여 종합적으로 판단하되, 위 세 가지 기준 중 어느 하나라도 충족하지 못한 경우에는 아래와 같은 우선순위를 두어 발화 종결을 판단하였다. 〈그림 2-3〉은 본고의 발화 종결 판단 기준을 정리한 것이다.

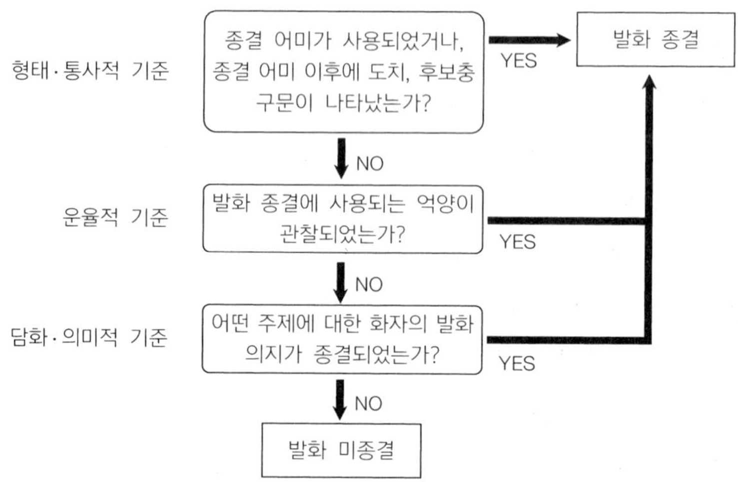

〈그림 2-3〉 발화 종결 판단 기준[4)]

먼저 형태·통사적인 형태나 표지가 사용된 경우, 운율적 실현을 고려하지 않아도 분명한 발화의 종결이 이루어졌다고 판단하여 이를 최우선 순위로 두었다(①형태·통사적 기준). 그다음으로, 형태·통사적인 종결 형태나 표지가 사용되지 않았으나 분명한 종결의 운율이 사용된 경우, 발화 종결이 이루어졌다고 보았다(②운율적 기준). 마지막으로 형태·통사적 형태나 표지가 사용되지 않고, 종결의 운율이 사용되지 않았음에도 후행 발화와의 연관성이 없이 주제가 종결되고 담화 맥락이 독립적일 경우, 화자의 의식의 초점이 다른 것으로 넘어갔다고 판단하여 발화 종결이 이루어진 것으로 보았다(③담화·의미적 기준). 위 기준에 대한 자세한 예를 들면 아래와 같다.

첫째, 형태적 기준은 형태적으로 종결 형식이 사용된 경우이다. 종결 어미가 사용된 경우 분명한 발화의 종결로 판단하였다.[5)] 다만, 발화 안에 직접 인용절이 사용되어 해당 인용절에 종결 어미가 사용된 것은 발화의 종결로 판단하지 않았다.

(1) 종결 어미 사용

음 [휴지] 그런데 요즘 드는 생각이 [휴지] 이렇게 우리 한국의 [휴지] 대중 슷 스타들이 아시아 전역에서 인기를 끌고 있는데 [휴지] 우리의 전통문화는 휴지 그렇게 많이 [휴지] 세계에 알려지지 못하고 있다는

---

4) 김수진 외(2011)에서는 발화 구분 요소로 종결 억양 → 통사적 충족성 → 종결 어미 순의 순서를 두었다. 이 연구는 형태·통사적 기준을 최우선 순위로, 운율적 기준은 후순위로 두었다는 것에서 차이가 있으며 여기에 담화·의미적 기준을 추가하였다는 점도 김수진(2011)과 차이를 보인다.

5) 종결 어미는 국립국어원 표준국어대사전에 종결 어미로 등재된 어미만을 대상으로 하되, '-더라고'의 경우는 인용절에 사용되지 않고 '과거 어느 때에 직접 경험하여 새로 알게 된 사실에 대해 지금 상대방에게 옮겨 전달'하는 용법으로 사용될 경우 국립국어원(2005)를 따라 종결 어미로 보았다. (본문의 발화 판단 기준 예시 (5)와 각주 19 참고)

점에 대해서 굉장히 아쉬운 마음이 **들었습니다**[발화 종결]

(2) 인용절의 종결 어미
그래서 처음에는 친구들한테 알리다가 [휴지] 친구들이 그럼 너 블로그를 해 보는 게 **어떻냐**[발화 미종결] [휴지] 그래서 블로그를 **시작하셨대요**[발화 종결]

(1)의 예시는 종결 어미 '-습니다'가 사용되어 발화가 분명하게 종결된 예시이다. 반면 (2)에는 발화 중간에 종결 어미 '-냐'가 직접 인용절에 사용된 예시이다. 이는 발화 내에 삽입된 절 형식으로써, 화자의 의도가 의미적으로 완결되지 않은 위치이므로 발화의 종결로 판단하지 않았다.

다음으로, 종결 어미 뒤에 도치된 성분이나 후보충 구문이 나타난 경우, 종결 어미가 사용된 곳이 아닌 도치된 성분이나 후보충 구문이 끝나는 곳을 발화 종결로 보았다. 도치나 후보충 현상은 발화의 종결 표지 이후에 문장 성분이나 부가 성분들이 뒤이어 나타나는 경우를 가리키는 것이다. 발화의 완결 표지 뒤에 나타난 성분은 새로운 발화의 시작 부분이 아니며 본래 문장 내에 있어야 하는 성분이 종결 어미 이후에 보충되는 것이다(김성은, 2010:1).

종결 어미에 이어지는 성분이 다음 발화의 시작인지, 혹은 앞선 서술어의 도치된 성분이나 후보충된 구문인지 판단한 기준은 운율이다. 도치된 성분이나 후보충된 구문과 모문의 종결 표지 사이에는 휴지가 개입하지 않으며, 도치나 후보충 성분은 그 자체로 완결된 억양 곡선을 갖는다(Lee, 2000), 다시 말해 종결의 억양이 도치나 후보충 성분에 나타나게 되는데, 이때 운율은 대체로 모문의 억양이 그대로 복사된다(Ladd, 1996; 이정훈, 2009). 따라서 서술어와 뒤따르는 성분 간에 휴지가 개입하지 않고, 서술어에 실린 경계 성조가 후행 성분에 그대로 실현될 경우, 이를 도치 혹은 후보충 구문으로 판단하여 선행 발화의 종결 지점으로 보았다.

(3) 도치/후보충 구문

(3-1)

근데 우리가 흔히 생각하기에는 성격 검사라고 하는데 [휴지] 사람의 성격은 [휴지] 타고난다라는 거를 전제로 해서 만든 [휴지] 검사라고 **해요(HL%) 엠비티아이가(HL%)[발화 종결]**

(3-2)

또 약간 작은 데 [휴지] 작은 데서 해야 [휴지] 우유 빡쓰 이런 배달이 오는데 그런 게 많이 오면 되게 **힘들거든요(H%) 가게가 크면(H%)[발화 종결]**

(3-1)의 발화는 서술어 '해요'의 논항인 주어 '엠비티아이가'가 서술어 이후에 실현되어, 여기에서 발화의 종결이 이루어진 예시이다. 종결 어미는 '해요'에서 나타났으나, 바로 뒤에 이에 대한 논항이 뒤따른 것이다. 이때 도치된 성분인 '엠비티아이가'와 서술어 '해요' 사이에는 휴지가 개입되지 않았고, '해요'의 경계 성조와 '엠비티아이가'의 경계 성조는 HL%로 동일하다. 따라서 '엠비티아이가'는 후행 발화의 시작이 아닌 선행 발화의 종결 지점이라고 할 수 있다.

(3-2) 발화는 서술어 '힘들거든요' 뒤에 '가게가 크면'이라는 절이 덧붙은 것이다. 해당 예시 또한 서술어와 후보충된 구문 사이에 휴지가 개입하지 않고, 서술어의 경계 성조가 후보충 구문에 복사되어 나타난 것을 알 수 있다. 따라서 '가게가 크면'이라는 절은 후행 발화의 시작이

아닌 선행 발화의 종결 지점이라고 판단할 수 있다.

발화 판단의 두 번째 기준은 운율적 기준이다. 구어에서는 형태·통사적으로 종결이 이루어지지 않았으나 발화가 종결되는 경우가 자주 나타난다. 이러한 경우 발화의 종결을 운율적 단서를 활용하여 판단해야 한다. 여기서 활용한 운율적 단서는 종결 억양과 후행 휴지이다. 종결의 경계 성조가 실현되었거나, 후행 휴지가 길게 나타나면 이를 발화 종결로 보았다. 종결의 경계 성조 유형은 연결 어미의 종결 기능과 운율 실현을 밝힌 조민하(2011)를 따라 의미와 기능을 고려하여 판단하였다(〈그림 2-4〉).

	발화 완결											발화 연결
	평서문							의문문	감탄문			
	M	L	LHL	L:	LH	H	HL:	H	HL:	LH	H	H
	미정	진술	단언	암시	간접 반응	직접 반응	감탄	직접 반응	감탄	간접 반응	직접 반응	직접 반응
-면서		○										
-지만		○	○	○								
-(으)면	○	○	○	○								
-다고		○	○				○					
-려고		○						○				
-니까		○	○				○	○				
-어서		○	○	○			○	○				
-고		○	○	○	○		○	○				
-는데		○	○	○	○	○		○				

〈그림 2-4〉 종결 기능 연결 어미의 의미 기능 분류(조민하, 2011:186)

주어, 서술어 등이 없이 일부 문장 성분만 나타난 조각문 형식의 경우에도 종결 운율의 실현 여부를 확인하여 발화 종결을 판단하였다. 형태·통사적으로 종결 표지가 사용되지 않았으나, 종결 운율이 실현되어 이를 발화의 종결로 판단한 예시는 아래와 같다.

(4) 종결 억양의 사용

(4-1)

그러니까 [휴지] 어 같이 살아가는 법 [휴지] 남에게 폐를 안 끼치고 [휴지] 좀 더 음 좋은 모습 이런 모습 [휴지] 보여주기 위해 노력을 했고(L%) [휴지:1,088ms][발화 종결]

(4-2)

① 남자라면 다들 한 번쯤은 가는 군대(L%) [휴지:1,116ms] [발화 종결]

② 저도 참 [휴지] 군대에 가는 것이 두려웠습니다[발화 종결]

(4)는 종결 억양이 사용된 두 가지 예시이다. (4-1)은 연결 어미 '-고'가 사용되었으나, 분명한 종결의 경계 성조인 L%가 사용되었고, 긴 후행 휴지가 뒤따라 이 위치에서 발화가 종결되었다고 판단한 예시이다. (4-2)는 한 화자의 연속된 발화이다. 발화 ①은 명사구로만 이루어져 완전한 문장의 형식을 갖추지 못하였다. 그러나 명사 '군대' 뒤에 종결의 경계 성조 유형(L%)이 사용되었고, 긴 후행 휴지가 뒤따르는 것을 단서로 이를 발화의 종결로 판단하였다.

마지막 기준은 담화·의미적 완결성이다. 형태적으로 종결 형식이 사용되지 않고, 종결 억양이 사용되지 않았더라도 화제가 종결되었거나 전후 발화의 의미적 연관성이 없는 경우, 의미적 완결성을 고려하여 발화의 종결을 판단하였다.

(5) 담화·의미적 완결성

① 네 한 네다섯 장씩 보고서를 쓰는데(LHL%) [휴지] 아 이게 일 학년인가(LHL%) 좀 그러[6] 싶더라고요(LHL%)[발화 종결]

6) 화자의 발화 실수가 나타난 부분이다.

② 전 참 재밌을 줄 알았는데(LHL%)[발화 종결]

③ 음 [휴지] 안타깝지만(L%) 그래도 이제(H%) [휴지] 일 학년은 지났으니깐(L%) [휴지] 이 학년 때부터(L%) 더 이제(L%) [휴지] 이 학년 때 전공을 선택을 하게 되니깐(L%) [휴지] 전공과목도 열심히 하고 이래서 학점도 잘 받고(H%) [휴지] 놀기도 잘 놀고(H%) 여행 가고 싶긴 한데 안 보내 주실 것 같긴 하지만(L%)[발화 종결]

예시 (5)는 한 화자의 연속된 발화이다. 발화 ①은 종결어미 '–더라고요'가 사용되어 이 위치를 발화의 종결로 판단하였다.[7] 발화 ②는 연결 어미 '–는데'가 LHL% 경계 성조로 실현되었다. LHL% 경계 성조는 전형적인 종결 억양이라고 보기 어렵다. 그러나 후행 발화인 발화 ③과의 의미적 연관성이 없다고 판단하여 발화 ②의 '–는데'가 사용된 곳에서 해당 발화의 종결이 이루어졌다고 판단하였다. 발화 ③의 경우,

7) 표준국어대사전의 풀이에 따르면 '–더라고'는 종결 어미 '–더라'에 인용격 조사 '–고'가 붙은 형식이다. '–더라고요'는 '–더라고'에 보조사 '요'가 붙은 것이다. 표준국어대사전의 풀이에 따르면 '–더라고요'는 인용절의 서술어이므로 발화 종결 위치가 아니라고 볼 수 있다. 그러나 해당 예시의 경우 실제 발화 의미상 '–더라고'가 간접인용으로 사용되지 않았으므로 이러한 경우 '–더라고'를 하나의 종결 어미로 보았다. 실제로 외국인을 위한 한국어 문법(국립국어원 편, 2005)에서는, 종결 어미로서의 '–더라고'와 인용격 어미가 붙어 인용절 안에 사용되는 '–더라고'를 분리하여 풀이하고 있다. 본 연구는 이를 분리하여 보는 것이 사용 맥락에 알맞은 분석이라고 판단하여, 간접 인용에 사용된 경우에는 발화의 미종결로, 그렇지 않은 경우에는 종결 어미인 것으로 보고 발화의 종결로 판단하였다.
※ **외국인을 위한 한국어 문법 2 –용법 편–**(국립국어원 편, 2005:356)
–더라고: 종결 어미
용법: 과거 어느 때에 직접 경험하여 새로 알게 된 사실에 대해 지금 상대방에게 옮겨 전달할 때 쓴다.
참고: –더라와 별다른 의미 차이 없이 일상 대화에서 쓰는데, 단순히 입버릇처럼 '–더라'에 '고'를 덧붙여 말한다. '요'가 붙어 높임 표현 '–더라고요'가 된다. 과거에 경험하여 알게 된 사실을 다른 사람에게서 듣고 간접적으로 옮겨 말하거나 문장 주어의 과거 경험에 대한 생각, 의견 등을 나타낼 때 쓰는 '–더라고'도 있는데, 인용을 나타내는 조사 '고'와 함께 쓰는 표현이다.

종속 접속절로 끝났으나, 종결 억양이 사용되었고 화자의 발화 의도가 완결되었다고 판단하여 발화 종결로 판단한 것이다.

본고는 위와 같은 기준을 바탕으로 발화 단위의 경계 여부를 판단하였다. 그 결과 50명의 화자로부터 총 1,183개의 발화를 얻을 수 있었다. 이 가운데 각 파일의 시작 부분(화자 정보에 해당하는 발화)과 비유창한 발화가 분석에서 제외되었다. 지나치게 긴 휴지의 출현, 혹은 심한 말더듬, 웃음으로 인한 발화 중단 등이 나타난 경우 비유창한 발화라고 판단하여 분석에서 제외하였다. 일부 어절 등에서 발화 반복이나 어절의 중단이 나타나더라도 발화 전체적으로 전달력에 큰 문제가 없는 경우라고 판단되면 해당 발화는 분석에 포함하였다.

또 본고의 발화 경계와 기존 레이블링 파일에서 판단한 발화 경계가 일치하지 않는 파일에 한해서 음성학 전공자 4인의 교차 검토를 거쳤고, 발화 판단이 일치하는 것만을 분석 대상으로 삼았다. 그 결과 총 908개 발화가 분석 대상이 되었다.[8] 이는 화자별 평균 18.8개, 표준편차 5.7개의 발화였다.

② 조음 구간과 휴지 구간

발화는 휴지 출현을 기점으로 조음 구간과 휴지 구간으로 구분된다. 휴지 구간은 말소리가 실현되지 않는 물리적인 묵음 구간을 의미한다. 발화에 나타나는 물리적 휴지(silent pause)는 음성이 없는 부분으로,

8) 본고에서 분석이 가능하다고 판단한 발화는 총 938개 발화였다. 938개 발화 가운데 87개 발화는 기존의 레이블링 파일과 발화 판단이 일치하지 않은 것이었다. 발화 경계 판단이 일치하지 않는 87개의 발화 자료를 석사 이상의 음성학 전공자 4인(석사 3인, 박사 1인)에게 나누어 분배하고, 본고의 발화 판단 기준을 함께 전달하여 본고의 기준에 맞게 발화 경계를 판단하기를 요청하였다. 그 결과 87개의 가운데 53개는 본고의 발화 판단과 일치하는 결과를 보였고, 30개 발화는 일치하지 않았다. 따라서 발화 판단이 일치하지 않는 30개의 발화는 분석에서 제외되었다.

음향적인 신호가 나타나지 않는다. 이러한 물리적 휴지는 크게 두 가지로 구분할 수 있는데, 조음적 휴지(articulatory pause)와, 지각 가능한 휴지(audible pause)이다. 조음적 휴지는 분절음 간 휴지(inter-segmental pause)라고도 하는데, 이는 폐쇄음이나 파찰음과 같은 특정 음소의 조음을 위하여 필연적으로 발생하는 휴지 구간을 의미한다.

많은 연구자들은 조음적 휴지를 다른 휴지와 구분하기 위하여 일반적으로 100ms 이상의 역치(threshold)를 설정한다(Zellner, 1994). 이 연구에서 다루고자 하는 휴지 또한 조음적 휴지가 아닌, 발화의 전반의 시간적 구조에 중단을 야기하는 지각 가능한 휴지이다. 따라서 Zellner(1994), 신지영(2013), 이나라 외(2017), 유도영·신지영(2020)을 따라 100ms 이상의 말소리가 실현되지 않는 물리적인 묵음 구간을 휴지 구간으로 정의하였다.

다만, 어중 폐쇄음이나 파찰음의 경우 100ms 이상의 묵음 구간이 관찰되어도 휴지로 분류하지 않았다. 배재연 외(1999)에 따르면 어중 위치에서 폐쇄음의 폐쇄 구간은 대체로 100ms 안팎으로 실현되었다. 동일 조음 위치 폐쇄음 연쇄를 대상으로 연구한 김태경(2014), 박시균·김지영(2016)에서도 어중 위치의 연쇄의 경우 100ms 이상의 폐쇄 구간이 나타남을 보고하였다. 따라서 어중에 폐쇄음이 위치한 경우, 100ms 이상의 물리적 휴지가 나타나도 휴지라고 판단하지 않았다. 아래 〈그림 2-5〉가 그 예시이다.

위 그림에서 어절 '받고'에는 어중에 치경 평 폐쇄음과 연구개 경 폐쇄음이 연쇄되어 나타난다. 이때 이 두 폐쇄음의 폐쇄 구간은 139ms로 나타나, 본 연구의 휴지 판단 기준인 100ms 이상을 넘는 길이로 실현되었다. 그러나 이는 각 분절음을 조음하는 데 사용된 조음적 휴지이므로, 위와 같이 어중에 폐쇄음이 관찰된 경우 100ms 이상의 묵음

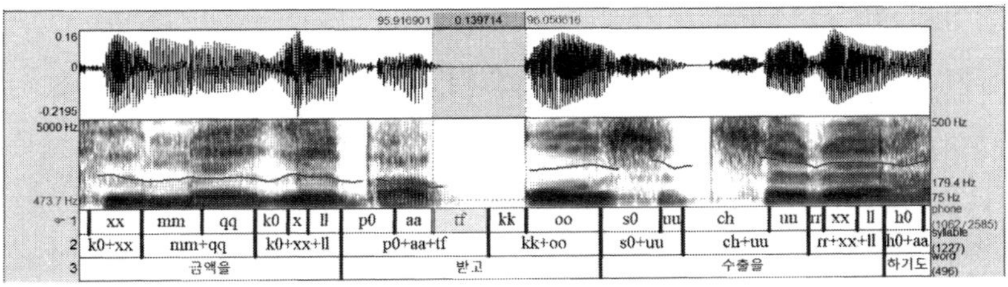

〈그림 2-5〉 100ms 이상 실현된 어중 폐쇄음 연쇄

구간이 관찰되어도 이를 휴지로 보지 않았다.

조음 구간 초에 폐쇄 구간이 관찰되는 어두 폐쇄음, 혹은 어두 파찰음의 경우 일관되게 파열이 나타나는 지점으로부터 앞으로 30ms를 각 음소의 폐쇄 구간으로 보았다. 이는 기구축된 레이블링 자료의 음소 주석 기준을 그대로 따른 것이다.[9][10] 따라서 어두 폐쇄음 앞에 휴지가

9) 어두 위치에서의 폐쇄 구간은 휴지 구간과 구분이 어려워, 음향적인 길이 측정이 사실상 불가능하다. 전자구개도(EPG)와 같은 부가적인 장치를 입 안에 부착한 뒤 어두 폐쇄음의 폐쇄 구간을 측정한 연구가 있긴 하나, 이는 일상적인 발화 상황이 아니므로 자연스러운 발화에서 관찰되는 폐쇄 구간과 차이를 보일 수 있다. 즉 일상 발화에서 관찰되는 어두 폐쇄음(혹은 파찰음)의 폐쇄 구간을 정확히 측정한 자료는 거의 없다고 할 수 있다. 기존 레이블링 자료는 휴지 길이에 영향을 주지 않는 선에서, 폐쇄 구간을 임의로 30ms으로 설정하였으며, 본 연구는 이 기준을 그대로 따랐다.

10) 한국어의 폐쇄음과 파찰음은 발성 유형에 따라 평음, 경음, 격음의 삼분 대립을 보이며 이때 각 음소의 폐쇄 구간은 서로 다른 길이로 실현될 수 있다. 어중 위치를 기준으로는 경음〉격음〉평음의 순서로 긴 폐쇄 구간을 보이며(신지영, 2014:108), 전자구개도(EPG)를 이용해 측정된 어두 폐쇄 구간 역시 같은 결과를 보인다(Baik, 1995). 따라서 발성 유형에 따라 폐쇄 구간을 다르게 했어야 한다는 의견이 있을 수 있다. 그러나 이 연구에서 관찰된 어두 폐쇄음이나 파찰음의 대부분은 평음이었다. 총 2,510개의 어두 폐쇄음, 파찰음 중 평음은 2,037개, 경음은 210개, 격음은 263개였다. 다시 말해 발성 유형에 따라 휴지의 길이가 영향을 받을 만큼 어두 경음이나 격음의 수가 많지 않았다는 것이다. 실제로 선형혼합모형(LMM)을 통하여, 후행 음소의 발성 유형에 따른 선행 휴지 길이의 실현을 살펴본 결과, 휴지 길이는 후행 음소의 발성 유형에 따라 통계적으로 길이 차이를 보이지 않는 것으로 확인되었다. 또 어두 폐쇄 구간 길이를 Baik(1995)에서 측정된 결과와 동일하게 발성 유형에 따라 보정하여, 기존 자료와 비교한 결과, 평음, 경음, 격음의 어두 길이를 달리하여 보정한 휴지

관찰될 경우, 폐쇄음의 파열 지점으로부터 전방 30ms는 음소의 길이이므로, 휴지 구간에 포함되지 않았다. 〈그림 2-6〉은 그 예를 보인 것이다.

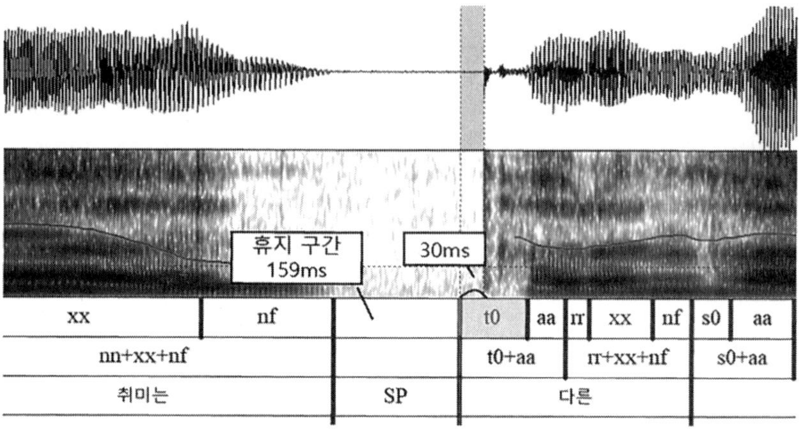

〈그림 2-6〉 어두 폐쇄음의 폐쇄 구간 설정

그림에서 어절 '다른'의 어두 폐쇄음 /ㄷ/의 폐쇄 구간은 /ㄷ/의 파열이 나타나는 지점으로부터 앞으로 30ms로 설정되었다. 선행하는 휴지 구간은 /ㄷ/의 폐쇄 구간인 30ms를 제외한 159ms가 휴지 길이로 계산되었다.

휴지가 너무 길게 실현된 경우는 휴지 길이 실현의 상한 임계치를 따로 설정하여 분석에서 제외하였다. 이나라 외(2017), 유도영·신지영(2019; 2020)에서는 2,000ms 이상의 휴지는 비유창한 실현으로 보고 이를 분석 대상에서 제외하였는데, 이 연구에서도 2,000ms 이상의 휴지를 비유창한 실현이라고 보아 분석 대상에서 제외하였다.

길이와 본 자료의 휴지 길이가 통계적으로 차이가 없음을 확인하였다.

휴지 구간은 다시 휴지의 위치(발화 내/발화 말)와 들숨 동반 여부(동반/비동반)를 고려하여 네 가지 유형으로 나누어 새로 주석하였다. 발화 말 휴지는 대체로 발화의 종결을 신호하고 후행 발화를 계획하기 위한 이유로 출현하며, 발화 내 휴지는 발화 안에서 그 발화의 정보를 조직화하거나 문법적인 경계를 표시하는 등의 이유로 출현한다. 발화 내와 발화 말에 실현된 휴지의 기능 차이가 길이 차이로 드러나는지 관찰하기 위하여 휴지의 위치를 발화 내, 발화 말로 구분하였다.

호흡을 위해 실현된 들숨 동반 휴지는 남성과 여성의 차이를 드러내는 변수이자, 문법적 경계 강도를 표지하는 역할을 한다. 들숨 동반 휴지의 길이는 남성이 여성보다 유의미하게 길고(유도영·신지영, 2019), 통사적으로 더 큰 경계이거나 더 복잡한 구성일 때 폐 용량이 커지고 호흡이 잘 관찰된다(Winkworth et al., 1994; Rochet-Capellan & Fusch, 2013). 본고에서도 이러한 양상이 나타나는지 확인하기 위하여 들숨 동반 여부를 구분하여 살폈다.

발화 말 휴지는 발화가 끝나고 다음 발화가 시작되는 곳 사이에 나타난 묵음 구간이었으며, 발화 내 휴지는 한 발화 안에 나타나는 휴지들이었다. 음성 파일의 가장 마지막 발화 뒤에 나오는 묵음 구간은 분석 대상이 되지 않았다.[11] 휴지 구간 내 들숨 동반 여부는 스펙트로그램을 참고하여 판단하였다. 연구 대상이 된 녹음 자료가 대부분 외부 소음이 통제된 녹음실 환경에서 수집되었기 때문에 들숨이 동반된 경우 들숨으로 인한 마찰 소음이 스펙트로그램 상에서 명확히 관찰되었다. 〈그림 2-7〉은 들숨 여부에 따라 휴지를 주석한 예시이다.

---

11) 이는 실험이 완료되어 발화가 끝나고 녹음기가 종료되기까지의 구간이다. 이 구간은 발화와 발화 사이에 관찰되는 발화 말 휴지와는 다르게, 어떠한 언어학적 의미도 담고 있지 않으므로 분석에서 제외되었다.

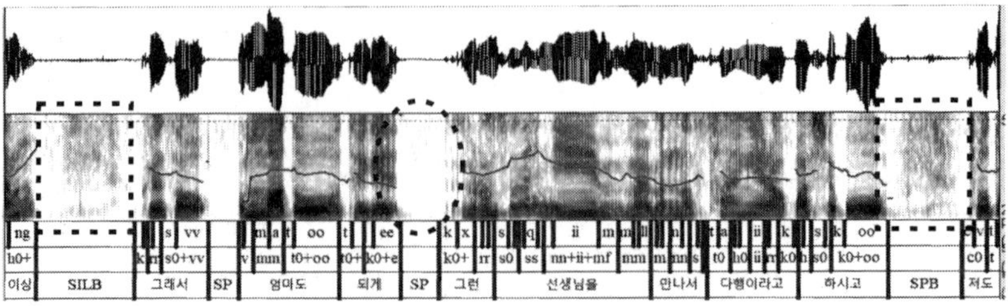

(SIL:발화 말 휴지, SP: 발화 내 휴지, B는 들숨이 동반될 때 표시하였음)
〈그림 2-7〉 휴지 레이블링 예시

위 예시에서 확인할 수 있듯이 들숨이 동반된 위치에는 들숨으로 인한 마찰 소음이 스펙트로그램에서 아주 명확히 관찰되었다(그림의 네모 박스). 반면 들숨이 동반되지 않은 휴지 구간(그림의 동그라미)에는 스펙트로그램 상에 음향 신호가 나타나지 않았다.

조음 구간은 휴지와 휴지 사이에 관찰된 모든 조음의 구간으로 정의되었다. 일반적으로 휴지는 채움 휴지(filled pause)와 묵음 휴지(silence pause 혹은 unfilled pause)로 구분되기도 한다(Laver, 1994). 묵음 휴지란 음성이 실현되지 않은 물리적 휴지의 구간이며, 채움 휴지는 발화 사이를 음성으로 채우는 휴지라는 뜻으로, 일반적으로는 '음', '어'와 같은 짧은 간투사들이 이에 포함된다. 본고에서는 채움 휴지로 분류되는 간투사나 담화표지 역시도 모두 조음 구간의 일종으로 보았다. 본고는 채움 휴지와 묵음 휴지의 유형에 따른 차이를 살피는 것이 목적이 아니라, 실제 발화의 물리적인 중단으로 인한 발화의 시간·운율적 실현 양상을 살피는 것이 그 목적이었다. 간투사나 담화표지는 음성으로 실현되었으므로 이는 물리적인 중단을 야기하지 않는다. 따라서 이 연구에서는 간투사와 담화표지 모두 조음 구간으로 보았다. 위 기준에 따라 선별된 분석 대상에 대한 정보는 〈표 2-2〉와 같다.

〈표 2-2〉 휴지 유형에 따른 분석 대상 수(단위: 개)

	들숨 동반	들숨 비동반	합계
발화 내 휴지	2,051	2,090	4,141
발화 말 휴지	598	120	718
합계	2,649	2,210	4,859

분석 대상이 된 908개 발화에서 관찰된 조음 구간은 총 5,049개, 휴지 구간은 총 4,859개였다. 휴지의 위치와 들숨 동반 여부에 따라 제시하면 발화 내 휴지는 총 4,141개, 발화 말 휴지는 총 718개였고[12], 이 가운데 들숨 동반 휴지는 2,649개, 들숨 비동반 휴지는 2,210개였다.

본고는 조음 구간과 휴지 구간의 발화 내 위치에 따른 실현을 살피고자, 발화 내 조음 구간과 휴지 구간의 수를 구분하였다. 한 발화 안에는 휴지가 한 번도 나타나지 않아 하나의 조음 구간이 그 자체로 하나의 발화가 될 수도 있고, 휴지가 1회 이상 출현하여 조음 구간이 두 개 이상 나타날 수도 있다. 이 연구에서는 발화 안에 조음 구간이 몇 개로 구분되는지에 따라 발화의 유형을 분류하였다. 다시 말해 이 연구에서 칭하는 발화 유형은 곧 발화 내 조음 구간의 개수이다. 유형에 따른 예시는 아래와 같다.

[발화 유형]

유형 1: **발화 단위 내 휴지 없이 실현된 조음 구간이 하나**인 경우.

ex) 저는 강아지를 키우고 있습니다.

유형 2: 발화 내 휴지가 한 번 개입하여, **휴지 없이 실현된** 조음 구간이

12) 총 908개의 발화가 분석 대상이 되었으나, 모든 발화의 끝에 휴지가 관찰된 것은 아니다. 발화와 발화 사이에 휴지가 없이 이어지는 경우가 143회 관찰되었고, 각 음성 파일의 가장 마지막 발화이므로 후행 발화 말 휴지가 레이블링되지 않은 것이 47개 있었다.

두 번 나타난 경우.

ex) 그니까 여자의 관점과 남자의 관점을 썼는데 [휴지] 그분은 여자의 관점을 쓰셨어요.

유형 3: 발화 내 휴지가 두 번 개입하여, **휴지 없이 실현된 조음 구간이 세 번 나타난** 경우.

ex) 음 제가 처음에 [휴지] 어 선생님의 꿈을 가지게 된 건 [휴지] 저희 초등학교 오 학년 때 담임 선생님 때문이에요.

위 예시는 발화 유형 1~3까지 제시한 것이다. 유형 숫자는 발화 내 휴지 출현 빈도에 의해 조음 구간이 몇 개로 구분되는가에 따라 더 큰 수가 관찰될 수 있다. 이렇게 분류된 유형 안에서, 조음 구간과 휴지 구간이 어디에 위치하는지를 고려하여 운율적 실현을 분석하였다. 예를 들어 발화 유형 5에는 첫 번째 조음 구간부터 다섯 번째 조음 구간이 관찰되는데, 발화에 첫 번째 위치에 나타나는 조음 구간부터 다섯 번째에 나타나는 조음 구간까지, 위치에 따른 운율 실현을 나누어 관찰하였다. 이를 통하여 조음 구간과 휴지 구간이 발화의 시작과 끝에 걸쳐 어떠한 운율적 실현을 보이는지 면밀히 살펴보고자 하였다.

③ 억양구와 음절

한국어의 운율 단위는 가장 하위의 단위인 음절에서부터, 음운단어, 음운구, 억양구, 발화로 구성된다. 이 연구는 발화 안에 어떠한 운율적 실현이 관찰되는지 살피기 위하여, 억양구 단위와 음절 단위에 초점을 맞추었다. 음절은 하나의 음절 핵(모음)에 초성이나 종성이 붙어 구성된 운율 단위로, 이 연구에서는 발화 안에 관찰되는 음절의 길이나 음높이가 어떠한 실현을 보이는지 분석하기 위하여 음절을 분석 단위로 삼았다. 본 연구의 대상이 된 음절의 수는 908개 발화에서 관찰된 총

52,681개 음절이었다.

억양구는 하나 이상의 음운구가 모여 형성된 단위로, 구어에서 대체로 큰 운율적 경계가 지어지는 위치이다. 억양구는 보통 장음화가 나타나고 물리적인 휴지가 뒤따르는 음성적 특징을 가진다(Jun, 2000). 본 연구의 대상인 조음 구간은 반드시 뒤에 휴지가 뒤따라 나오는 단위이므로, 억양구 단위와 깊은 관련이 있다고 할 수 있다. 그러나 모든 억양구 경계 뒤에 휴지가 나타나는 것은 아니며, 경우에 따라 억양구 경계가 아님에도 휴지가 나타날 수 있다.

이 연구에서는 조음 구간 내 억양구 경계가 어떠한 실현을 보이며, 또 후행 휴지와 어떠한 상관을 보이는지 살펴봄으로써 한국어의 발화의 시간적, 운율적 실현 양상을 파악하고자 하였다. 억양구 경계는 음높이 패턴, 장음화, 휴지 실현 여부를 중심으로 판단하였다. 경계가 실현된 곳을 중심으로, 휴지가 나타나거나 마지막 음절이 장음화되면 그 부분은 억양구 경계가 실현된 것으로 보았다. 그 예시는 〈그림 2-8〉과 같다.

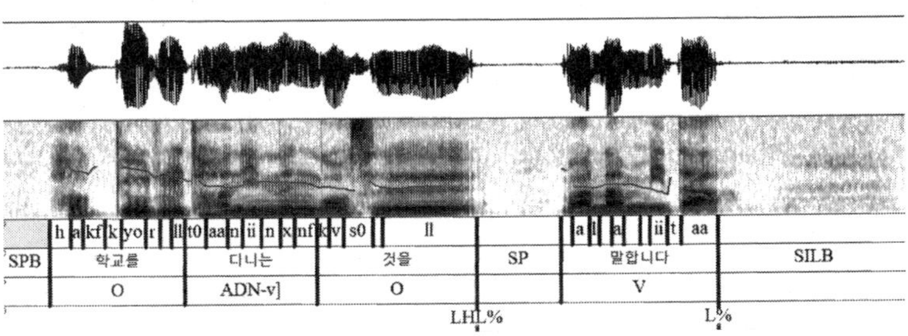

〈그림 2-8〉 억양구 경계 표시 예시

〈그림 2-8〉에서 '학교를 다니는 것을'과 '말합니다'는 각각이 독립된 억양구이다. '학교를 다니는 것을'의 마지막 음절 '을'은 장음화되었으며

해당 음절 뒤에는 휴지가 따른다. '말합니다'의 마지막 음절 역시 다른 음절에 비하여 길게 실현되었고 뒤에 긴 휴지가 따르는 것을 볼 수 있다. 따라서 각각의 위치에서 억양구 경계가 실현되었다고 판단하였다.

한편 휴지가 나타나도 억양구 경계가 부여되지 않는 예시도 있었다. 담화표지가 사용되었거나 어절이 반복된 경우 혹은 어절이 절단되어 음운구 내부에 휴지가 실현된 경우에는 휴지가 나타나더라도 억양구가 제대로 실현되었다고 보기 어렵다고 판단하여 억양구 경계를 부여하지 않았다. 아래의 〈그림 2-9〉와 〈그림 2-10〉은 그 예시이다.

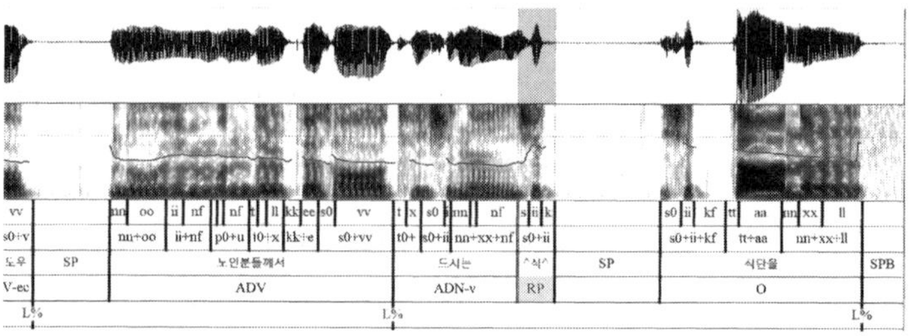

〈그림 2-9〉 억양구 경계가 부여되지 않은 예시 1: 발화 반복

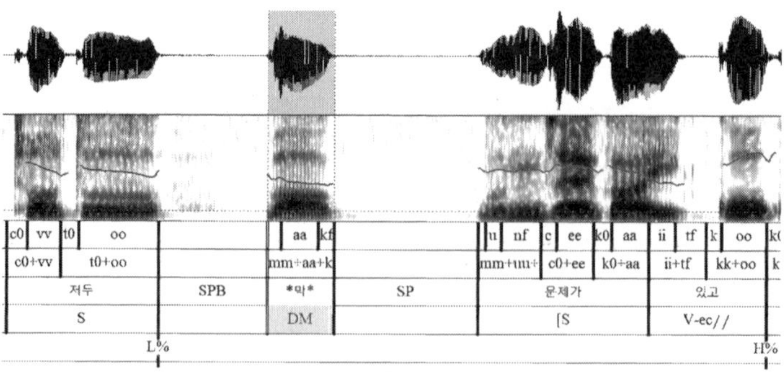

〈그림 2-10〉 억양구 경계가 부여되지 않은 예시 2: 담화표지

〈그림 2-9〉와 〈그림 2-10〉은 각각 발화가 반복되거나 담화표지가 사용되어 후행 휴지가 나타난 예시이다. 발화 반복의 경우 비유창한

발화로, 경계 음절이 매우 짧게 실현되거나 일반적이지 않은 경계 성조가 사용되는 등 하나의 억양구가 제대로 완결되었다고 보기 어려워, 억양구 경계를 부여하지 않았다. 담화표지의 경우 대체로 1음절로 실현되어 선·후행하는 음절과의 비교를 통한 성조 판단을 하기 어렵고, 또 너무 낮거나 심한 굴곡이 나타나는 등 여타 다른 곳의 억양구 경계와는 다른 실현 양상을 보여, 분석에서 제외하기 위해 억양구 경계를 부여하지 않았다.

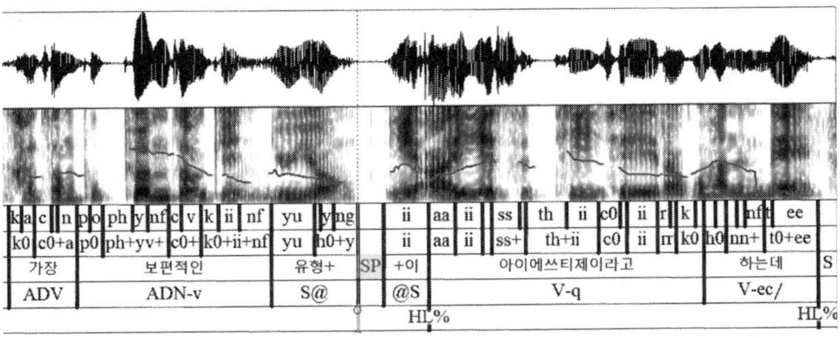

〈그림 2-11〉 억양구 경계가 부여되지 않은 예시 3: 어절 중단

〈그림 2-11〉은 '유형이'라는 어절 중간에 휴지가 개입되어, 한 어절이 두 개의 조음 구간으로 분리된 예시이다. 이때 '유형이'는 휴지로 인하여 어절이 절단되기는 하였으나 음높이의 실현 양상(LLHa)으로 보아 하나의 음운구로 실현된 것으로 볼 수 있다. 억양구는 음운구의 상위 운율 단위로, 음운구 내부에는 억양구 경계가 실현될 수 없다. 따라서 이렇게 어절이 중단된 경우에는 휴지가 나타나도 억양구 경계를 부여하지 않았다. 위와 같은 분석 방법에 따라 최종으로 본 연구에서 분석 대상이 된 억양구의 개수는 총 6,293개였다.

억양구 경계 성조 유형은 구축된 레이블링 자료에 주석된 것을 활용하였다. 해당 레이블링 자료에서 억양구 경계 성조는 K-ToBI 기준안(Jun, 2000)을 따라 주석되었다. 분석을 위하여 연구자가 자료를 검토하는 작업을 거쳤는데, 그 결과 억양구 경계 성조가 특별히 잘못 주석된 부분은 발견하지 못하였다. 총 6,293개의 억양구 가운데, 이 자료에서 관찰된 억양구 경계 성조는 L%, HL%, H%, LHL%, LH%, HLHL%의 총 6가지였다.[13]

④ 문장 성분

문장 성분 분석은 발화 단위의 운율적 실현 양상을 해석하는 데에 활용하기 위한 목적으로 수행되었다. 기본적으로 어절 단위를 분석 단위로 삼았고, 어떤 형태가 하나의 문장 성분으로 충분히 기능하지 못하고 빈번히 다른 성분에 기대는 경우나, 여러 어절이 거의 예외 없이 하나의 음운단어로 사용되어 언중의 인식 속에서 하나의 어절로 분석하는 것이 더 바람직하다고 판단한 경우, 또 여러 어절이 아주 빈번히 공기하여 하나의 성분으로 기능하는 구성 등은 여러 개의 어절로 나뉘어도 선·후행 어절을 함께 묶어 하나의 문장 성분으로 분석하였다.

하나의 문장 성분으로 충분히 기능하지 못하고 빈번히 다른 성분에 기대는 경우는 본용언+보조용언 구성, 관형사+의존 명사 구성 등이 있다. 여러 어절이 하나의 음운단어로 사용되어 언중의 인식 속에서 하나의 어절로 분석하는 것이 더 바람직한 경우로는 1음절 부정어 '안', '못'과 용언의 결합 구성 등이 속한다. 마지막으로 여러 어절이 아주 빈번히 공기하여 하나의 성분으로 기능하는 구성은 우언적 구성('~것 같-', 'ㄹ 수 있') 등이다. 위와 같은 예들은 여러 어절을 하나의 문장

---

13) 각 경계 성조별 예시와 설명은 [부록 1]에 제시하였다.

성분으로 주석하였다. 여러 개의 어절을 하나의 문장 성분으로 주석한 예시는 아래와 같다.

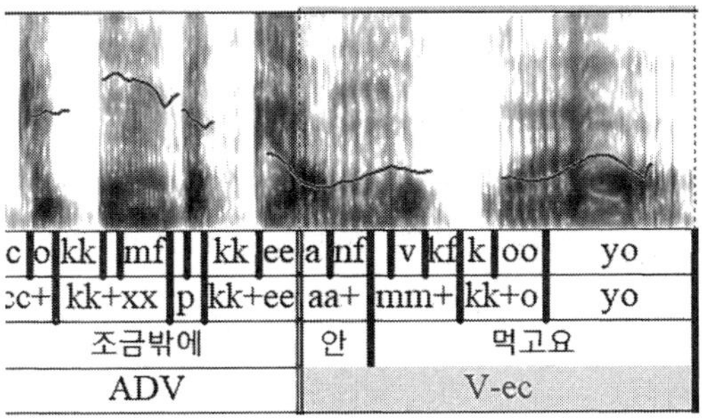

〈그림 2-12〉 여러 개 어절이 하나의 문장 성분으로 분석된 예시: 부정소 '안', '못'과 용언 결합 구성

위 그림은 두 개의 어절인 '안 먹고요'를 하나의 문장 성분인 서술어(연결 어미)로 분석한 예시이다. '안 먹고요'는 두 개의 어절이지만, 하나의 음운단어처럼 실현되었다. 위 그림에서 '안'과 '먹고요' 사이에는 휴지가 개입되지 않았고, 두 개의 어절이 하나의 음운구(LHLHa)로 실현되었다. 1음절 부정소 '안', '못'과 용언 결합은 위와 같이 음성적으로 대부분 하나의 음운단어처럼 실현된다. 이 연구에서는 이러한 구성을 부사어 + 서술어 구성으로 보기보다는 부정의 의미를 나타내는 하나의 서술어로 분석하는 것이 언어 직관을 더 잘 반영하는 것이라 판단하여, 이를 하나의 서술어로 분석하였다.

(2) 분석 내용

이 절에서는 위에서 설명한 연구 대상들을 어떻게 분석하였는지 제시할 것이다. 먼저 시간적 분석 방법에 대하여 기술한 뒤에 선율적 분석에 대해 설명할 것이다.

① 시간적 분석

시간적 실현은 물리적 길이, 각 분석 대상에 실현된 음절 및 어절 수, 실현 속도를 중심으로 분석하였다. 길이의 경우 조음 구간, 휴지 구간, 음절의 지속 시간을 측정하였으며, 밀리세컨드(ms) 단위로 계산하였다. 발화 단위는 측정된 휴지 구간과 조음 구간의 합으로 계산되었다.

분석 대상에 실현된 언어 단위의 실현 개수는 음절 수와 어절 수로 나누어 관찰하였다. 음절과 어절은 조음 구간에서만 실현되었기 때문에 휴지 구간은 분석 대상이 되지 않았다. 기본적으로 조음 구간 내 실현된 단위의 개수를 계산하였고, 발화 단위의 경우 발화에 출현한 조음 구간의 단위의 개수를 합친 값으로 계산하였다.

발화 속도는 초당 음절 수(sps, syllable per second)로 계산되었는데, 이는 발화된 구간의 길이를 해당 구간의 음절 수로 나눈 값이다. 발화 속도는 휴지를 포함한 말속도(speech rate)와 휴지를 제외한 조음 속도(articulation rate)로 구분하여 계산하였다. 발화 속도의 계산 공식을 정리하여 제시하면 아래와 같다.

※ 발화 속도

말 속도 : $\dfrac{\text{음절 수}}{\text{발화의 길이}}\text{(sps)}$

조음 속도 : $\dfrac{\text{음절 수}}{\text{발화의 길이-휴지 구간의 길이}}\text{(sps)}$

아래 〈표 2-3〉은 분석 대상과 이에 대한 시간적 분석 내용을 정리한 것이다.

〈표 2-3〉 시간적 분석 내용

분석 대상	분석 내용	
발화 구간	길이(ms)	조음 구간의 길이 + 휴지 구간의 길이
	음절 수, 어절 수(개)	발화 구간 내 음절 혹은 어절 수
	발화 속도(sps)	말 속도와 조음 속도(초당 음절 수)
조음 구간	길이(ms)	조음 구간의 길이
	음절 수, 어절 수(개)	조음 구간 내 음절 혹은 어절 수
	발화 속도(sps)	조음 속도(초당 음절 수)
휴지 구간	길이(ms)	휴지 구간의 길이
음절	길이(ms)	음절의 길이

② 선율적 분석

선율적 실현으로는 억양구 분석과 음높이 분석이 이루어졌다. 선율적 실현은 음높이 변이와 관련되는 것으로, 조음 구간 내에서만 그 실현이 관찰될 수 있기 때문에, 선율적 분석은 조음 구간을 대상으로만 이루어졌다.

억양구는 조음 구간 내 억양구 형성 빈도와 억양구 경계 성조 유형을 중심으로 분석하였다. 또, 각 경계 성조 유형이나 발화 내 조음 구간의 위치에 따라 경계를 드러내는 정도의 차이가 있는지 확인하기 위하여, 구말 경계 강도를 계산하였다. 구말 경계 강도는 경계 음절 길이(억양구 경계 음절)에 후행 휴지 길이를 더한 값이다. 후행 휴지가 있는 경우에만 구말 경계 강도가 계산되었기 때문에, 이는 조음 구간 말 위치에 나타난 억양구만이 분석 대상이 되었다.

음높이는 분석 대상이 된 전체 음절의 모음을 대상으로 하였다. 분석은 모음 구간의 평균 기본주파수(f0), 모음 구간 내 기본주파수의 최댓값, 모음 구간 내 기본주파수의 최솟값 값을 추출하는 방식으로 이루어졌다. 기본주파수 계산은 Praat을 통하여 이루어졌으며, 최저 주파수는 75Hz, 최대 주파수는 300Hz, time step은 0.01s로 설정되었다. 발화된 모든 음절에 대하여 자동으로 평균 음높이와 음높이 최댓값, 최솟값을 계산하였고, 이 가운데 음질이 좋지 않거나 성대 진동이 이루어지지 않는 등의 음높이 추적(pitch tracking)이 불가능한 경우는 분석에서 제외되었다. 또 지나치게 높거나 낮게 추적된 값이 있을 수 있기 때문에, 남녀 각각의 음높이 값에서 이상치를 제거하는 과정을 거쳤다. 이상치는 Tukey(1977)를 따라 '사분범위(IQR)의 ±1.5배를 벗어나는 값'으로 정의하였다.[14)]

산출된 음높이 값을 바탕으로 조음 구간의 실현 위치에 따른 음높이 차이를 계산하였다. 음높이 차이값은 세미톤(semitone) 차이로 환산하여 제시하였다. 세미톤은 반음 단위라고도 하는데, 이는 1옥타브가 되는 음높이의 범위를 지각적으로 동일한 12개의 간격으로 나눈 것이다. 세미톤 단위로 음높이 차이를 살필 경우, 성별에 따른 주파수 대역의 차이를 상쇄시킬 수 있고, 해당 차이가 지각적으로 어느 정도의 차이를 유발하는지 직관적으로 확인할 수 있다는 이점이 있다.

〈표 2-4〉 선율적 분석 내용

분석 대상	분석 내용	
억양구	억양구 형성 빈도(개)	조음 구간 내 억양구 형성 빈도
	경계 성조 유형	조음 구간 내 억양구 경계 성조 유형
	구말 경계 강도	조음 구간 말 억양구 경계 음절의 길이 + 후행 휴지 길이
음절	평균 음높이(Hz)	모음 구간의 평균 음높이(Hz)
	음높이 최댓값(Hz)	모음 구간 내 음높이 최댓값(Hz)
	음높이 최솟값(Hz)	모음 구간 내 음높이 최솟값(Hz)
	음높이 차이	실현 위치에 따른 음높이 차이(세미톤)

14) 이 정의에 따라 Q1−1.5×IQR보다 작은 값과 Q3+1.5×IQR보다 큰 값이 제외되었다.

위의 〈표 2-4〉는 분석 대상과 이에 대한 선율적 분석 내용을 정리한 것이다.

③ 통계 분석

길이, 음절 수, 어절 수, 음높이 등이 성별이나 발화 내 위치에 따라 차이를 보이는지 관찰하기 위해서 통계 분석을 수행하였다. 본 연구에서 수행한 통계는 선형 혼합 모형(Linear Mixed-Effects Model, 이하 LMM)을 통한 분석이었다.

LMM은 고정 효과(fixed effect)와 임의 효과(random effect)로 이루어진 모형을 만들고 그 안에서 결괏값을 비교하는 방식이다. 여기서 고정 효과(fixed effect)는 관심이 있는 요인을 의미하며, 이 연구에서는 '성별'과 '발화 내 위치'와 같은 고정된 독립 변수가 이에 속한다.

임의 효과는 특정 변수를 고정된 것으로 취급하지 않고, 샘플마다 효과가 다를 수 있다고 간주하는 것이다. 이 연구에서는 '화자'가 이에 속한다. 이 연구에 사용한 자료의 경우, 화자별로 발화의 분량이 다르기 때문에 각 화자별 데이터 포인트 수가 일정하지 않다. 화자별로 데이터 포인트 수가 일정하지 않으면 특정 대상자의 데이터값이 전체 데이터값을 왜곡시키는 경우가 발생한다. 이를 막기 위하여 LMM을 통해 화자를 임의 효과로 설정해 특정 화자의 데이터가 결과를 오염시키지 않도록 하였다. 또, 발화 유형별 차이를 분석할 때에는 발화 유형 역시 임의 효과로 추가하였다. 이는 역시 발화 유형에 따라 데이터 포인트 수가 다른 것을 고려한 것이다.

고정 효과의 범주가 3개 이상이어서, 각 범주별로 비교가 필요한 경우 평균과 신뢰 구간을 통해 요소 간 차이를 분석해주는 방식으로 사후 검정을 수행하였다.[15] 마지막으로 특정 범주 간 빈도 값의 차이가 통계적으로 유의미한지 확인할 필요가 있는 경우, 빈도 분석에 활용되는 카이스퀘어 검정을 통하여 범주 간 비교를 수행하였다. 모든 통계 분석은 R 프로그램(R Development Core Team, 2011)을 활용하여 진행하였다.

15) 이는 R에서 제공하는 difflsmeans() 명령어를 통하여 수행하였다. 이 방식은 LMM 모델에 대한 고정 효과의 요소들에 대하여, 최소자승법(Least Squares Mean)과 신뢰구간(Confidence Interval) 분석을 통해 요소 간 차이를 분석해주는 방식이다.

3. 발화의 시간 구조와 운율 실현 양상

이 장에서는 발화의 시간 구조와 이것의 운율 실현 양상을 살펴볼 것이다. 결과는 크게 시간적 실현과 선율적 실현으로 구분하여 제시할 것이다. 시간적 실현에서는 먼저 이 연구의 분석 대상이 되는 각 단위(발화 단위, 조음 구간과 휴지 구간, 음절)들의 길이, 음절 수, 어절 수, 발화 속도의 실현 양상을 살핀다. 그다음 각 휴지와 조음 구간들이 발화 내 위치에 따라 어떠한 길이의 변동을 보이는지 관찰할 것이다.

선율적 실현에서는 억양구 경계 및 음높이의 실현 양상에 초점을 맞추어 결과를 제시할 것이다. 먼저 억양구 경계 성조 유형과 휴지 실현을 관찰함으로써 억양구 경계 성조와 구말 경계 강도의 관계를 살핀다. 그다음으로는 음높이 실현을 살핀다. 음높이는 조음 구간의 발화 내 위치에 따른 실현에 초점을 맞추어 결과를 제시할 것이다.

각 결과는 전체 화자, 남성 화자, 여성 화자로 나누어 제시할 것이다. 다만 성별 차이가 유의미하지 않음이 확인될 경우에는, 해당 시점 이후부터는 남녀 차이를 제시하지 않고, 남녀 화자를 통합한 결과만을 제시할 것이다.

1) 시간적 실현 양상

이 절에서는 발화의 시간적 실현 양상에 대하여 살펴볼 것이다. 시간적 실현은 각 단위의 길이, 음절 수와 어절 수, 발화 속도(말 속도, 조음 속도)로 구분하여 제시한다. 먼저 3-1)-(1)절에서는 발화 단위, 조음 구간과 휴지 구간, 음절의 길이가 어떠한 실현을 보이는지를 전반적으로 살핀다. 3-1)-(2)절에서는 각 단위의 시간적 실현이, 발화 내 조음 구간의 개수에 따라 분류된 발화 유형에 따라 그 패턴을 달리하는지 관찰하고 그 결과를 제시할 것이다.

(1) 분석 단위별 시간 실현

① 발화 단위의 시간 실현

이 절에서는 한국어 발화가 대체로 어느 정도의 길이를 가지며, 발화 내엔 몇 개의 음절과 어절이 실현되는지, 그 음절과 어절은 어느 정도의 빠르기로 산출되는지를 살폈다. 분석 대상이 된 발화 단위는 908개였다. 〈표 3-1〉은 발화의 평균 길이와, 발화 단위 내 음절 수와 어절 수의 평균값을 제시한 것이다.

〈표 3-1〉 발화 단위의 길이, 음절 수, 어절 수의 평균값(±표준편차)

	전체 화자	남성	여성
길이(ms)	11,669(±8,094)	11,676(±8,036)	11,664(±8,158)
음절 수(개)	56.3(±37.1)	58.0(±37.8)	54.7(±36.4)
어절 수(개)	21.7(±14.8)	22.5(±15.2)	21.0(±14.5)

전체 화자를 대상으로 측정한 발화 단위의 평균 길이는 11,669ms로 나타났다. 이 가운데 남성은 11,676ms, 여성은 11,664ms의 길이를 보였다. 남성과 여성 화자의 평균 발화 길이 차이는 약 12ms에 불과해, 그 차이가 거의 없다고 할 수 있었다. 한 발화 내 실현된 음절 수는 전체 평균 56.3음절이었다. 성별을 나누어 측정한 결과, 남성은 한 발화 내에 평균 58개의 음절을, 여성은 평균 54.7개의 음절을 산출하였다. 발화 내 실현된 어절 수의 경우, 전체 평균 21.7개였으며, 남성은 22.5개 어절, 여성은 21개 어절을 산출하였다.

성별에 따른 차이가 통계적으로 유의미한지 확인하기 위하여, 선형 혼합 모형(Linear Mixed-Effects Model)을 통한 통계 분석을 수행하였다. 모델에 포함된 고정 효과(fixed effect)는 성별이었고, 화자가 임의 효과(random effect)로 고려되었다. 종속 변수는 발화 길이, 음절 수, 어절 수였다.[1] 〈표 3-2〉는 각 성별에 따라 각 종속 변수들이 통계적으로 차이가 있는지를 보인 것이다.

〈표 3-2〉 성별에 따른 발화 길이, 음절 수, 어절 수의 LMM 분석 결과
(p값은 유의미한 경우에만 *로 표시함: * p<.05, ** p<.01, *** p<.001)

종속 변수	고정 효과	Estimate	S.E	t	p value
발화 길이(ms)	(Intercept)	12,489	787.69	15.86	***
	성별(여)	-411.67	1108.20	-0.37	
음절 수(개)	(Intercept)	61.15	3.36	18.21	***
	성별(여)	-4.78	4.72	-1.01	
어절 수(개)	(Intercept)	23.74	1.37	17.32	***
	성별(여)	-1.99	1.92	-1.03	

1) R에서 사용한 공식: lmer(종속 변수~성별+(1|화자), data) 이하 통계 공식에 대한 설명이 없는 경우 이와 같은 공식을 사용한 것이다.

〈표 3-2〉의 Intercept는, 남성 화자의 결과를 보여준다. 먼저, 모델이 추정한 남성 화자의 발화 길이는 12,489ms이다. 모델이 추정한 여성 화자의 발화 길이는 남성 화자의 추정치인 12,489ms에 약 411ms를 뺀 값이므로, 약 12,078ms임을 알 수 있다. 표준오차와 t값을 통해 예측된 p값은 성별에 따른 차이가 통계적으로 유의미하지 않음을 보여주고 있다. 음절 수와 어절 수 역시 동일한 방식으로 해석할 수 있다. 남성의 화자의 발화 내 음절 수는 약 61음절, 여성의 음절 수는 약 57음절이며 이 두 집단의 차이는 통계적으로 유의미하지 않았다. 어절 수의 경우 남성은 약 24어절, 여성은 약 22어절을 한 발화 안에서 산출하며, 두 성별 집단 간의 차이는 통계적으로 유의미하지 않았다.

데이터의 전체적인 분포 양상은 발화 내 음절 수, 발화 내 어절 수를 박스 플롯으로 보인 〈그림 3-1〉을 통해서 더욱 자세히 확인할 수 있다.

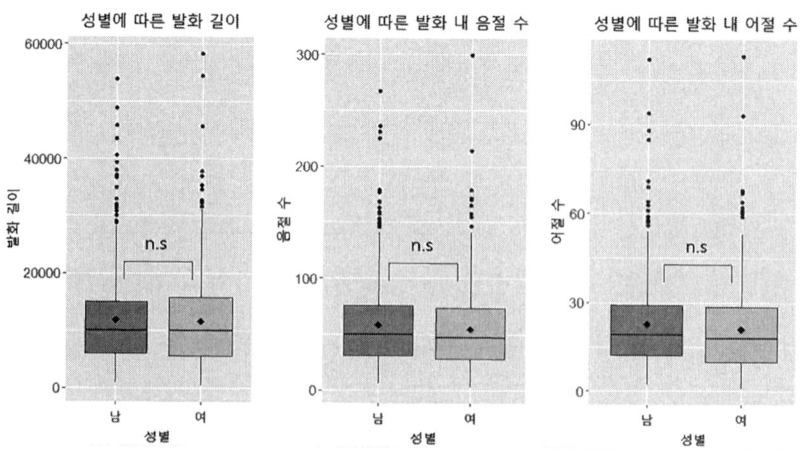

(박스 안 가로 실선은 중앙값, 점은 평균값을 의미함)

〈그림 3-1〉 성별에 따른 발화 길이, 발화 내 음절 수, 발화 내 어절 수

〈그림 3-1〉을 통해 확인할 수 있듯이, 성별에 따른 발화 길이는 남성과 여성의 데이터가 거의 유사하다. 중앙값과 평균값 역시 성별에 따른 차이가 거의 없었고 각 데이터의 분포 정도를 의미하는 박스의 크기 역시 비슷했다. 반면 발화 내 음절 수와 어절 수의 경우, 전반적으로 남성 데이터의 중앙값, 평균값이 여성 데이터와 비슷하거나 살짝 높은 곳에 위치해 있었다. 그러나 이 역시 큰 차이는 아니었다.

다음으로는 발화의 속도에 대해 살펴볼 것이다. 발화 속도는 말 속도와 조음 속도로 나누어 계산하였다. 말 속도는 산출된 전체 음절수를 휴지를 포함한 전체 발화 길이로 나눈 것이고, 조음 속도는 전체 음절 수를 휴지를 제외한 실 조음 구간의 길이로 나눈 것이다. 〈표 3-3〉은 산출된 발화의 말 속도와 조음 속도를 전체 화자, 남성 화자, 여성 화자로 구분하여 제시한 것이다.

〈표 3-3〉 발화의 말 속도와 조음 속도의 평균값(±표준편차)

	전체	남성	여성
말 속도(sps)	5.06(±0.99)	5.21(±1.03)	4.91(±0.92)
조음 속도(sps)	6.17(±0.88)	6.59(±0.77)	5.76(±0.79)

발화의 말 속도는 평균 5.06sps이다. 화자들은 한 발화를 말할 때 초당 평균 5개의 음절을 산출한다. 성별로 나누어 살펴보면, 남성은 5.21sps, 여성은 4.91sps로, 여성의 말 속도가 남성에 비하여 0.3sps 정도 느리지만 큰 차이는 아님을 알 수 있다. 반면 조음 속도는 말 속도보다 성별에 따른 차이가 조금 더 컸다. 조음 속도의 경우 전체 평균 6.17sps였고, 남성 화자는 6.59sps, 여성 화자는 5.76sps로 나타났다. 평균 조음 속도의 남녀 간 평균 차이는 0.83로, 초당 약 1음절 정도의 차이였다.

이 차이가 통계적으로 유의미한지 살펴보기 위하여 선형 혼합 모형

(Linear Mixed-Effects Model)을 통한 분석을 수행하였다. 모델에 포함된 고정 효과는 성별이었고, 화자가 임의 변수로 고려되었다. 종속 변수는 말 속도와 조음 속도였다. 〈표 3-4〉는 그 결과를 제시한 것이다.

〈표 3-4〉 성별에 따른 말 속도, 조음 속도의 LMM 분석 결과
(p값은 유의미한 경우에만 *로 표시함: * p<.05, ** p<.01, *** p<.001)

종속 변수	고정 효과	Estimate	S.E	t	p value
말 속도(sps)	(Intercept)	5.16	0.10	51.25	***
	성별(여)	−0.28	0.14	−1.96	
조음 속도(sps)	(Intercept)	6.56	0.10	66.98	***
	성별(여)	−0.80	0.14	−5.77	***

Intercept는 남성의 결과를 보여준다. 모델이 추정한 남성의 말 속도는 5.16sps였다. 여성의 말 속도는 남성의 추정치에 0.28을 뺀 4.88sps이다. 표준 오차와 t값을 통해 추정한 p값은 두 성별에 따른 차이가 통계적으로 유의미하지 않음을 보여준다. 조음 속도는 남성의 추정치가 6.56sps, 여성의 추정치는 이 값에서 0.80을 뺀 5.76sps였다. 분석 결과 두 성별에 따른 차이는 p〈0.001 수준에서 통계적으로 유의미했다. 성별 집단 간 차이는 조음 속도에서만 유의미함을 알 수 있는 결과였다. 성별에 따른 차이는 말 속도와 조음 속도를 박스 플롯으로 보인 〈그림 3-2〉에서도 확인할 수 있다.

그림을 통해 알 수 있듯이, 두 성별 간의 속도 차이는 조음 속도에서 더 컸다. 말 속도의 경우 여성이 남성에 비하여 중앙값 및 평균값이 다소 낮은 곳에 위치해 있긴 했지만, 데이터의 대부분의 남성의 데이터와 비슷한 곳에 분포함을 알 수 있다. 반면 조음 속도의 경우, 남성과 여성의 데이터 분포가 확연히 달랐다. 여성의 조음 속도는 대체로 남성의 조음 속도보다 더 느렸다.

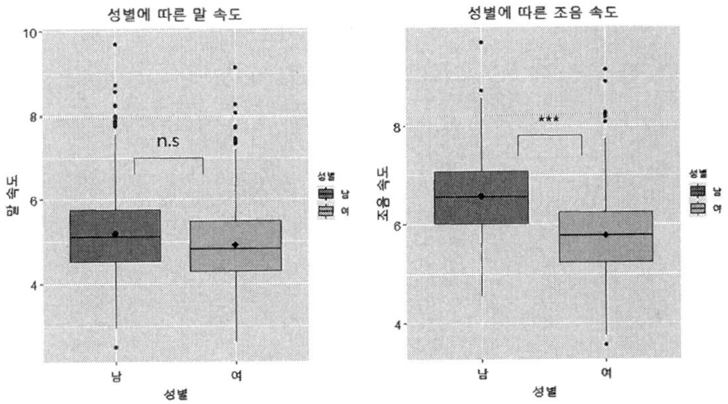

(박스 안 가로 실선은 중앙값, 점은 평균값을 의미함)

〈그림 3-2〉 성별에 따른 말 속도와 조음 속도

마지막으로, 한 발화 안에 몇 번의 휴지가 관찰되는지를 살펴보았다. 이는 하나의 발화 안에 몇 번의 휴지가 나타나, 발화가 몇 덩이의 조음 구간으로 구분되는지를 알아보기 위한 것이다. 〈표 3–5〉는 발화 내 휴지 개수의 평균값을 제시한 것이다.

〈표 3-5〉 발화 내 휴지 개수의 평균값(±표준편차)

	전체	남성	여성
발화 내 휴지 개수 (개)	4.56(±4.05)	4.89(±3.95)	4.24(±4.13)

발화 내 휴지 개수는 전체 피험자 평균 4.56개였다. 화자들은 한 발화 안에 약 4.56개의 휴지를 둔다. 조음 구간의 수는 휴지 출현 빈도에 1을 더한 값이므로, 이는 발화를 약 5.65개의 조음 구간으로 나누어 산출함을 의미한다.[2)] 성별로 구분하여 보면, 남성은 발화 안에 평균

2) 발화 안에 휴지가 n회 출현하면 해당 발화는 n+1 개의 조음 구간으로 나뉜다.

4.89번의 휴지를, 여성은 평균 4.24번의 휴지를 두는 것으로 나타났다.

두 성별 간 차이가 통계적으로 유의미한지 살피기 위하여 선형 혼합 모형(Linear Mixed-Effects Model)을 통한 분석을 수행하였다. 모델에 포함된 고정 효과는 성별이었고, 화자가 임의 변수로 고려되었다. 종속 변수는 발화 내 휴지 개수였다. 〈표 3-6〉은 그 결과를 제시한 것이다.

〈표 3-6〉 성별에 따른 발화 내 휴지 개수에 대한 LMM 분석 결과
(p값은 유의미한 경우에만 *로 표시함: * p<.05, ** p<.01, *** p<.001)

종속 변수	고정 효과	Estimate	S.E	t	p value
휴지 개수(개)	(Intercept)	5.32	0.46	11.67	***
	성별(여)	−0.79	0.64	−1.23	

통계 모델이 추정한 남성의 발화 내 휴지 개수는 5.32개였다. 여성의 추정치는 이 값에서 0.79을 뺀 4.53개였다. 성별에 따른 차이는 통계적으로 유의미하지 않았다. 데이터의 전체 분포를 그린 박스 플롯을 통해 발화 내 휴지 개수의 성별에 따른 실현 양상을 살펴볼 수 있다. 〈그림 3-3〉은 성별에 따른 발화 내 휴지 개수를 박스 플롯으로 제시한 것이다.

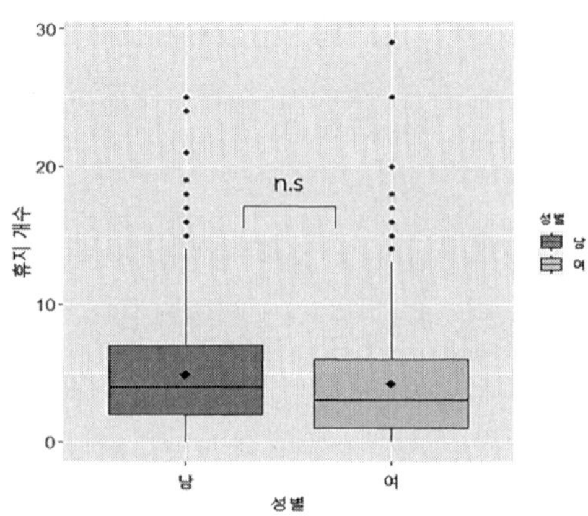

(박스 안 가로 실선은 중앙값, 점은 평균값을 의미함)
〈그림 3-3〉 성별에 따른 발화 내 휴지 개수

전체적으로는 남성의 데이터가 여성의 데이터보다 좀 더 위쪽에 분포하고 있는 것을 알 수 있다. 중앙값과 평균값 또한 남성이 여성보다 더 높은 곳에 위치해 있었다. 그러나 두 성별의 데이터 분포는 거의 겹쳐 있어, 두 집단 간의 차이가 크다고 할 순 없었다. 통계적으로도 두 성별 간 발화 내 휴지 개수가 유의미한 차이를 보이지 않았다.

다음으로는 발화 내 들숨 동반 휴지의 실현 빈도를 살펴보았다. 모든 화자가 약 11~12초의 발화를 한 숨으로 이야기하지는 못하기 때문에, 발화 안에는 들숨을 동반한 휴지가 관찰될 것이다. 한 발화 안에 몇 번의 들숨이 관찰되는지 알아보기 위하여 발화 내 들숨 동반 휴지 개수를 세었다. 〈표 3-7〉은 그 결과를 제시한 것이다.

〈표 3-7〉 발화 내 들숨 동반 휴지 개수의 평균값(±표준편차)

	전체	남성	여성
발화 내 들숨 동반 휴지 개수 (개)	2.26(±2.35)	2.25(±2.18)	2.27(±2.50)

분석 결과 화자들은 한 발화 안에 평균 2.26회의 들숨 동반 휴지를 산출한다는 것을 확인할 수 있었다. 발화 내 휴지 개수가 평균 4.56개였던 점을 고려하면 전체 휴지 가운데 약 절반은 숨을 쉬기 위해 나타난 휴지임을 알 수 있다. 성별을 나누어 살펴보면, 남성은 2.25회, 여성은 2.27회 들숨 구간이 나타나, 남성과 여성의 평균값의 차이는 거의 없었음을 알 수 있다.

두 성별 간 차이가 통계적으로도 차이가 없는지 확인하기 위하여 선형 혼합 모형(Linear Mixed-Effects Model)을 통한 분석을 수행하였다. 모델에 포함된 고정 효과는 성별이었고, 화자가 임의 변수로 고려되었다. 종속 변수는 발화 내 들숨 동반 휴지 개수였다. 〈표 3-8〉은 그 결과를 제시한 것이다.

〈표 3-8〉 성별에 따른 발화 내 들숨 동반 휴지 개수에 대한 LMM 분석 결과
(p값은 유의미한 경우에만 *로 표시함: * p<.05, ** p<.01, *** p<.001)

종속 변수	고정 효과	Estimate	S.E	t	p value
들숨 동반 휴지 수(개)	(Intercept)	2.44	0.27	8.92	***
	성별(여)	0.03	0.39	0.07	

남성 화자의 값을 의미하는 Intercept의 추정치는 2.44였다. 남성 화자와 여성 화자와의 추정치 차이는 0.03에 불과했다. 두 성별 간 차이는 통계적으로도 유의미하지 않았다. 성별에 따른 발화 내 들숨 동반 휴지 개수를 박스 플롯으로 제시한 〈그림 3-4〉에서도 이러한 경향성을 확인할 수 있다.

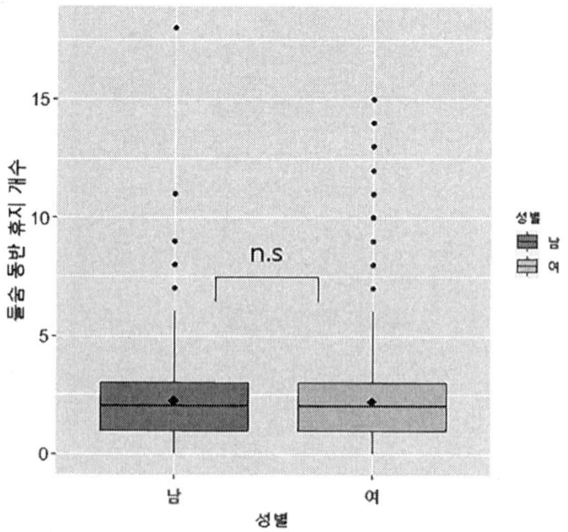

(박스 안 가로 실선은 중앙값, 점은 평균값을 의미함)
〈그림 3-4〉 성별에 따른 발화 내 들숨 동반 휴지 개수

발화 내 들숨 동반 휴지 개수는 남성과 여성의 데이터가 거의 유사한 분포를 보였다. 성별에 따른 박스의 크기와 중앙값, 평균값이 거의 일치하는 양상을 보임을 알 수 있다. 성별에 따른 차이가 통계적으로 유의미하지 않았음을 데이터 분포를 통해서도 확인할 수 있는 결과였다.

② 조음 구간과 휴지 구간의 시간 실현

가. 조음 구간의 시간적 실현

이 절에서는 조음 구간과 휴지 구간의 시간적 실현 양상을 살필 것이다. 조음 구간을 대상으로는 길이, 조음 구간 내 음절 수 및 어절 수를 측정하였고, 휴지 구간을 대상으로는 길이를 측정하였다. 먼저 조음 구간에 대한 결과를 제시한 뒤, 휴지 구간에 대한 결과를 살필 것이다. 총 5,242개의 조음 구간을 대상으로 평균 길이와 음절 수, 어절 수, 조음 속도를 계산한 결과를 제시한 것이 아래 〈표 3-9〉와 같다.

〈표 3-9〉 조음 구간의 길이, 음절 수, 어절 수의 평균값

조음 구간	전체	남성	여성
길이(ms)	1,672(±1163)	1,520(±1,025)	1,837(±1,276)
음절 수(개)	10.13(±7.70)	9.84(±7.40)	10.4(±7.99)
어절 수(개)	3.90(±2.88)	3.81(±2.80)	4.00(±2.97)

조음 구간은 전체 평균 1,672ms로 나타났다. 성별로 나누어 보면, 남성의 조음 구간 길이가 1,520ms, 여성의 조음 구간 길이가 1,837ms로, 여성의 조음 구간이 더 길었다. 조음 구간 내 음절 수는 전체 평균 10.13개, 어절 수는 3.9개였다. 성별로 구분하면, 남성은 한 조음 구간에 평균 9.84개의 음절과 3.81개의 어절을, 여성은 10.4개 음절과 4개의 어절을 산출하는 것으로 나타났다.

이러한 성별 차이가 통계적으로 유의미한지 살펴보기 위하여 선형 혼합 모형(Linear Mixed-Effects Model)을 통한 분석을 수행하였다. 모델에 포함된 고정 효과는 성별이었고, 화자가 임의 변수로 고려되었다. 종속 변수는 조음 구간의 길이, 조음 구간 내 음절 수, 어절 수였다. 〈표 3-10〉은 그 결과를 제시한 것이다.

〈표 3-10〉 성별에 따른 조음 구간의 길이, 음절 수, 어절 수에 대한 LMM 분석 결과
(p값은 유의미한 경우에만 *로 표시함: * p<.05, ** p<.01, *** p<.001)

종속 변수	고정 효과	Estimate	S.E	t	p value
길이(ms)	(Intercept)	1537.80	77.88	19.75	***
	성별(여)	371.62	110.42	3.37	**
음절 수(개)	(Intercept)	9.94	0.48	20.9	***
	성별(여)	0.96	0.67	1.43	
어절 수(개)	(Intercept)	3.84	0.17	21.98	***
	성별(여)	0.35	0.25	1.40	

각 결과에서 Intercept는 남성 화자의 결과를 보여주며, 성별(여)의 값은 여성 화자일 때의 값을 남성 화자의 값과 비교하여 그 차이를 제시한 것이다. 세 가지 종속 변수 중에서 성별에 따른 차이가 유의미한 것은 음영으로 표시된 조음 구간의 길이였다. 조음 구간의 길이는 여성 화자일 때, 남성 화자일 때보다 약 372ms 정도 더 길게 실현되었다. 음절 수와 어절 수는 여성 화자가 남성 화자보다 조금 더 많은 것으로 나타나긴 했으나 통계적으로 유의미한 차이는 아니었다.

이러한 성별에 따른 실현 양상은 전체 데이터를 제시한 박스 플롯으로도 확인할 수 있다. 조음 구간의 길이, 조음 구간 내 어절 수, 음절 수를 성별로 나누어 박스 플롯으로 제시한 것이 〈그림 3-5〉와 같다.

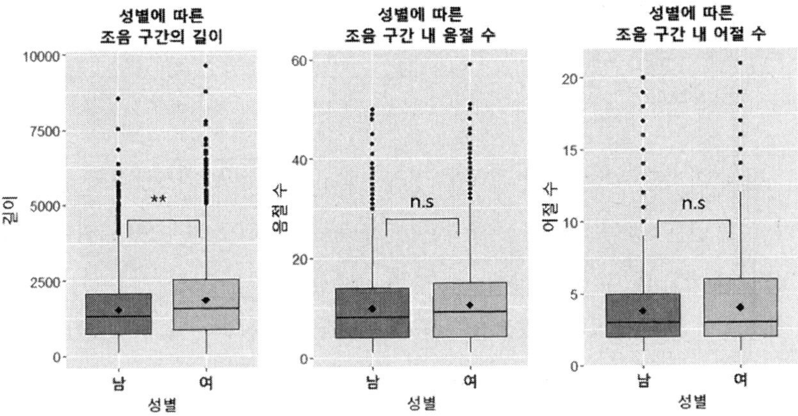

(박스 안 가로 실선은 중앙값, 점은 평균값을 의미함.)

〈그림 3-5〉 성별에 따른 조음 구간의 길이, 조음 구간 내 음절 수, 어절 수

그림에서 평균과 중앙값이 성별에 따라 차이를 보이는 데이터는 조음 구간의 길이뿐이었다. 조음 구간의 길이는 여성의 평균값과 중앙값이 더 길었다. 음절 수와 어절 수는 중앙값과 평균값의 성별에 따른 차이가 크지 않았고, 두 성별 집단의 데이터 분포가 겹쳐 있는 것을 알 수 있다. 음절 수와 어절 수의 성별에 따른 데이터 분포가 차이가 없음을 확인할 수 있는 결과였다.

나. 휴지 구간의 시간적 실현

다음으로는 휴지 길이의 시간적 실현 양상을 살펴볼 것이다. 휴지 구간은 전체적인 실현 양상을 살펴본 뒤에, 휴지의 위치와 들숨 동반 여부에 따른 실현을 제시할 것이다. 총 5,049개의 휴지 구간을 대상으로 평균 길이를 계산한 결과를 제시한 것이 〈표 3-11〉이다.

〈표 3-11〉 휴지 구간의 평균 길이

휴지 구간	전체	남성	여성
길이(ms)	547(±338)	585(±363)	508(±304)

전체 화자의 평균 휴지 길이는 평균 547ms로 나타났다. 성별로 구분하여 살피면 남성이 585ms, 여성은 508ms로 남성이 여성보다 약 77ms 정도 더 긴 휴지 를 실현하는 것을 알 수 있다.

다음으로는 휴지의 발화 내 위치에 따른 실현을 살펴볼 것이다. 유도영·신지영(2019)에 따르면 휴지는 발화 끝에 실현되었는지, 발화 안에 실현되었는지에 따라 그 길이의 실현이 다르다. 본 연구에서도 이에 따른 차이가 있는지 관찰하였다. 발화 내 휴지와 발화 말 휴지의 길이의 평균값을 제시한 것이 〈표 3-12〉와 같다.

〈표 3-12〉 실현 위치에 따른 휴지 구간의 평균 길이(±표준편차)

휴지 구간	위치	전체	남성	여성
길이(ms)	발화 내 휴지	520(±324)	556(±351)	480(±285)
	발화 말 휴지	712(±373)	778(±383)	655(±354)

〈표 3-12〉를 통해 알 수 있듯, 발화 내에 실현된 휴지는 평균 520ms, 발화의 끝에 실현된 휴지는 평균 712ms로 나타나, 발화 내 위치에 따른 휴지 길이의 차이가 상당함을 알 수 있다. 남성과 여성 모두 발화 내 휴지가 발화 말 휴지보다 더 짧게 실현된 것을 알 수 있다. 성별에 따른 휴지 길이의 차이는 발화 내 휴지보다 발화 말 휴지에서 더 크게 나타났는데, 발화 내 휴지는 남성 평균 556ms, 여성 평균 480ms로 두 성별 집단 간 평균 휴지 길이의 차이가 약 76ms였던 반면, 발화 말 휴지는 남성이 평균 778ms, 여성이 평균 655ms로 그 차이가 123ms로 나타났다.

이러한 차이가 통계적으로 유의미한지 살피기 위하여 선형 혼합 모형(Linear Mixed-Effects Model)을 통한 분석을 수행하였다. 모델에 포함된 고정 효과는 성별과 휴지 위치였고, 화자가 임의 변수로 고려되었다. 종속 변수는 휴지의 길이였다.[3] 〈표 3-13〉은 그 결과를 제시한 것이다.

〈표 3-13〉 성별과 휴지 위치에 따른 휴지 구간의 길이에 대한 LMM 분석 결과
(p값은 유의미한 경우에만 *로 표시함: * p<.05, ** p<.01, *** p<.001)

종속 변수	고정 효과	Estimate	S.E	t	p value
휴지 길이(ms)	(Intercept)	560.33	21.86	25.63	***
	성별(여)	−84.21	31.08	−2.71	**
	위치(발화 말)	290.07	19.70	14.72	***
	성별(여):위치(발화 말)	−103.95	27.39	−3.80	***

〈표 3-13〉의 Intercept는 남성 화자의 발화 내 휴지 길이에 대한 결과를 나타낸다. 모델이 예측한 남성 화자의 발화 내 휴지 길이는 560ms였다. 여성 화자의 발화 내 휴지는 이 값에서 84ms를 감한 값으로 약 476ms이다. 성별에 따른 차이는 통계적으로 유의미했다. 발화 말 휴지는 발화 내 휴지보다 290ms 정도 길게 나타났으며 이 역시 통계적인 차이가 유의했다.

또 성별과 휴지의 위치에 따른 상호작용이 관찰된 것이 주목할 만하다. 모델이 예측한 남성 화자의 발화 말 휴지 길이는, 남성의 발화 내 휴지 길이를 의미하는 Intercept에 발화 말 위치의 추정치를 더한 값으로, 약 850ms이다(560+290). 모델이 예측한 여성 화자의 발화 말 위치 휴지 길이는, 각 변수들을 모두 더한 값을 의미하는데, 이는 약 662ms이다(560−84+290−104). 남성의 발화 말 휴지 길이 예측값과 여성의 발

3) R에서 사용한 공식: lmer(종속 변수~성별*휴지 위치+(1|화자), data)

화 말 휴지 길이 예측값의 차이는 약 188ms로, 발화 내 휴지 길이의 성별 차이가 84ms였던 것보다 훨씬 더 큰 것을 알 수 있다. 성별에 따른 길이 차이가 발화 말 위치에서 더 컸기 때문에 두 변수 간 상호작용이 유의미하게 관찰된 것이다.

실현 위치와 성별에 따른 휴지 길이의 실현 양상은 아래 그림을 통하여 더 분명히 확인할 수 있다. 〈그림 3-6〉은 휴지의 위치에 따른 남녀의 휴지 길이 데이터를 박스 플롯으로 시각화한 것이다.

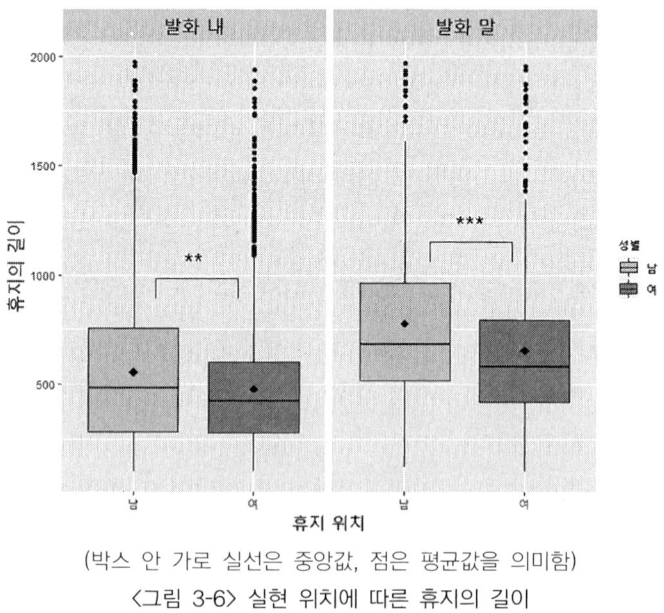

(박스 안 가로 실선은 중앙값, 점은 평균값을 의미함)

〈그림 3-6〉 실현 위치에 따른 휴지의 길이

전반적으로 두 성별 모두 발화 말 휴지가 발화 내 휴지보다 더 길게 실현된 것을 그림을 통해 확인할 수 있다. 또 여성의 휴지 길이는 남성의 휴지 길이보다 더 짧게 실현되었는데, 그 차이는 발화 말 휴지에서 더 두드러졌다. 성별과 휴지 위치에 따른 상호작용 양상을 그림을 통해서도 확인할 수 있었다.

다음으로는 들숨 동반 여부에 따른 휴지 길이를 살펴볼 것이다. 유도영·신지영(2019)에서는 남녀의 휴지 길이 차이가 들숨 비동반 휴지보다 들숨 동반 휴지에서 더 크게 나타났다고 보고하였다. 본 연구에서도 이러한 경향을 확인할 수 있는지 살펴보았다. 〈표 3-14〉는 들숨 동반 여부에 따른 휴지의 평균 길이를 나타낸다.

〈표 3-14〉 들숨 동반 여부에 따른 휴지 구간의 평균 길이(±표준편차)

휴지 구간	들숨 동반 여부	전체	남성	여성
길이(ms)	들숨 비동반	419(±324)	443(±351)	390(±284)
	들숨 동반	655(±312)	722(±320)	592(±290)

위 표에서 확인할 수 있듯이, 들숨 동반 휴지는 들숨을 동반하지 않은 휴지보다 훨씬 더 긴 길이로 나타났다. 들숨 비동반 휴지는 평균 419ms, 들숨 동반 휴지는 655ms로 그 차이가 약 230ms에 달했다. 남녀 모두 들숨 동반 휴지가 들숨 비동반 휴지에 비하여 긴 길이로 나타났다. 성별 차이는 들숨 동반 휴지에서 더 컸다. 들숨 비동반 휴지의 성별에 따른 평균값 차이는 53ms에 불과한 반면, 들숨 동반 휴지의 길이 차이는 130ms에 달했다.

이 차이가 통계적으로 유의미한지 살펴보기 위하여 선형 혼합 모형(Linear Mixed-Effects Model)을 통한 분석을 수행하였다. 모델에 포함된 고정 효과는 성별과 들숨 여부였고, 화자가 임의 변수로 고려되었다. 종속 변수는 휴지 길이였다.[4)] 〈표 3-15〉는 그 결과를 제시한 것이다.

4) R에서 사용한 공식: lmer(종속 변수~성별*들숨 여부+(1|화자), data)

〈표 3-15〉 성별과 들숨 동반 여부에 따른 휴지 구간의 길이에 대한 LMM 분석 결과
(p값은 유의미한 경우에만 *로 표시함: * p<.05, ** p<.01, *** p<.001)

종속 변수	고정 효과	Estimate	S.E	t	p value
휴지 길이(ms)	(Intercept)	429.57	27.26	15.76	***
	성별(여)	−53.25	38.85	−1.37	
	들숨(동반)	330.43	13.19	25.04	***
	성별(여):들숨(동반)	−106.02	18.94	−5.60	***

모델이 예측한 남성의 들숨 비동반 휴지 길이는 약 430ms, 여성의 들숨 비동반 휴지 길이는 약 377ms였다(430−53ms). 남성과 여성의 들숨 비동반 휴지의 차이는 통계적으로 유의미하지 않았다. 남성의 들숨 동반 휴지 길이는 약 760ms로(430+330), 들숨을 동반하지 않을 때에 비하여 유의미하게 길었다.

또 성별과 들숨 동반 여부에 상호작용이 관찰되었는데, 모델이 추정한 여성의 들숨 동반 휴지 길이는 모든 추정치를 다 더한 값인 약 601ms로, 남성의 들숨 동반 휴지 길이의 추정치인 760ms에 비하여 약 159ms 짧았다. 성별은 들숨 비동반 휴지에서는 유의미하지 않았으나, 들숨 동반 휴지에서는 길이의 차이를 야기하는 유의미한 변수였다. 이러한 성별에 따른 차이는 들숨 여부에 따른 휴지 길이를 박스 플롯으로 제시한 〈그림 3-7〉에서도 확인할 수 있다.

그림을 보면, 들숨 비동반 휴지의 데이터를 보여주는 왼쪽 패널의 성별 차이는 크지 않다. 평균값은 여성이 남성보다 살짝 낮았으나, 중앙값은 거의 차이가 없었으며 박스의 분포도 상당히 겹친다. 반면 들숨 동반 휴지는 성별 차이가 두드러졌다. 남성의 들숨 동반 휴지의 중앙값과 평균값이 여성의 것보다 높았으며 박스의 분포도 두 성별 간 차이가 있는 것으로 확인되었다. 성별과 들숨 여부에 따른 상호작용 효과를 확인할 수 있는 결과였다.

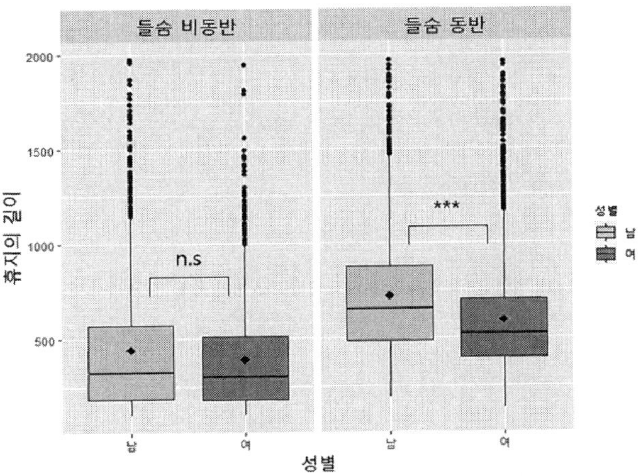

(박스 안 가로 실선은 중앙값, 점은 평균값을 의미함)

〈그림 3-7〉 들숨 여부에 따른 휴지의 길이

③ 음절의 길이와 후행 휴지 길이

이 절에서는 음절 길이와 후행 휴지 길이의 실현 양상을 다룰 것이다. 먼저 전체 음절 길이를 관찰한 뒤에, 음절의 위치에 따른 길이 실현을 살필 것이다. 이 연구에서는 조음 구간과 발화의 경계에 놓인 음절들이 어느 정도의 길이 실현을 보이는지 관찰하였다. 이는 조음 구간과 발화 경계의 장음화 정도를 확인하여, 경계 강도를 가늠하기 위한 작업이다.

다음으로는 각 경계 위치의 경계 음절과 후행 휴지 길이를 함께 살펴본다. 경계 말 강도는 경계 음절의 장음화뿐 아니라 후행 휴지로도 신호되기 때문에, 이를 함께 살펴보아야 각 위치에 따른 경계 말 강도를 종합적으로 해석할 수 있다. 따라서 경계 위치에 따른 음절의 길이와 휴지 길이 결과를 함께 제시한다.

가. 경계 위치에 따른 음절 길이 실현

먼저, 분석 대상이 된 음절들의 평균 길이를 제시하면 아래와 같다. 〈표 3-16〉은 분석 대상이 된 발화의 총 52,681개 음절을 대상으로 그 길이를 계산한 결과이다.

〈표 3-16〉 음절의 평균 길이(±표준편차)

음절	전체	남성	여성
길이(ms)	165(±96)	154(±85)	176(±104)

음절의 길이는 평균 165ms으로 나타남을 확인하였다. 성별을 구분하여 살펴 보면, 남성의 음절 길이는 154ms, 여성의 음절 길이는 176ms로 여성의 음절 길이가 남성의 음절 길이보다 약 20ms 가량 길게 나타남을 알 수 있었다. 다음으로 〈표 3-17〉은 음절의 경계 위치에 따른 길이의 평균값을 제시한 것이다.

〈표 3-17〉 경계 위치에 따른 음절의 평균 길이(±표준편차)

경계 위치	전체	남성	여성
조음 구간 경계	326(±128)	301(±109)	355(±141)
발화 경계	217(±83)	188(±62)	245(±92)
그 외 위치(비경계)	149(±77)	140(±68)	159(±83)

〈표 3-17〉을 보면, 경계에 놓인 음절의 평균 길이가 경계가 아닌 곳의 평균 음절 길이보다 길게 실현됨을 확인할 수 있다. 조음 구간의 경계가 아니고 발화 경계도 아닐 때(비경계), 음절의 평균 길이는 149ms로 나타나는데, 경계 위치에 놓인 음절의 길이는 모두 200ms 이상으로 실현되었다. 각 경계에서는 경계가 아닌 곳에 비하여 일정 정도 장음화가 이루어지는 것을 알 수 있다. 남녀 모두 이와 같은 실현이 동일하게

관찰되었다. 다만 여성의 음절 길이가 남성의 음절 길이보다 모든 위치에서 일관되게 길었다.

음절은 어떤 단위의 경계에 놓이는가에 따라 그 길이 실현에 다소 차이를 보였는데, 발화 경계와 조음 구간 경계 가운데 더 긴 길이의 음절 길이가 관찰된 곳은 조음 구간 경계였다. 조음 구간 경계에서 음절의 평균 길이는 326ms로 상당히 길었고, 발화 경계에서는 217ms로 나타났다. 일반적으로 발화 경계는 운율적으로도 통사적으로도 가장 경계 말 강도가 큰 위치라는 점을 고려하면, 경계 강도를 드러내주는 지표 중 하나인 장음화가 발화 경계에서 더 적게 나타난다는 점은 독특한 현상이다.

이러한 음절 길이의 성별, 위치별 차이가 통계적으로 유의미한지 확인하기 위하여 선형 혼합 모형(Linear Mixed-Effects Model)을 통한 분석을 수행하였다. 모델에 포함된 고정 효과는 성별과 경계 위치였고, 화자가 임의 변수로 고려되었다. 종속 변수는 말 속도와 조음 속도였다. 〈표 3-18〉은 그 결과를 제시한 것이다.[5]

〈표 3-18〉 성별과 경계 위치에 따른 음절 길이에 대한 LMM 분석 결과
(p값은 유의미한 경우에만 *로 표시함: * p<.05, ** p<.01, *** p<.001)

종속 변수	고정 효과	Estimate	S.E	t	p value
음절 길이(ms)	(Intercept)[6]	140.01	2.80	50.04	***
	성별(여)	18.85	3.96	4.76	***
	위치(조음 구간 경계)	160.62	1.80	89.14	***
	위치(발화 경계)	48.38	3.84	12.59	***
	성별(여): 위치(조음 구간 경계)	35.59	2.61	13.62	***
	성별(여): 위치(발화 경계)	37.03	5.38	6.88	***

5) R에서 사용한 공식: lmer(종속 변수~성별*경계 위치+(1|화자), data)

6) 여기서 Intercept는 비경계 위치이다. 즉 조음 구간 경계도 발화 경계도 아닌 곳이다.

통계 분석 결과 모든 효과가 다 유의미한 차이를 보이는 것으로 나타났으며, 성별과 각 경계에 따른 상호작용 효과도 확인되었다. 이 표에서 Intercept는 남성 화자의 비경계 위치에서의 음절 길이이다. 이 위치에서 남성의 음절 길이는 140ms로 예측된다. 여성의 음절 길이는 이보다 19ms정도 길게 실현되었고, 성별 차이는 유의미했다. 또 비경계 위치와 조음 구간 경계, 비경계 위치와 발화 경계의 차이 또한 통계적으로 유의미하게 달랐다.

상호작용 효과는 성별과 조음 구간 경계, 성별과 발화 경계에서 모두 확인되었다. 상호작용 효과를 설명하기에 앞서, 이해의 편의를 위하여 모델이 예측한 각각의 예측값을 정리하면 아래 〈표 3-19〉와 같다.

〈표 3-19〉 LMM이 예측한 경계 음절 길이

경계 위치	성별	예측값	계산 식
비경계	남성	140	
	여성	159	140+19
조음 구간 경계	남성	300	140+160
	여성	356	140+19+161+36
발화 경계	남성	188	140+48
	여성	244	140+19+48+37

먼저 조음 구간 경계 음절 길이의 남녀 차이를 보면, 남성의 예측값이 300ms, 여성의 예측값은 356ms로, 두 성별 간 차이가 약 56ms 정도임을 알 수 있다. 이는 비경계일 때의 남녀 차이인 19ms보다 더 큰 값이다. 발화 경계 역시 비슷한 양상을 보인다. 남성의 발화 경계 음절 길이의 예측값은 188ms, 여성은 244ms로 나타나 두 성별의 차이는 56ms로 확인되었다. 역시 비경계일 때보다 성별 차이가 더 벌어짐을 확인할 수 있다. 비경계일 때에 비하여, 조음 구간과 발화 경계일

때 남녀 화자의 경계 음절 길이 차이가 더 큰 차이를 보여 상호작용 효과가 관찰된 것이다.

다음으로는 각 위치에 따른 음절 길이가 서로 차이를 보이는지 확인하기 위하여 변수 간 LSM(Least Squares Means) 값을 통한 비교 분석을 수행하였다. 〈그림 3-8〉은 그 결과를 그림으로 보인 것이다.

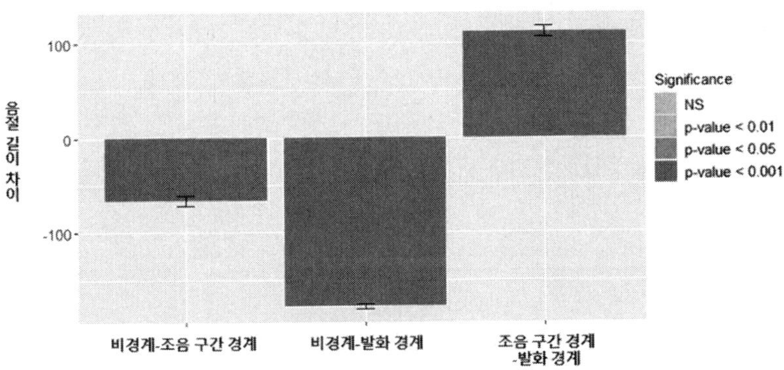

〈그림 3-8〉 경계 위치에 따른 음절 길이 차이값의 LSM 통계 검정 결과

각 그림에서 y축 0을 기점으로 막대가 아래로 내려와 있는 것은 두 값의 차이가 음의 값으로 나타났다는 것을 의미하고, 위로 올라가 있는 것은 두 값의 차이가 양의 값으로 나타났다는 것을 의미한다. 이 차이의 통계적 유의미성이 클수록 막대의 음영이 짙게 표시된다.

각각의 위치는 모두 p〈0.001 수준에서 통계적으로 유의미한 차이가 있었다. 이 가운데 비경계-조음 구간 경계, 비경계-발화 경계는 음의 값으로 나타나, 조음 구간 경계와 발화 경계의 음절이 비 경계보다 더 길다는 것이 확인되었다. 반면 조음 구간 경계-발화 경계 값은 양의 값으로 확인되었는데 이는 조음 구간 경계 음절이 발화 경계 음절보다 통계적으로 더 길게 실현되었다는 의미이다.

각 경계 위치에 따른 음절 길이 데이터를 박스 플롯으로 제시한 〈그림 3-9〉를 통하여 이러한 양상을 다시 확인할 수 있다.

〈그림 3-9〉에서 데이터의 분포가 상대적으로 높게 위치한 경계 위치는 조음 구간 경계였다. 조음 구간 경계에서는 남녀 모두 250ms 이상에 중앙값과 평균값이 자리하고 있었다. 반면 발화 경계는 그보다 낮은 위치에 중앙값과 평균값이 분포했다. 각 경계 내에서는 여성의 음절 길이가 남성의 음절 길이보다 길었으며, 상자의 분포도 더 위쪽으로 분포하고 있었다. 그 외 위치(비경계)에서는 음절 길이가 가장 짧았다.

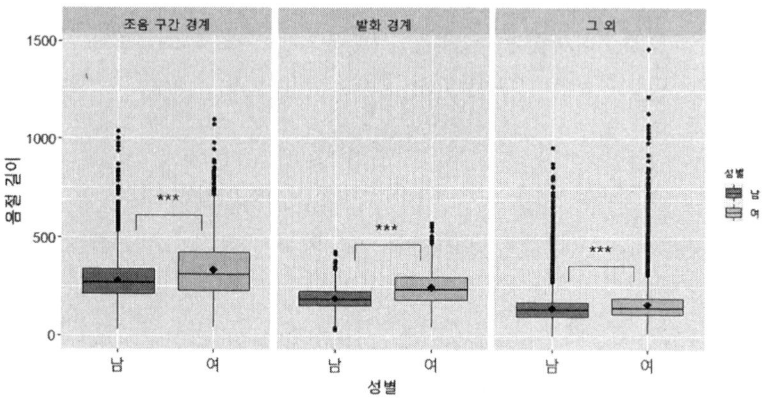

(박스 안 가로 실선은 중앙값, 점은 평균값을 의미함)

〈그림 3-9〉 경계 위치에 따른 음절 길이 실현

나. 경계 위치에 따른 음절 길이와 후행 휴지 길이

앞서 경계 위치에 따라 음절의 길이가 다른 실현을 보인다는 것을 확인하였다. 조음 구간과 발화 경계에서는 경계를 신호하기 위하여 경계 음절을 장음화시키는데, 이때 장음화의 정도는 조음 구간 경계에서 더 컸다. 여기서는 음절 길이와 휴지 길이를 함께 살펴봄으로써 경계 말 강도에 대한 종합적 결과를 제시할 것이다.

〈표 3-20〉은 경계 위치에 따른 음절 길이와 휴지 길이, 그리고 이 값들의 합을 제시한 것이다.

〈표 3-20〉 경계 위치에 따른 음절의 길이와 후행 휴지 길이 및 경계 말 강도 (음절 길이+휴지 길이)의 평균값과 표준편차(ms)

경계 위치	성별	음절 길이(A)	휴지 길이(B)	경계 말 강도 (A+B)
조음 구간 경계 (발화 내)	전체	326(±128)	520(±324)	846(±352)
	남	301(±109)	556(±351)	857(±317)
	여	355(±141)	480(±285)	835(±329)
발화 경계 (발화 말)	전체	226(±83)	712(±373)	938(±373)
	남	196(±57)	778(±383)	974(±387)
	여	252(±92)	655(±354)	907(±359)

음절 길이는 앞서 살펴본 것처럼, 조음 구간의 경계에서 더 길다. 그런데 휴지 길이는 조음 구간 경계보다 발화 경계에서 더 긴 것을 확인할 수 있다. 조음 구간 경계에서 휴지 길이는 520ms로 나타난 반면, 발화 경계에서의 휴지 길이는 712ms로 나타난다. 그 결과 경계 음절 길이와 휴지 길이를 합한 값은 발화 경계에서 더 길게 나타남을 확인할 수 있다. 조음 구간 경계에서는 경계 음절과 휴지 길이의 합이 846ms였지만, 발화 경계에서는 두 값의 합이 938ms로 확인되었다.

남녀 모두 조음 구간 경계보다 발화 경계에서 음절 길이와 휴지 길이의 합이 더 크게 나타나는 것을 확인할 수 있다. 지금까지 음절 길이와 휴지 길이의 남녀 차이가 서로 상반됨을 확인하였다. 음절 길이는 두 경계 모두에서 여성이 길었고, 휴지 길이는 두 경계 모두에서 남성이 길었다. 그런데 경계 음절 길이와 후행 휴지 길이의 값을 합친 값은 남성이 여성보다 일관되게 길었다.

음절 길이와 후행 휴지 길이의 합의 성별, 경계 위치에 따른 차이가 통계적으로 유의미한지 확인하기 위하여, 선형 혼합 모형(Linear Mixed-

Effects Model)을 통한 통계 분석을 수행하였다. 모델에 포함된 고정 효과(fixed effect)는 성별과 경계 위치였고, 화자가 임의 효과(random effect)로 고려되었다. 종속 변수는 음절 길이와 +휴지 길이의 합이었다.[7] 〈표 3-21〉은 각 성별에 따라 각 종속 변수들이 통계적으로 차이가 있는지를 보인 것이다.

〈표 3-21〉 성별과 경계 위치에 따른 경계 말 강도에 대한 LMM 분석 결과
(p값은 유의미한 경우에만 *로 표시함: * p<.05, ** p<.01, *** p<.001)

종속 변수	고정 효과	Estimate	S.E	t	p value
경계말 강도 (음절 길이+ 휴지 길이)(ms)	(Intercept)	860	20.50	41.96	***
	성별(여)	−26.12	29.17	0.37	
	위치(발화 경계)	113.63	20.15	5.54	***
	성별(여):위치(발화 경계)	−49.39	28.32	0.08	

분석 결과 발화 경계만이 유의미한 차이를 야기하는 변수로 확인되었다. 남성의 조음 구간 경계의 크기를 의미하는 Intercept와 유의미한 값의 차이를 보이는 것은 발화 말 위치에 있는 경계 크기 값이였다. 성별에 따른 차이는 유의미하지 않았으며, 성별과 경계 위치 간의 상호작용도 확인되지 않았다. 음절 길이, 휴지 길이 각각에서 두드러지게 드러났던 성별 차이가 이 둘의 합에서는 상쇄되었다는 사실을 확인할 수 있는 결과였다.

이러한 데이터의 실현 양상은 경계 위치에 따른 구말 경계 강도를 박스 플롯으로 그린 〈그림 3-10〉을 통해서도 확인할 수 있다.

각 데이터의 분포를 보면, 두 성별에 따른 차이가 거의 나타나지 않음을 알 수 있다. 음절의 길이와 휴지 길이에서는 남녀 차이가 분명

7) R에서 사용한 공식: lmer(종속 변수~성별*경계 위치+(1|화자), data)

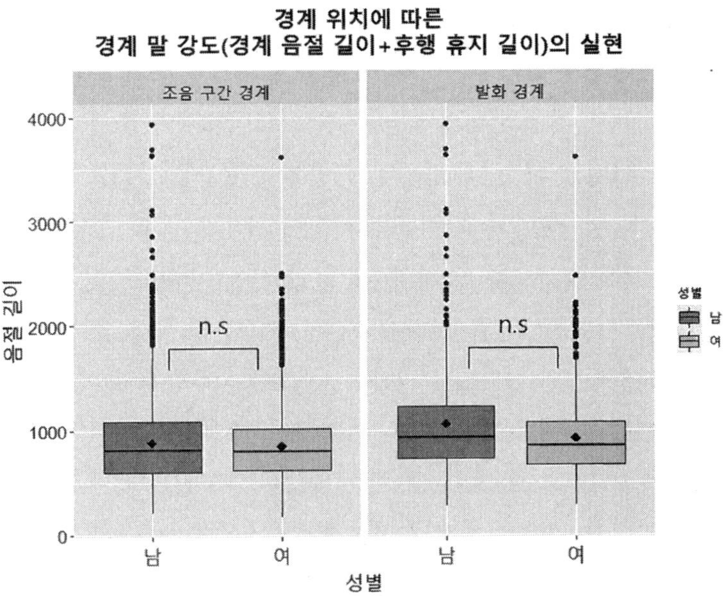

(박스 안 가로 실선은 중앙값, 점은 평균값을 의미함)

〈그림 3-10〉 경계 위치에 따른 조음 구간 말 경계 강도

하게 드러났으나, 이 두 값을 합친 경우에는 성별 차이가 두드러지지 않았다. 발화 경계의 경우 여성의 데이터가 남성의 데이터보다 더 낮은 곳에 위치하는 것처럼 보이나, 사분범위의 대부분은 겹쳐 있는 것을 알 수 있다.

3-(1)절의 결과를 요약하면 다음과 같다. 한국어 발화는 약 11,669ms의 길이로 실현되며, 한 발화 안에는 56개의 음절, 21개의 어절이 나타난다. 발화 내 휴지 개수는 평균 4.56개, 발화 내 들숨 동반 휴지 개수는 평균 2.26개로 확인되었다. 발화 길이, 발화 내 음절 수, 발화 내 어절 수, 발화 내 휴지 수는 성별에 따른 차이가 관찰되지 않았다. 말 속도는 평균 5.06sps, 조음 속도는 평균 6.17sps로 관찰되었으며 조음 속도에서만 성별 차이가 확인되었다.

휴지와 휴지 사이에 관찰되는 조음 구간의 길이는 평균 1,672ms로 확인되었으며, 한 조음 구간 안에는 평균 10개의 음절과 3.9개의 어절이 실현되었다. 성별 차이는 조음 구간의 길이에서만 확인되었다. 휴지는 발화 내에서 평균 520ms, 발화 말에서 평균 712ms로 나타났다. 이 가운데 들숨 동반 휴지는 들숨 비동반 휴지보다 더 길었다. 휴지 길이는 남성이 여성보다 유의미하게 길었으며 이러한 성별 차이는 발화 말에서, 들숨 동반 휴지에서 더 두드러졌다.

음절 길이는 평균 165ms로 나타났으며, 여성의 음절 길이가 남성의 음절 길이보다 길었다. 또 음절은 조음 구간 경계와 발화 경계에 놓일 때, 그렇지 않을 때보다 더 길게 실현되었다. 두 경계 위치 가운데 더 긴 음절 길이를 보이는 것은 조음 구간 경계였다. 성별에 따른 음절 길이 차이는, 비경계일 때보다 조음 경계, 발화 경계에 놓일 때 더 커지는 상호작용 효과가 관찰되었다.

경계 음절과 후행 휴지 길이를 통해 살펴본 경계 말 강도는 발화 경계에서 더 컸다. 음절 길이는 조음 구간 경계에서, 휴지 길이는 발화 경계에서 더 길었는데 이를 합한 값이 발화 경계에서 더 길었기 때문이다. 또 음절 길이는 여성이, 휴지 길이는 남성이 길었으나 음절 길이와 휴지 길이를 합친 값은 성별 차이가 상쇄되어 남녀 차이가 관찰되지 않았다.

(2) 발화 단위의 유형별 시간 실현

하나의 발화 안에는 휴지가 한 번도 나타나지 않아 하나의 조음 구간이 그 자체로 하나의 발화가 될 수도 있고, 휴지가 1회 이상 출현하여 조음 구간이 두 개 이상 나타날 수도 있다. 그런데 지금까지 살펴본 조음 구간과 휴지의 시간적 구성은 전체 발화 안에서 해당 조음 구간과 휴지가 몇 번 나타나며 이것이 어느 위치에 나타나는지를 고려하지 않은 것이다.

한 발화 안에 휴지와 조음 구간의 수가 달라진다면, 이에 따라 발화의 시간적 실현이 달라질 수 있다. 또, 같은 발화 안에서도 조음 구간과 휴지 구간이 어디에 위치하는가에 따라, 길이나 속도가 달라질 수 있다. 이 절에서는 이러한 양상을 확인하기 위해, 발화 내에 조음 구간과 휴지 구간이 몇 개로 구성되어 있는지를 고려하여 이에 따른 시간적 실현 양상을 살필 것이다.

여기서 지칭하는 발화 유형은 발화 내 조음 구간의 개수를 의미하며, 유형 번호는 곧 한 발화 안에서 휴지 없이 실현된 조음 구간의 수를 의미한다. 예를 들어 유형 1은 발화 내 조음 구간이 한 번 나타난 경우이고, 유형 2는 발화 내 휴지가 한 번 개입하여 조음 구간이 두 번 나타난 경우, 유형 3은 발화 내 휴지가 두 번 개입하여 조음 구간이 세 번 나타난 경우이다.

먼저, 실제로 조음 구간이 발화 내 위치에 따라 시간적 실현을 달리하는지 확인하기 위하여 선형 혼합 모형(Linear Mixed-Effect Model)을 통한 통계 분석을 수행하였다. 모델에 포함된 고정 효과는 성별과 조음 구간의 발화 내 위치(발화 내 n번째 조음 구간)였고, 화자와 발화 유형이 임의 효과로 고려되었다. 종속 변수는 조음 구간의 길이, 조음 구간 내 음절 수, 조음 구간 내 어절 수, 조음 속도, 음절 길이였다.[8] 〈표 3-22〉는 그 결과를 표로 제시한 것이다.

---

8) lmer(종속 변수~성별*조음 구간의 발화 내 위치+(1|화자)+(1|유형), data)

〈표 3-22〉 성별과 조음 구간의 발화 내 위치에 따른 조음 구간의 길이, 음절 수, 어절 수, 조음 속도에 대한 LMM 분석 결과
(p값은 유의미한 경우에만 *로 표시함: * p<.05, ** p<.01, *** p<.001)

종속 변수	고정 효과	Estimate	S.E	t	p value
조음 구간의 길이	(Intercept)	1296.31	112.81	11.49	***
	발화 내 위치 (n번째 조음 구간)	34.81	6.73	5.17	***
	성별(여)	329.98	110.85	2.89	**
	위치:성별(여)	2.73	8.78	0.31	
조음 구간 내 음절 수	(Intercept)	7.55	0.80	9.48	***
	발화 내 위치 (n번째 조음 구간)	0.34	0.05	7.62	***
	성별(여)	0.66	0.68	0.98	
	위치:성별(여)	0.001	0.06	0.02	
조음 구간 내 어절 수	(Intercept)	3.12	0.27	11.35	***
	발화 내 위치 (n번째 조음 구간)	0.11	0.02	6.28	***
	성별(여)	0.21	0.26	0.84	
	위치:성별(여)	0.01	0.02	0.34	
조음 속도	(Intercept)	5.60	0.16	34.44	***
	발화 내 위치 (n번째 조음 구간)	0.09	0.01	9.20	***
	성별(여)	-0.66	0.17	-3.85	***
	위치:성별(여)	-0.01	0.01	-0.63	
조음 구간 내 음절 길이	(Intercept)	170.5	4.06	42.02	***
	발화 내 위치 (n번째 조음 구간)	-2.15	0.19	-11.13	***
	성별(여)	22.34	4.35	5.13	***
	위치:성별(여)	-0.19	0.25	-0.75	

각 표에서 Intercept 값은 조음 구간이 발화의 첫 번째 위치에 실현됐을 때의 남성 화자의 예측값을 의미한다. 먼저 조음 구간의 길이를 살펴보겠다. 이 결과를 해석해 보면, 남성 화자의 조음 구간이 발화의 첫 번째 위치일 때 그 길이는 1,296ms으로 예측되며, 조음 구간이 더

뒤에 나타날수록 그 길이는 34ms씩 길어진다는 것을 의미한다. 조음 구간 내 음절 수와 어절 수, 조음 속도, 음절 길이도 동일한 방법으로 해석할 수 있다. 남성 화자의 첫 번째 조음 구간 내 음절 수는 7.55개, 어절 수는 3.12개이며 조음 속도는 5.60sps, 음절의 길이는 170ms이다. 조음 구간이 발화에서 더 뒤에 나타난다면, 처음에 나타났던 조음 구간에 비하여 음절 수는 0.34개씩, 어절 수는 0.11개씩 늘어나며, 조음 속도는 0.09sps씩 빨라진다. 또 음절의 길이는 2.15ms씩 짧아진다. 발화 내 위치에 따른 실현은 모든 종속 변수에서 통계적으로 유의한 차이를 야기하였다.

성별 차이가 관찰된 것은 조음 구간의 길이와 조음 속도, 음절의 길이였다. 조음 구간의 길이는 여성이 남성보다 34ms 더 길었고, 조음 속도는 여성이 남성보다 0.66sps 더 느리며, 음절의 길이는 여성이 남성보다 22ms 길다는 것이 확인되었다. 그러나 조음 구간의 발화 내 위치와 성별의 상호작용은 그 어떤 종속 변수에서도 관찰되지 않았다. 이는 조음 구간이 발화의 뒤에 위치할수록 조음 구간의 길이가 길어지고 속도가 빨라지고 음절의 길이가 짧아진다는 결과가 남녀 모두 동일하게 관찰된다는 사실을 의미한다. 다만 그 길이와 속도는 일관되게 여성이 더 길고 느리다.

마찬가지로 발화 내 휴지 길이가 발화 내 출현 위치에 따라 다른 실현을 보이는지 확인하기 위해 선형 혼합 모형(Linear Mixed-Effect Model)을 통한 통계 분석을 수행하였다. 모델에 포함된 고정 효과는 성별과 휴지 구간의 발화 내 위치(발화 내 n번째 휴지 구간)였고, 화자와 발화 유형이 임의 효과로 고려되었다. 종속 변수는 발화 내 휴지 길이였다.[9] 〈표 3-23〉은 그 결과를 표로 제시한 것이다.

〈표 3-23〉 조음 구간의 발화 내 위치와 성별에 따른
발화 내 휴지 길이에 대한 LMM 분석 결과
(p값은 유의미한 경우에만 *로 표시함: * p<.05, ** p<.01, *** p<.001)

종속 변수	고정 효과	Estimate	S.E	t	p value
발화 내 휴지 길이	(Intercept)	585.12	19.55	29.93	***
	발화 내 위치 (n번째 조음 구간)	−5.93	1.91	−3.10	**
	성별(여)	−81.96	27.55	−2.98	**
	위치:성별(여)	−0.28	2.67	−0.11	

남성 화자의 첫 번째 휴지 구간의 길이는 약 585ms이다. 이후의 휴지 구간은 5.93ms씩 그 길이가 짧아진다. 여성은 남성보다 82ms 정도 짧은 휴지 길이를 보였으며 성별 차이는 통계적으로 유의미하다. 그러나 발화 내 위치와 성별의 상호작용 효과는 관찰되지 않았다. 이는 휴지가 발화의 뒤에 위치할수록 그 길이가 짧아진다는 결과가 여성에게서도 동일하게 관찰된다는 것을 의미한다. 다만 그 길이는 일관되게 여성이 더 짧다.

위와 같은 결과는, 조음 구간과 휴지 구간이 발화에서 몇 번째 위치에 나타나는지에 따라 조음 구간의 시간 구조가 달라질 수 있음을 의미한다. 다시 말해, 조음 구간의 발화 내 위치를 고려해야만 실제 발화의 시간 구조를 정확히 이해할 수 있다는 것이다. 따라서 다음 절에서는 조음 구간의 위치를 고려하여, 발화 유형별로 시간 구조가 어떻게 나타나는지를 살필 것이다.

① 발화 단위의 유형별 출현 빈도

앞서, 3-(1)-①에서 908개의 발화를 대상으로 발화 내 휴지 개수를

9) lmer(종속 변수~성별*휴지 구간의 위치+(1|화자)+(1|유형), data)

계산한 결과, 한 발화 내에 평균 4.56개의 휴지가 관찰되어, 평균 5.56개의 조음 구간이 나타남을 확인하였다(〈표 3-5〉). 이 절에서는 분석 대상 자료에서 어떤 유형의 발화가 가장 많이 나타나는지를 살펴보았다. 908개의 발화를 대상으로 분석한 결과를 히스토그램으로 제시한 것이 아래 〈그림 3-11〉과 같다.

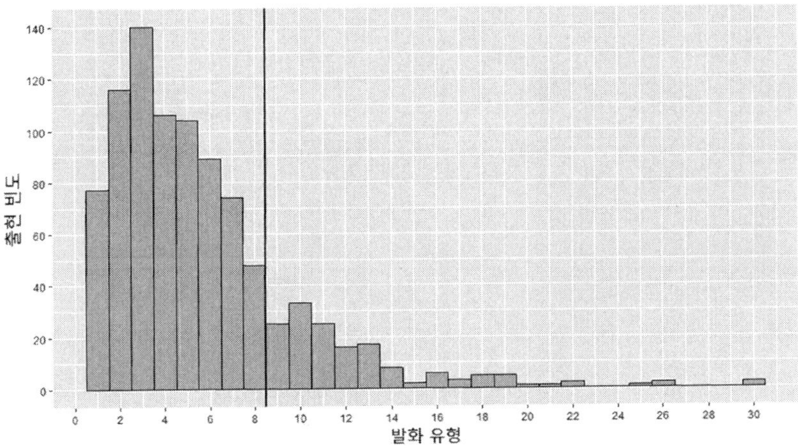

(세로선은 유형 8을 기점으로 그어짐)

〈그림 3-11〉 발화의 유형별 출현 빈도 히스토그램

〈그림 3-11〉을 통해 유형 번호가 높아질수록 출현 빈도가 줄어드는 것을 확인할 수 있다. 다시 말해 발화 내에 조음 구간의 수가 많아질수록 출현 빈도는 줄어드는 경향이 있다. 가장 높은 유형 번호는 30이었다. 이는 한 발화 내에 휴지가 총 29회 출현해, 조음 구간이 30개로 분리된 발화이다. 가장 빈도가 높은 유형은 발화 내 조음 구간이 세 번 나타나는 유형 3이었다. 또, 그림에는 출현 빈도가 급격히 낮아지는 기점이 관찰되는데, 이는 세로선으로 표시된 유형 8에 해당하는 부분이다. 유형 8을 기점으로 출현 빈도가 확연하게 줄어들고, 세로선 양쪽

〈표 3-24〉 발화 유형별 출현 빈도와 누적 빈도 및 해당 발화 유형을 산출한 피험자의 수

유형 (발화 내 조음 구간의 수)	출현 빈도(회)	누적 빈도(회)	누적 빈도(%)	해당 발화 유형을 산출한 피험자의 수(명)
1	77	77	8.5%	30
2	116	193	21.3%	34
3	140	333	36.7%	45
4	106	439	48.3%	44
5	104	543	59.8%	36
6	89	632	69.6%	42
7	74	706	77.8%	35
8	48	754	83.0%	32
9	25	779	85.8%	18
10	33	812	89.4%	22
11	25	837	92.2%	17
12	16	853	93.9%	13
13	17	870	95.8%	13
14	8	878	96.7%	8
15	2	880	96.9%	2
16	6	886	97.6%	5
17	3	889	97.9%	2
18	5	894	98.5%	4
19	5	899	99.0%	5
20	1	900	99.1%	1
21	1	901	99.2%	1
22	2	903	99.4%	2
25	1	904	99.6%	1
26	2	906	99.8%	2
30	2	908	100%	2

의 빈도 차이가 분명하게 드러났다.

유형이 높아질수록 출현 빈도가 줄어들고, 유형 8을 기점으로 빈도가 확연히 줄어드는 양상은 유형에 따른 출현 빈도와 누적 빈도, 그리

고 해당 발화 유형이 나타난 화자의 수를 나타낸 〈표 3-24〉에서 더욱 분명히 확인할 수 있다.

표에서 볼 수 있듯, 발화는 적게는 하나, 많게는 30개의 조음 구간으로 구성되어 있음을 알 수 있다. 바꾸어 말해 발화에는 휴지 구간이 한 번도 나타나지 않거나, 최대 29회까지 나타난다. 해당 유형의 출현 빈도는 대체로 발화 내 조음 구간의 개수가 많아질수록 낮아진다. 가장 빈번하게 관찰되는 유형은 유형 3으로, 발화 내 휴지가 2회 나타나, 조음 구간이 세 개로 구분된 발화이다. 그다음으로는 유형 2, 유형 4, 유형 5 순으로 빈번하게 나타났으며, 전반적으로는 유형 8까지가 빈번하게 나타나는 발화인 것으로 확인되었다. 유형 1부터 유형 8까지 발화의 누적 빈도는 전체 발화 유형의 83%에 달하는 것으로 확인되었다. 또, 과반 이상의 피험자에게서 관찰된 발화 유형 역시도 1부터 8까지의 유형이었다.

유형 9~11도 상당수 관찰되어, 유형 11까지의 누적 빈도가 전체 데이터의 92.2%를 차지하였다. 그러나 유형 9-11유형을 산출한 피험자의 수는 전체 피험자의 절반을 밑돌아, 해당 유형의 높은 출현 빈도는 일부 피험자에게서 여러 번 관찰된 결과임을 예측할 수 있다.

다음은 유형별 출현 빈도의 실현 양상이 성별에 따라 차이가 있는지 살펴보았다. 아래 〈표 3-25〉는 성별에 따른 유형별 출현 빈도와 누적 빈도를 나타낸 것이다.

대체로 조음 구간의 수가 적은 발화들이 더 빈번하게 관찰되었고, 유형 3이 가장 많은 출현 빈도를 보이는 것이 남녀 모두에게서 공통적으로 관찰되었다. 그러나 세부적인 양상은 남녀의 차이가 있었는데, 남성의 경우 유형 3 〉 유형 4 〉 유형 5 〉 유형 2 = 유형 6 〉 … 순으로 높은 출현 빈도를 보인 반면, 여성은 유형 3 〉 유형 2 〉 유형 4 = 유형

〈표 3-25〉 성별에 따른 발화 유형별 출현 빈도 및 누적 빈도(%)

유형 (발화 내 조음 구간의 수)	남		여	
	출현 빈도(회)	누적 빈도(%)	출현 빈도(회)	누적 빈도(%)
1	28	6.3%	49	10.6%
2	47	16.9%	69	25.5%
3	67	31.9%	73	41.3%
4	52	43.6%	54	52.9%
5	50	54.8%	54	64.6%
6	47	65.4%	42	73.7%
7	36	73.5%	38	81.9%
8	29	80.0%	19	86.0%
9	17	83.8%	8	87.7%
10	23	89.0%	10	89.8%
11	15	92.4%	10	92.0%
12	9	94.4%	7	93.5%
13	7	96.0%	10	95.7%
14	3	96.0%	5	96.8%
15	1	96.9%	1	97.0%
16	3	97.5%	3	97.6%
17	1	97.8%	2	98.1%
18	4	98.7%	1	98.3%
19	1	98.9%	4	99.1%
20	1	99.1%		
22	2	99.6%		
25	1	99.8%		
26	1	100%	1	99.4%
27			1	99.6%
30			2	100%
합계	445	100%	463	100%

5 〉 유형 1 … 순으로 높은 출현 빈도를 보였다. 남성보다는 여성이 더 낮은 유형 발화의 출현 빈도가 높았고, 남성은 유형 11까지도 상당히 높은 출현 빈도를 보이는 것을 알 수 있었다.

다음은 피험자별로 출현 유형에 따라 차이가 있는지 살피기 위하여, 발화 유형별 출현 빈도를 살폈다. 발화 유형의 출현 빈도를 피험자별 히스토그램으로 제시한 것이 〈그림 3-12〉와 같다.

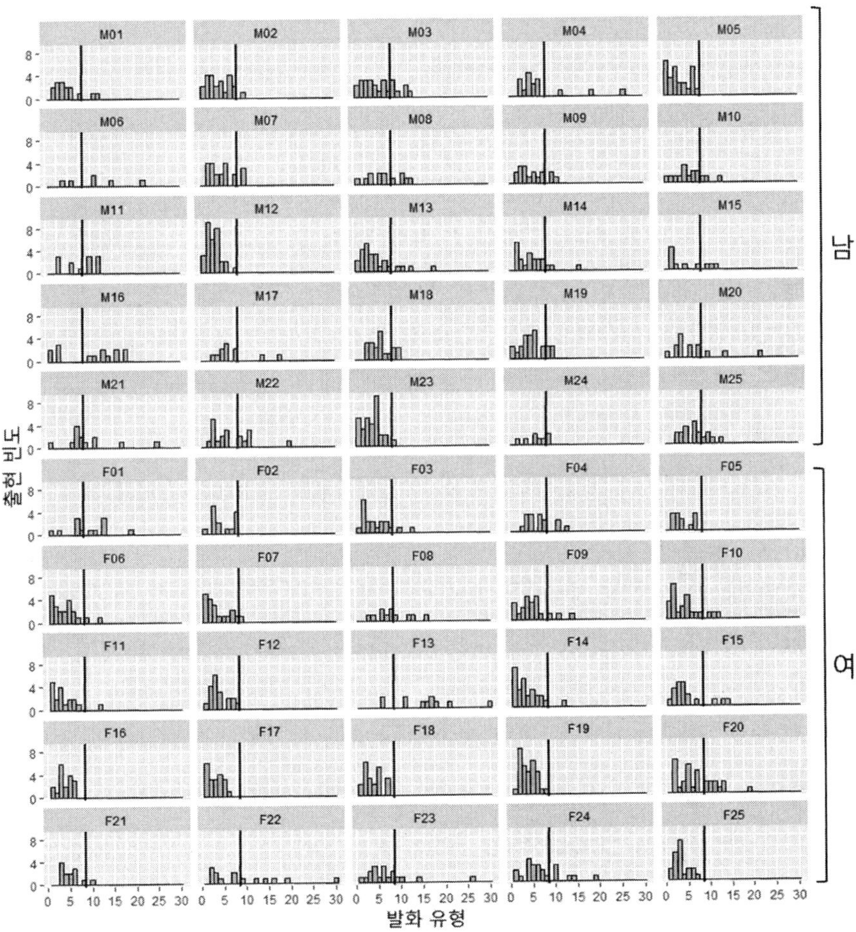

(세로선은 유형 8을 기점으로 그어짐)

〈그림 3-12〉 각 피험자의 발화 유형별 출현 빈도

그림을 보면, 그래프의 왼쪽으로 갈수록 더 높은 막대가 많이 나타나는 경향이 대부분의 피험자들에게서 관찰됨을 알 수 있다. 그림의 세로선은 유형 8을 기점으로 그어진 것인데, 해당 세로선 왼쪽에 높은 막대가 더 많이 등장하는 것을 확인할 수 있다. 피험자별로 살펴보았을 때에도 전반적으로 유형 1~8까지가 가장 빈번한 출현을 보이는 것을 알 수 있다.

유형 8을 기준으로 그어진 세로선을 기점으로, 그 이후 유형의 데이터는 남성의 발화에서 더 많이 나타나는 것을 알 수 있다. 25명의 남성 화자 가운데 M02, M12 정도를 제외한 대부분의 화자들의 그래프에서 유형 9 이상의 막대가 빈번하게 관찰되었다. 반면 여성의 경우, F13 F20 화자에게서는 유형 9 이상의 발화가 빈번히 나타났으나, 이 두 명의 화자를 제외하고는 유형 9 이상의 막대가 없거나, 있더라도 출현 빈도가 낮았다.

유형 12 이상의 발화는 일부 화자들에게서만 빈번하게 관찰되었는데, 특히 F13화자의 경우 낮은 유형보다 높은 유형의 발화가 더 많은 출현 빈도를 보였다. 그 외의 화자는 유형 12 이상의 발화가 거의 나타나지 않았다. 따라서 높은 유형의 발화는 일반적인 경향이 아니며, 화자 특정적인 결과임을 알 수 있다.

이상을 정리하면 다음과 같다. 전반적으로 한 발화는 하나에서 최대 여덟 개의 조음 구간으로 구성되어 있는 것이 가장 일반적이며, 이는 전 피험자에게서 일관되게 관찰되는 결과이다. 한 발화 내에 여덟 번 이상 휴지가 나타나, 발화가 아홉 개 이상의 조음 구간으로 구분되는 경우는 거의 관찰되지 않거나 특정 화자에게서 반복적으로 확인되었다.

② 유형별 발화 길이 실현

이 절에서는 조음 구간이 발화 안에서 몇 번 출현하는지를 기준으로 발화의 유형을 분류하여, 발화 내 조음 구간과 휴지 구간의 시간적 구조가 어떠한 실현 양상을 보이는지 살필 것이다. 〈표 3-26〉은 발화 유형에 따른 발화 단위의 길이를 전체 화자, 남성 화자, 여성 화자 순으로 제시한 것이다.

〈표 3-26〉 발화 유형에 따른 평균 발화 단위의 길이

유형	발화 길이(±표준편차)(ms)		
	전체	남	여
1	2,991(±1,369)	2,854(±1,335)	3,069(±1,396)
2	4,770(±1,882)	4,599(±1,755)	4,887(±1,968)
3	6,728(±2,345)	6,152(±1,992)	7,257(±2,527)
4	8,556(±2,498)	7,756(±2,077)	9,327(±2,641)
5	11,626(±2,830)	10,672(±2,447)	12,510(±2,894)
6	12,738(±3,407)	11,505(±2,462)	14,118(±3,797)
7	14,249(±3,776)	13,389(±3,686)	15,063(±3,726)
8	16,732(±3,761)	15,818(±3,093)	18,206(±4,334)
9	17,474(±3,425)	15,922(±2,028)	20,404(±3,697)
10	19,055(±3,987)	18,766(±4,419)	19,719(±2,843)
11	21,832(±4,649)	22,223(±5,147)	21,245(±3,975)
12	23,819(±4,611)	22,470(±4,050)	25,553(±5,005)
13	26,083(±2,784)	25,311(±3,393)	26,624(±2,307)
14	27,759(±5,693)	25,330(±3,876)	29,217(±6,490)
15	31,855(±681)	31,373	32,336
16	32,372(±4,414)	35,187(±3,832)	29,558(±3,201)
17	30,571(±1,349)	31,610	30,052(±1,422)
18	35,149(±7,007)	37,176(±6,170)	27,040
19	33,340(±4,772)	36,950	32,438(±4,994)
20	35,002	35,002	30,263
21	30,263	43,161(±3,640)	54,365
22	43,161(±3,640)	48,773	51,917(±8,966)
25	48,773	53,805	
26	54,085(±396)	53,805	54,365
30	51,917(±8,966)		51,917(±8,966)

전체적으로 발화 내 조음 구간이 많아질수록 전체 발화의 길이는 길어지는 것을 확인할 수 있다. 성별을 구분해 살펴보면, 대체로 같은 유형일 때 여성의 발화 길이가 더 길게 나타남을 알 수 있다. 이러한 경향성은 특히 유형별 출현 빈도가 최소 7회 이상 나타났던 유형 1~13의 발화에서 대체로 일관되게 확인이 되었다. 발화 유형에 따른 발화 길이를 박스플롯으로 제시한 〈그림 3-13〉에서도 이러한 양상을 확인할 수 있다.

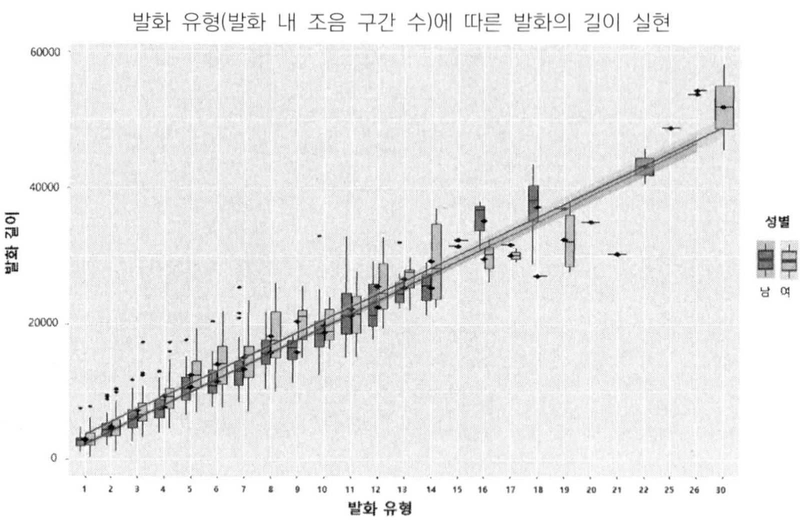

(그림의 선은 선형 모델(LM)의 예측 결과)

〈그림 3-13〉 발화 유형에 따른 발화 길이

위 그림을 통해 발화 유형이 높아질수록 점차 발화 길이가 길어지는 양의 상관관계가 있음을 확인할 수 있다. 여성과 남성 모두에게서 위와 같은 추이가 동일하게 관찰되었다. 각 유형별로는 여성의 박스가 남성이 박스보다 다소 위쪽에 분포하는 것으로 확인되었다. 그림의 LM 선도 여성의 것이 남성의 것보다 조금 더 위쪽에 분포하였다. 그러나 그 차이는 두드러지는 차이는 아니었다.

발화 유형과 양의 상관 관계를 맺는 것은 발화 내 음절 수와 어절 수도 마찬가지였다. 〈그림 3-14〉와 〈그림 3-15〉는 각각 발화 유형에 따른 음절 수와 어절 수의 결과를 박스 플롯으로 제시한 것이다.

발화 유형(발화 내 조음 구간 수)에 따른 발화내 음절 수

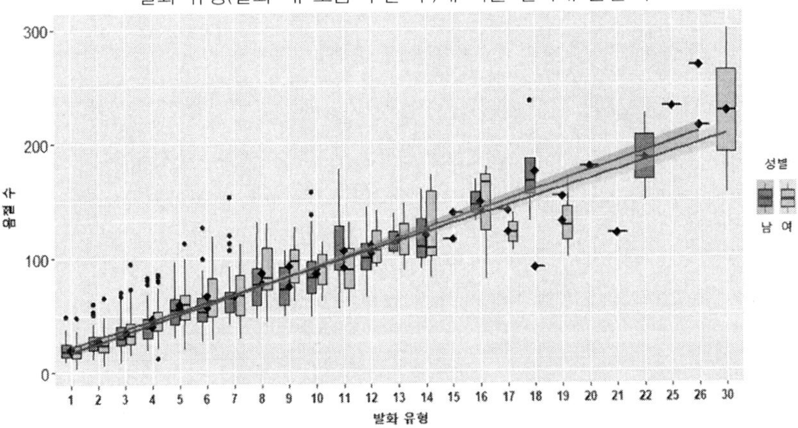

(그림의 선은 선형 모델(LM)의 예측 결과)

〈그림 3-14〉 발화 유형에 따른 음절 수

발화 유형(발화 내 조음 구간 수)에 따른 발화내 어절 수

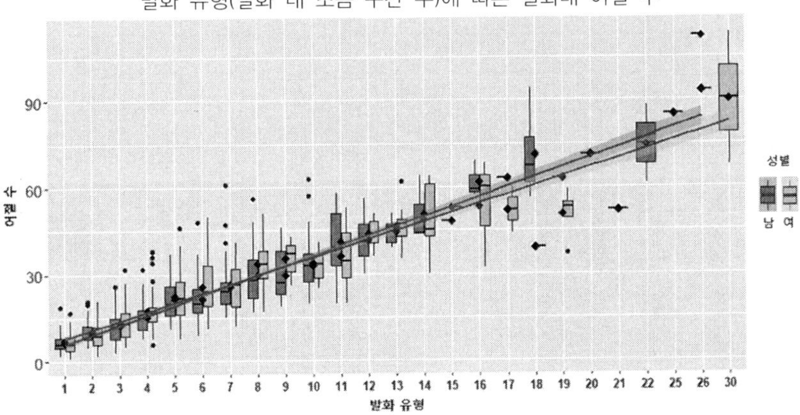

(그림의 선은 선형 모델(LM)의 예측 결과)

〈그림 3-15〉 발화 유형에 따른 어절 수

발화 유형과 음절 수 및 어절 수의 상관 관계는 발화 길이에서 확인한 것과 같은 경향으로 관찰되었다. 위 그림에서 알 수 있듯이, 발화 유형이 높아지면 발화 내 음절 수와 어절 수는 증가하였다. 발화 길이가 길어지면 음절 수와 어절 수 또한 많아지는 것은 당연한 결과라고 할 수 있다. 또 발화 길이에서 확인한 것과 마찬가지로 성별에 따른 차이는 그다지 두드러지지 않았다.

다음으로는 발화 유형에 따른 발화 속도를 살펴 보았다. 〈표 3-27〉은 발화 유형에 따른 말 속도와 조음 속도를 전체 화자, 남성 화자, 여성 화자로 구분하여 제시한 것이다.

〈표 3-27〉 발화 유형에 따른 말 속도와 조음 속도의 평균값

유형	말 속도(sps)			조음 속도(sps)		
	전체	남	여	전체	남	여
1	6.56	7.3	6.14	6.56	7.3	6.14
2	5.55	5.97	5.26	6.31	6.85	5.94
3	5.09	5.32	4.88	6.13	6.6	5.69
4	5.04	5.12	4.96	6.25	6.62	5.89
5	4.91	5.2	4.65	6.07	6.59	5.59
6	4.75	4.84	4.64	6.12	6.51	5.67
7	4.67	4.93	4.42	6.04	6.54	5.58
8	4.79	4.83	4.73	6.25	6.51	5.83
9	4.6	4.63	4.54	6.03	6.25	5.61
10	4.52	4.51	4.53	6.19	6.33	5.86
11	4.54	4.73	4.26	5.97	6.32	5.45
12	4.48	4.57	4.36	5.97	6.33	5.51
13	4.47	4.59	4.38	5.94	6.32	5.67
14	4.37	4.65	4.2	5.7	6.29	5.34
15	4	3.7	4.3	5.54	5.52	5.56
16	4.48	4.25	4.7	5.89	5.81	5.97
17	4.18	4.46	4.05	5.42	5.8	5.23

18	4.41	4.67	3.37	6.03	6.35	4.76
19	4.04	4.14	4.02	5.68	6.4	5.5
20	5.11	5.11		6.69	6.69	
21	4		4.00	5.36		5.36
22	4.3	4.3		5.82	5.82	
25	4.74	4.74		5.89	5.89	
26	4.45	4.96	3.94	5.82	6.85	4.78
30	4.27		4.27	5.67		5.67

말 속도는 발화 내 조음 구간의 수가 많아질수록 느려지는 경향을 보였다. 전반적으로는 남성의 말 속도가 여성의 말 속도보다 다소 빠르게 나타났으나, 그 차이가 크다고 하기는 어려웠다. 조음 속도 역시 발화 내 조음 구간의 수가 많아질수록 느려지는 양상을 보였다. 또 남성의 조음 속도는 모든 유형에서 여성의 조음 속도보다 대체로 1음절 정도 빨랐다.

말 속도는 휴지 길이를 포함한 발화 길이를 음절 수로 나눈 것이므로, 휴지가 더 많이 출현하는 유형일수록 속도가 줄어드는 것이 당연한 결과이다. 반면 조음 속도는 휴지 구간을 제외한 발화 길이를 음절 수로 나눈 것이므로 휴지 개입 여부와 무관한 음절 자체의 속도라고 할 수 있다. 그런데 조음 속도 역시도 발화가 길어질수록 느려지는 음의 상관 관계를 보였다. 그러나 유형 간 속도 차이는 말 속도의 차이만큼 크지 않았다.

이러한 차이는 발화 유형에 따른 말 속도와 조음 속도를 그림으로 보인 〈그림 3-16〉과 〈그림 3-17〉을 통하여 더욱 명확히 확인할 수 있다.

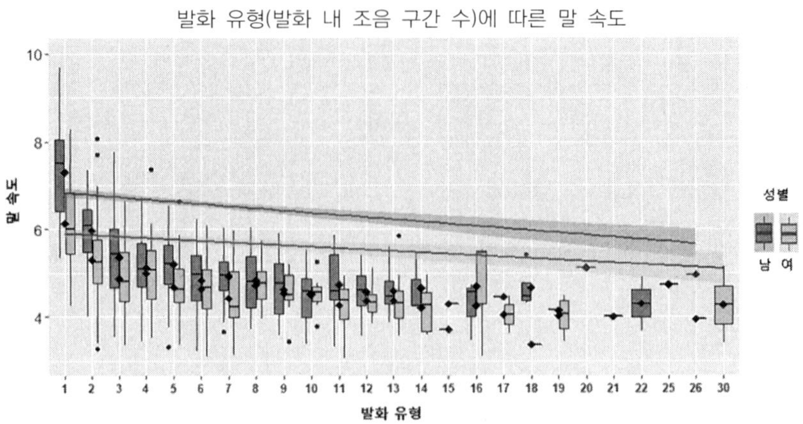

(그림의 선은 선형 모델(LM)의 예측 결과)

〈그림 3-16〉 발화 유형에 따른 말 속도

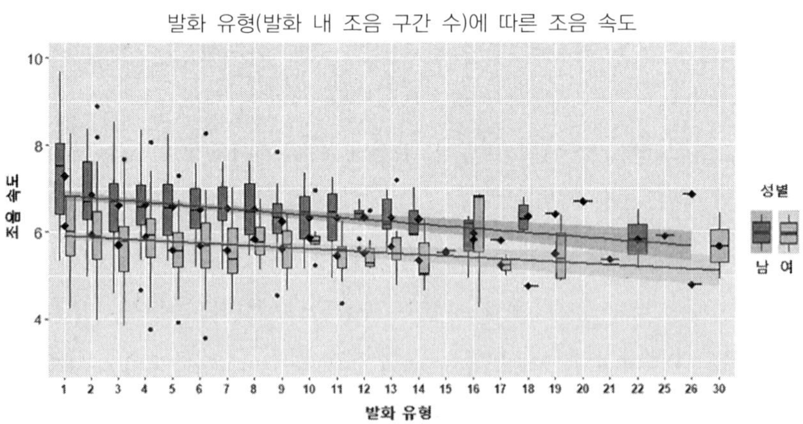

(그림의 선은 선형 모델(LM)의 예측 결과)

〈그림 3-17〉 발화 유형에 따른 조음 속도

위 그림을 통해 알 수 있듯이, 발화 유형이 높아지면 말 속도는 느려진다. 발화 유형이 높다는 것은 한 발화 안에 휴지가 실현되는 개수가 많아짐을 의미한다. 말 속도는 휴지를 포함한 전체 말소리의 구간을 음절 수로 나눈 것이기 때문에, 발화 안에 휴지가 하나도 관찰되지 않은 1유형 발화가 가장 속도가 빠르고, 휴지가 많이 실현되는 이후 유형들에서는 점차 느린 속도가 관찰되는 것이 합리적이다.

유형이 높아질수록 속도가 느려지는 양상은 조음 속도에서도 확인되었다. 조음 속도는 휴지를 제외한 말소리의 구간을 음절 수로 나눈 것이므로, 유형이 높다고 해서 반드시 속도가 빨라지는 결과로 이어진다고 할 수는 없다. 그러나 위 그림에서 보이듯이, 조음 속도는 발화 유형이 높아질수록 느려졌다. 유형이 높아질수록 속도가 줄어드는 것은 휴지를 제외하고 보았을 때에도 일관되게 확인할 수 있는 현상임을 알 수 있는 결과였다.

속도의 경우에는 성별 차이도 두드러졌다. 〈그림 3-16〉, 〈그림 3-17〉에서 모두 여성의 발화 속도가 남성의 발화 속도보다 느린 것을 확인할 수 있었다. 거의 모든 유형에서, 남성의 데이터를 의미하는 짙은 박스는 여성의 데이터를 의미하는 옅은 박스보다 더 위쪽에 분포하고 있었다. 그리고 이러한 성별 차이는 조음 속도에서 더 컸다.

③ 유형별 조음 구간과 휴지 구간의 실현

앞선 3-1)-(2)-②절에서, 조음 구간과 휴지 구간이 발화 내 위치에 따라 그 시간적 실현을 달리함을 통계적으로 확인하였다. 이 절에서는 이것이 실제로 어떤 양상으로 나타나는지를 발화 유형별로 제시할 것이다. 각 유형 내에서 조음 구간과 휴지 구간이 어디에 위치하는가에 따라 길이나 속도에 차이가 있는지 확인하기 위하여, 각 유형별로 조음 구간과 휴지 구간의 출현 위치를 구분하여 살필 것이다.

이 절에서는 특히 발화 유형 1~8을 중심으로 결과를 제시할 것인데, 유형 1~8 발화는 모든 화자에게서 빈번한 출현을 보이고, 과반 이상의 피험자들에게서 모두 관찰된 유형이었기 때문이다[10]. 또, 이 절에서는 성별에 따른 차이를 구분하지 않고 전체 피험자의 실현 양상을 제시할 것인데, 앞선 3-1)-(2)절에서 이미 성별과 위치에 따른 상호작용이 발견되지 않음을 통계적으로 확인하였기 때문이다[11]. 따라서 성별에 따른 차이를 보고하는 것이 큰 의미가 없다고 판단하여 이 절에서는 전체 피험자를 대상으로 분석한 결과를 제시한다.

1~8 유형만을 대상으로 한 발화의 평균 길이는 9,051(±4,881)ms, 평균 음절 수는 45.4(±24.5)개, 평균 어절 수는 17.3(±9.7)개였다. 전체 발화를 대상으로 했을 때보다 평균 약 2,000ms, 10음절, 5개 어절이 적게 실현된 것이다. 1~8 유형의 발화들이 각 유형에 따라서는 어떠한 시간 패턴으로 구성되어 실현되는지 구체적으로 살펴보겠다.

조음 구간과 휴지 구간의 길이와 속도 실현 양상은 아래 〈표 3-28〉과 〈표 3-29〉에서 확인할 수 있다. 아래 표는 조음 구간과 휴지 구간의 평균 길이와 표준편차 및 조음 속도를 유형에 따라 제시한 것으로, 〈표 3-28〉은 유형 1~5의 결과 값을, 〈표 3-29〉는 유형 6~8의 결과 값을 나타낸 것이다. 각 표에서 음영 처리가 되어 있는 부분은 휴지 구간의 값이다.

---

10) 이 절에서는 각 유형에 따라 조음 구간과 휴지 구간이 어떠한 실현을 보이는지를 구체적으로 살펴, 발화의 시간적 실현에 대한 이해를 넓히고 전반적 경향성을 확인하고자 한다. 이를 통하여 궁극적으로 발화의 시간적 실현에 대한 일반적 구조를 제시하고자 한다. 실현 양상을 일반화하기 위해서는, 많은 피험자들에게 중복적으로 나타난 유형에 집중할 필요가 있다. 따라서 출현 빈도가 현저히 낮거나 과반 이하의 피험자에게서 나타났던 유형 9~30 유형은 이 절의 분석 대상에서 제외되었다.

11) 상호작용이 없다는 것은 위치에 따른 조음 구간과 휴지 구간의 실현 양상이 성별에 무관하게 일정한 양상으로 관찰된다는 뜻이다. 다만 성별 차이가 있었던 휴지 구간, 조음 구간, 조음 속도의 성별 차이는 조음 구간과 휴지 구간의 위치에 따른 실현과 무관하게 일관된다. 즉, 어떤 어떤 위치이든 남성 화자는 여성 화자보다 휴지 구간이 일관되게 길고 조음 구간이 일관되게 짧으며 조음 속도가 일관되게 빠르다.

〈표 3-28〉 1~5 유형 발화의 조음 구간과 휴지 구간의
평균 길이(±표준편차)와 조음 속도(±표준편차)

유형	발화 내 위치	구분	길이(ms)	조음 속도(sps)
1	1	조음 구간	2,991(±1,369)	6.56(±1.14)
2	1	조음 구간	1,704(±1,342)	5.78(±1.71)
		휴지 구간	524(±309)	
	2	조음 구간	2,542(±1,225)	6.6(±1.06)
3	1	조음 구간	1,396(±1,093)	5.48(±1.77)
		휴지 구간	582(±325)	
	2	조음 구간	1,792(±1,148)	5.37(±1.74)
		휴지 구간	457(±289)	
	3	조음 구간	2,501(±1,510)	6.76(±1.27)
4	1	조음 구간	1,217(±1,077)	5.92(±1.84)
		휴지 구간	559(±367)	
	2	조음 구간	1,773(±1,235)	5.67(±1.55)
		휴지 구간	506(±326)	
	3	조음 구간	1,910(±1,276)	5.79(±1.38)
		휴지 구간	492(±288)	
	4	조음 구간	2,098(±1,232)	7.12(±1.22)
5	1	조음 구간	1,409(±1,291)	5.63(±1.8)
		휴지 구간	520(±285)	
	2	조음 구간	1,843(±1,290)	5.47(±1.35)
		휴지 구간	566(±333)	
	3	조음 구간	1,925(±1,216)	5.49(±1.65)
		휴지 구간	490(±284)	
	4	조음 구간	2,029(±1,353)	5.78(±1.43)
		휴지 구간	516(±345)	
	5	조음 구간	2,329(±1,160)	6.91(±1.23)

〈표 3-28〉에서 확인할 수 있듯, 유형 1~5의 발화는 발화 끝으로 갈수록 조음 구간의 길이가 길어지고, 휴지 길이는 짧아지는 것을 확인할 수 있다. 휴지가 한 번도 나타나지 않은 유형 1의 발화를 제외하고,

발화의 시작에 나타나는 조음 구간은 그 길이가 약 1.2~1.5초로 나타났으며, 첫 번째 휴지는 약 0.5~0.6초 정도로 관찰되었다. 이후 발화 끝으로 갈수록 조음 구간의 길이는 길어지고, 휴지 길이는 짧아지는 것을 확인할 수 있었다. 각 그룹의 마지막 조음 구간은 그 길이가 2초 이상으로 매우 긴 것을 알 수 있으며, 해당 조음 구간 앞에 관찰되는 휴지는 첫 번째 휴지에 비해 그 길이가 짧았다. 조음 속도는 발화 초에서는 느리고, 발화의 끝으로 갈수록 빨라지는 양상을 일관되게 관찰할 수 있었다.

〈표 3-29〉 6~8 유형 발화의 조음 구간과 휴지 구간의 평균 길이(±표준편차)와 조음 속도(±표준편차)

유형	발화 내 위치	구분	길이(ms)	조음 속도(sps)
6	1	조음 구간	1,340(±1,185)	5.48(±1.53)
		휴지 구간	591(±334)	
	2	조음 구간	1,684(±1,045)	5.59(±1.99)
		휴지 구간	517(±348)	
	3	조음 구간	1,661(±1,155)	5.57(±1.55)
		휴지 구간	561(±354)	
	4	조음 구간	1,549(±1,191)	5.66(±1.53)
		휴지 구간	506(±294)	
	5	조음 구간	1,610(±1,078)	5.82(±1.53)
		휴지 구간	496(±313)	
	6	조음 구간	2,222(±1,185)	6.97(±1.05)
7	1	조음 구간	1,289(±1,141)	5.56(±2.49)
		휴지 구간	611(±401)	
	2	조음 구간	1,386(±954)	5.4(±1.9)
		휴지 구간	494(±315)	
	3	조음 구간	1,743(±1,065)	5.83(±1.4)
		휴지 구간	538(±316)	
	4	조음 구간	1,526(±1,070)	5.28(±1.42)
		휴지 구간	492(±271)	
	5	조음 구간	1,513(±967)	5.86(±1.64)

		휴지 구간	472(±269)	
	6	조음 구간	1,553(±1,069)	5.65(±1.64)
		휴지 구간	480(±347)	
	7	조음 구간	2,153(±1,285)	7.1(±1.24)
8	1	조음 구간	1,364(±989)	5.75(±1.88)
		휴지 구간	518(±281)	
	2	조음 구간	1,702(±1,068)	5.6(±1.41)
		휴지 구간	576(±370)	
	3	조음 구간	1,335(±1,037)	5.32(±1.69)
		휴지 구간	619(±471)	
	4	조음 구간	1,726(±1,133)	6.03(±1.31)
		휴지 구간	470(±281)	
	5	조음 구간	1,635(±1,165)	5.73(±1.57)
		휴지 구간	571(±346)	
	6	조음 구간	1,645(±1,138)	5.6(±1.61)
		휴지 구간	452(±264)	
	7	조음 구간	1,683(±1,066)	5.96(±1.35)
		휴지 구간	484(±301)	
	8	조음 구간	2,187(±1,288)	7.32(±1.01)

〈표 3-29〉를 통하여, 유형 6~8의 발화는 유형 1~5 발화와 실현 양상에 다소 차이가 있음을 확인할 수 있다. 발화 시작에는 짧은 조음 구간과 긴 휴지가, 발화 끝에는 긴 조음 구간과 짧은 휴지가 나타나는 것은 유사했으나, 발화 전반적으로 그 길이가 일정하게 증가하거나 줄어드는 것은 아니었다.

유형 6의 경우, 첫 번째에서 세 번째 조음 구간까지는 길이가 길어지다가, 네 번째 조음 구간부터는 그 길이가 짧아지고 발화의 끝에서 가장 긴 길이의 조음 구간이 관찰되었다. 유형 7 또한 세 번째 조음 구간까지는 길이가 길어졌으나, 네 번째부터는 조음 구간이 짧아졌다가 점차 길어지는 양상을 보였다. 유형 8의 경우는 더 복잡했는데, 세 번째 조음 구간에서 길이의 증가 추세가 한 차례 꺾인 뒤, 다시 일곱 번째 조음 구간에서 길이가 짧아졌다.

조음 속도는 발화 초에서 발화 끝으로 갈수록 더 빨라지는 양상을 보였으나, 조음 구간의 길이와 마찬가지로 발화 중간중간 증가 추세가 꺾이는 구간이 존재했다. 특히 유형 7과 유형 8에서 이러한 실현을 잘 확인할 수 있었다. 유형 7의 경우, 세 번째 조음 구간에서 네 번째 조음 구간으로 넘어갈 때 조음 속도가 확연히 느려지는 것을 확인할 수 있었다. 유형 8은 두 번째 조음 구간에서 세 번째 조음 구간으로 넘어갈 때, 그리고 네 번째 조음 구간에서 다섯 번째 조음 구간으로 넘어갈 때 조음 속도가 확연히 느려졌다.

휴지 구간의 길이는 대체로 조음 구간의 길이와 역으로 행동하였는데, 조음 구간의 길이가 길어지면 휴지 구간의 길이가 짧아지고, 조음 구간의 길이가 짧아지면 휴지 구간의 길이가 길어지는 양상을 보였다. 유형 6의 경우 휴지1~휴지2까지 길이가 짧아지다가, 휴지 3에서 다시 길이가 길어지고 발화의 나머지 부분에서는 더 짧은 휴지가 관찰되었다. 유형 7에서는, 휴지1~휴지2까지는 길이가 줄어들다가 휴지 3에서 다시 길이가 길어지고, 이후 더 짧은 휴지가 관찰되었다. 유형 8의 경우는 발화 초반에 계속해서 긴 길이의 휴지를 보이다가 발화 끝으로 갈수록 점차 길이가 짧아지는 양상을 보였다.

이러한 실현 양상은 박스 플롯을 통해 확인한 전체 데이터 분포를 통해서도 관찰할 수 있었다. 먼저 아래 그림 〈그림 3-18〉, 〈그림 3-19〉, 〈그림 3-20〉은 유형 1~8까지의 발화를 대상으로 조음 구간과 휴지 구간의 발화 내 위치에 따른 길이 실현 양상을 박스 플롯으로 제시한 것이다. 각 패널은 유형에 따라 구분되었으며, 박스 플롯의 가로축은 조음/휴지 구간의 발화 내 위치를, 세로축은 길이를 의미한다.

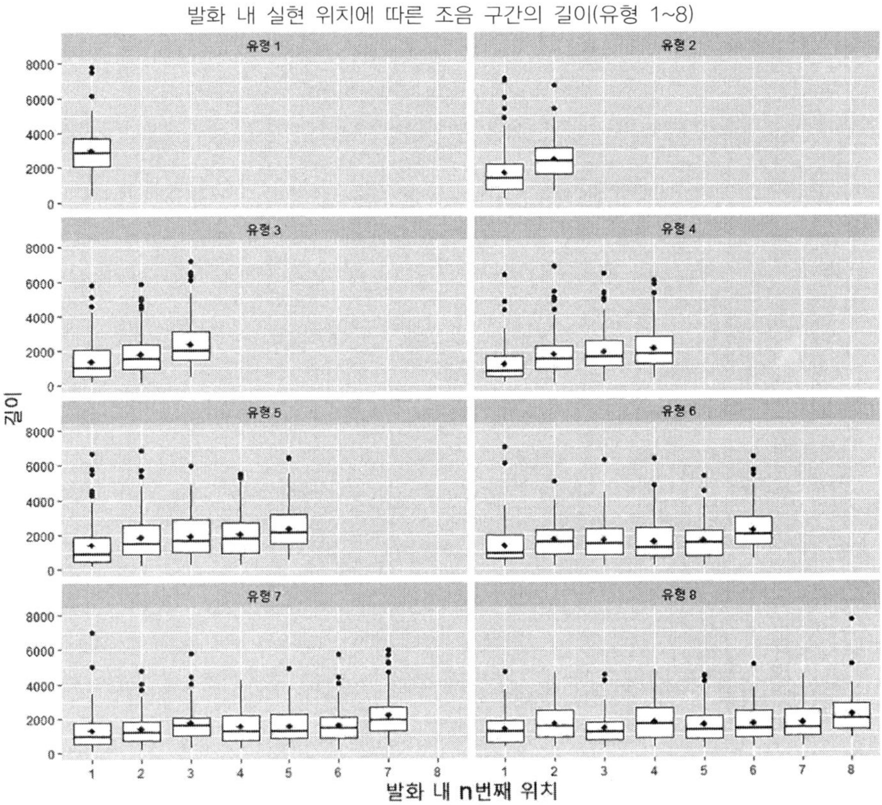

〈그림 3-18〉 발화 내 실현 위치에 따른 조음 구간의 길이

조음 구간의 길이를 보인 〈그림 3-18〉을 통해, 대체로 발화의 끝으로 갈수록 조음 구간의 길이가 길어지는 것을 확인할 수 있다. 그런데 유형 1~5와 유형 6~8은 추이에서 다소 차이를 보인다. 유형 1~5에서는 발화의 끝으로 갈수록 조음 구간의 길어지는 경향이 일관되게 나타나는 반면, 유형 6~8에서는 발화 중간에 조음 구간이 짧아져 증가의 추이가 꺾이는 부분이 관찰되다가, 발화의 마지막 부분에서는 가장 긴 길이의 조음 구간이 나타난다.

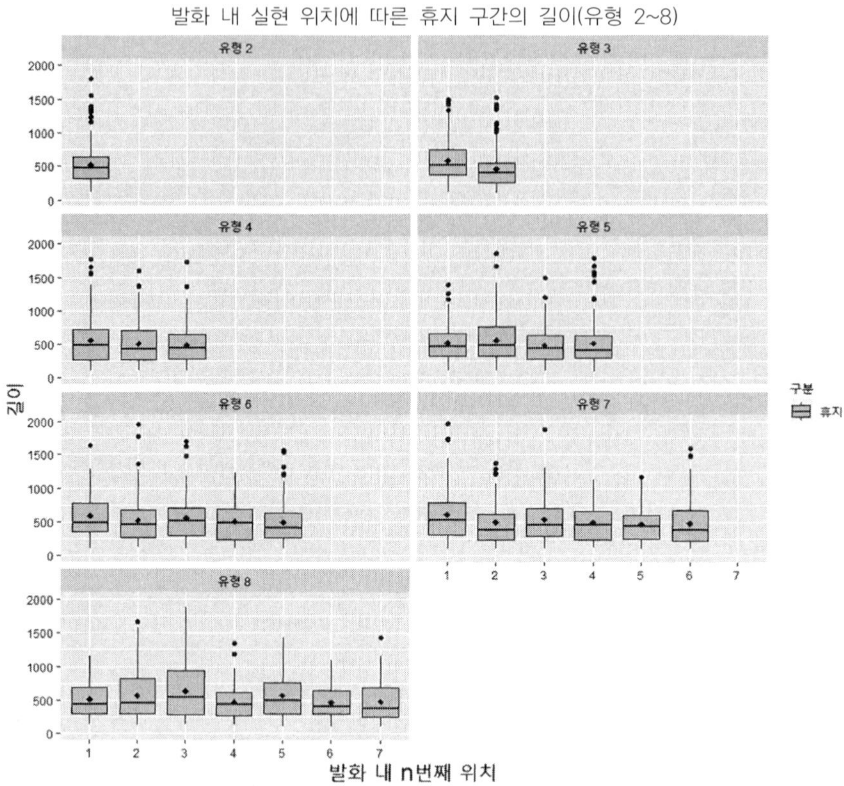

〈그림 3-19〉 발화 내 실현 위치에 따른 휴지 구간의 길이

휴지 구간의 경우 발화의 끝으로 갈수록 길이가 짧아지는 양상을 〈그림 3-19〉를 통하여 확인할 수 있다. 역시 유형 1~5와 유형 6~8이 추이에서 다소 차이를 보인다. 유형 1~5에서는 발화의 끝으로 갈수록 휴지 길이가 짧아지는 경향이 일관되게 나타나는 반면, 유형 6~8에서는 발화 중간에 휴지가 길어져 감소 추이가 꺾이는 부분이 관찰되다가, 발화의 마지막 부분에서는 짧은 휴지가 관찰된다.

다음은 유형에 따른 조음 구간의 조음 속도 실현 양상을 박스 플롯으로 살펴보았다. 〈그림 3-20〉은 유형 1~8까지의 발화를 대상으로, 조

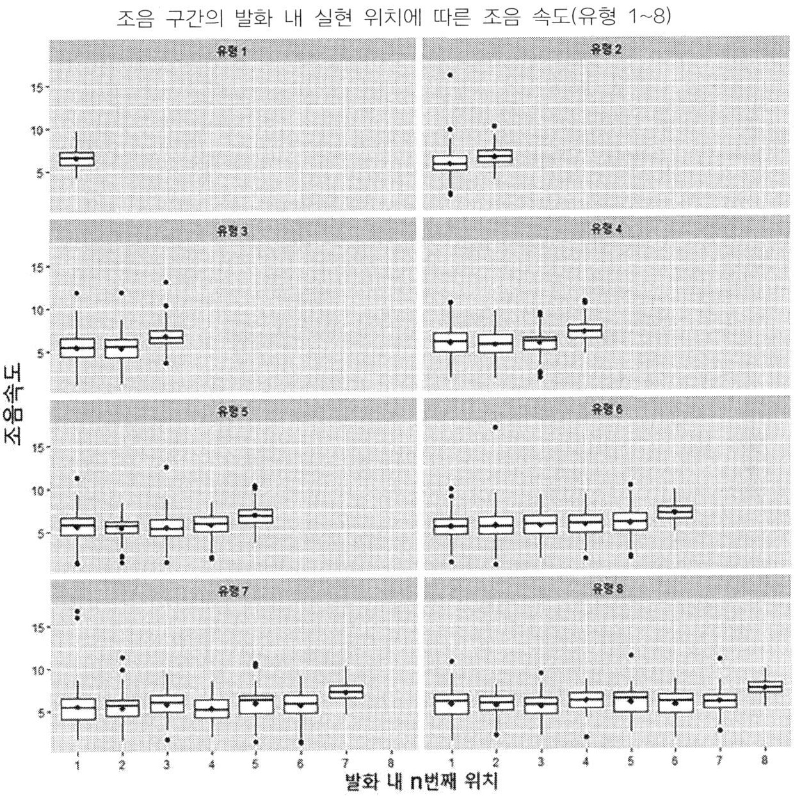

〈그림 3-20〉 조음 구간의 발화 내 실현 위치에 따른 조음 속도

음 구간의 발화 내 실현 위치에 따른 조음 속도 실현 양상을 박스 플롯으로 제시한 것이다.

조음 속도는 해당 조음 구간이 발화의 어느 부분에 위치하는가에 따라 실현 양상을 달리했다. 위 그림에서 확인할 수 있듯이, 발화의 시작 부분은 조음 속도가 느렸고 발화의 끝으로 갈수록 조음 속도가 빨라졌다. 발화의 가장 마지막 조음 구간은 가장 빠른 속도로 실현되었다. 유형 1~8 모두 이러한 경향이 예외 없이 나타났다. 그런데 유형 7과 유형 8의 경우, 발화의 끝으로 갈수록 조음 속도가 일관되게 빨라지는 것이 아닌, 증가 추세가 꺾이는 부분이 나타남을 확인할 수 있었다.

④ 유형별 음절 길이의 실현

이 절에서는 각 발화 유형 내에서 음절의 위치에 따라 길이의 실현이 달라지는지를 살필 것이다. (2)-③절에서 언급한 바와 같은 이유로, 유형 1~8을 중심으로 전체 화자의 결과를 제시할 것이다. 먼저 〈표 3-30〉은, 조음 구간의 발화 내 위치에 따른 음절의 평균 길이와 평균 음절 수를 나타낸 것이다.

〈표 3-30〉 조음 구간의 발화 내 위치에 따른 음절의 평균 길이와 평균 음절 수

발화 유형	조음 구간의 발화 내 위치	평균 음절 길이	평균 음절 수
1	1	155(±78)	19.29(±8.85)
2	1	174(±102)	9.78(±7.95)
	2	153(±76)	16.52(±7.4)
3	1	176(±110)	7.94(±7.1)
	2	175(±107)	10.25(±7.59)
	3	152(±77)	16.49(±9.47)
4	1	166(±108)	7.43(±7.26)
	2	169(±97)	10.46(±8.12)
	3	169(±96)	11.29(±7.72)
	4	146(±77)	14.31(±7.31)
5	1	175(±108)	8.06(±7.42)
	2	173(±97)	10.63(±8.19)
	3	174(±104)	11.04(±8.24)
	4	166(±91)	12.24(±8.84)
	5	148(±78)	15.62(±7.66)
6	1	174(±108)	7.72(±7.93)
	2	171(±107)	9.85(±7.05)
	3	171(±102)	9.66(±7.67)
	4	169(±94)	9.16(±7.33)
	5	168(±93)	9.64(±6.97)

	6	146(±73)	15.16(±7.62)
7	1	185(±119)	6.96(±5.99)
	2	180(±114)	7.69(±5.89)
	3	166(±92)	10.41(±6.73)
	4	176(±101)	8.55(±6.81)
	5	167(±90)	9.11(±6.24)
	6	165(±95)	9.39(±7.73)
	7	145(±74)	14.88(±8.37)
8	1	165(±99)	8.06(±6.81)
	2	169(±101)	9.72(±7.05)
	3	173(±101)	7.94(±6.98)
	4	166(±87)	10.34(±7.05)
	5	167(±94)	9.19(±6.85)
	6	166(±90)	9.72(±7.85)
	7	162(±86)	10.3(±7.44)
	8	138(±63)	15.6(±8.74)

표에서 알 수 있듯이, 발화의 끝부분으로 갈수록 평균 음절 수가 많아지고, 음절의 평균 길이는 짧아지는 것을 확인할 수 있다. 이는 발화의 끝으로 갈수록 더 길고 빠른 속도의 조음 구간이 관찰된다는 (2)-③절의 결과와도 맞닿은 것이다. 화자들은 발화의 끝 부분에서 더 많은 음절을 산출하지만 한 음절의 평균 길이는 다른 위치에서보다 더 짧게 나타나, 결과적으로 각 음절은 더 빠른 속도로 실현된다.

발화의 끝으로 갈수록 음절 길이가 짧아지며 음절 수가 많아지는 추이는 대체로 유형 1~6에서는 일관된 반면, 유형 7~8에서는 증감 추이가 꺾이는 부분이 관찰된다. 이 역시 (2)-③절의 조음 구간의 길이 및 조음 속도에 대한 결과와 상통하는 결과였다.

다음으로는 각 조음 구간 내에서 음절이 어디에 위치해 있는지를 구분하여, 음절의 길이를 살펴보았다. 이 절에서는 위치에 따른 음절 길이를 정규화하여 살펴보기 위해, 조음 구간 내 음절의 위치를 퍼센티지로 계산하여 〈표 3-31〉과 같이 10개 등분으로 나누었다.[12] 음절 위치를 계산하기 위하여 사용된 공식은 아래와 같다.

(1) 조음 구간 내 음절 위치 계산 공식
(해당 음절/조음 구간 내 음절 수) * 100

〈표 3-31〉 조음 구간 내 음절 위치

조음 구간									
① 0~10% 지점	② 10~20% 지점	③ 20~30% 지점	④ 30~40% 지점	⑤ 40~50% 지점	⑥ 50~60% 지점	⑦ 60~70% 지점	⑧ 70~80% 지점	⑨ 80~90% 지점	⑩ 90~100% 지점

위와 같이 구분된 음절의 위치를 바탕으로 조음 구간 내 음절 위치에 따른 길이 실현 양상을 살폈다. 〈그림 3-21〉과 〈그림 3-22〉는 조음 구간 내 음절 위치에 따른 평균 음절 길이값을 발화 유형별로 나타낸 것이다.

다음 그림을 통하여 발화의 끝 부분으로 갈수록 음절의 길이가 전반적으로 짧아지는 것을 확인할 수 있었다. 이는 〈표 3-30〉에서도 관찰된 결과였다. 그런데 〈표 3-30〉에서는 유형 7~8에서 음절 길이의 감소 추세가 꺾이는 부분이 관찰되었으나, 음절의 위치를 구분하여 살펴봤을 때에는 그러한 양상이 두드러지지는 않았다.

또 하나 확인할 수 있는 것은 각 조음 구간의 가장 끝 부분에 있는 음절의 길이가 가장 길게 나타난다는 것이다. 이러한 경향은 모든 유형, 모든 조음 구간에서 확인되었다. 이러한 조음 구간 말 음절의 장음화 현상은 발화의 끝 부분에서는 두드러지지 않았다. 발화 말 위치에서

12) 3-1)-(1)-②절의 〈표 3-9〉에 따르면 하나의 조음 구간 내에는 평균 10.13개의 음절이 실현된다. 따라서 10.13을 반올림한 값인 10으로 음절의 위치를 정규화하였다.

• 발화 내 조음구간이 하나인 경우(유형 1)

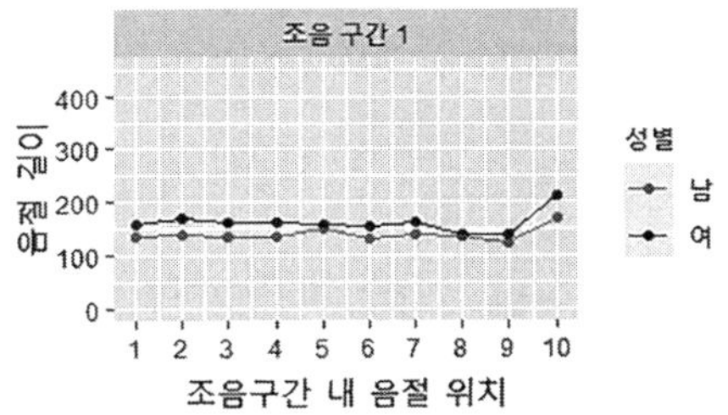

• 발화 내 조음구간이 두 개인 경우(유형 2)

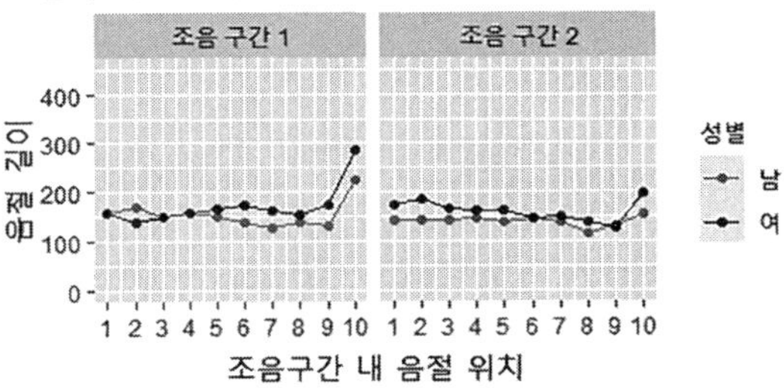

• 발화 내 조음구간이 세 개인 경우(유형 3)

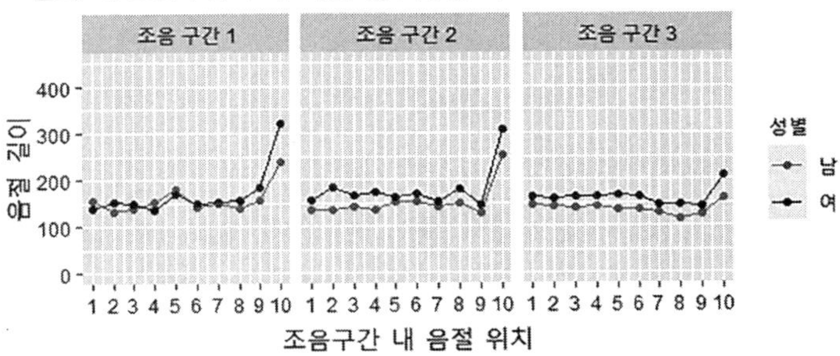

• 발화 내 조음구간이 네 개인 경우(유형 4)

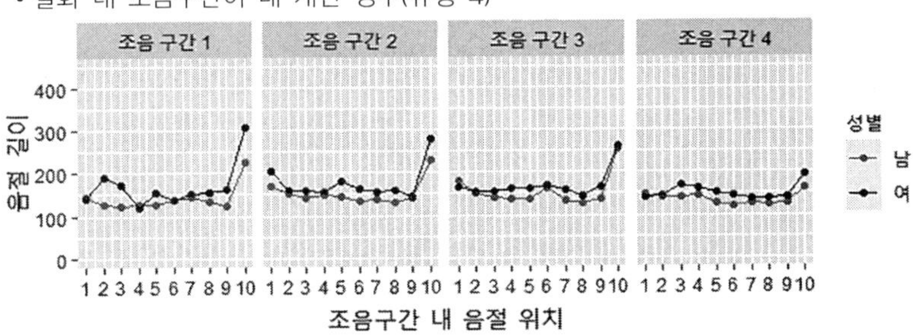

<그림 3-21> 조음 구간 내 음절 위치에 따른 음절의 길이 실현(유형 1~4)

• 발화 내 조음구간이 다섯 개인 경우(유형 5)

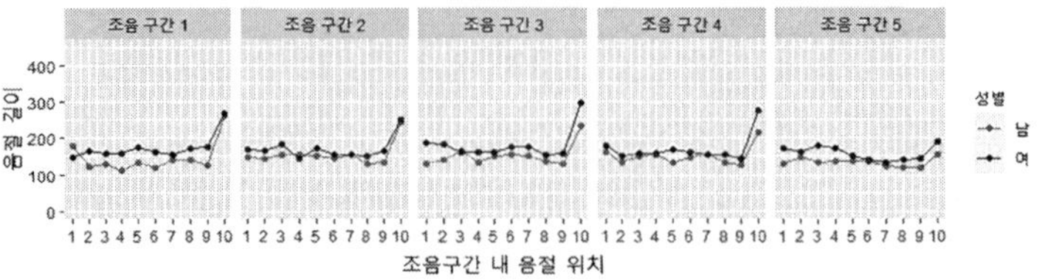

• 발화 내 조음구간이 여섯 개인 경우(유형 6)

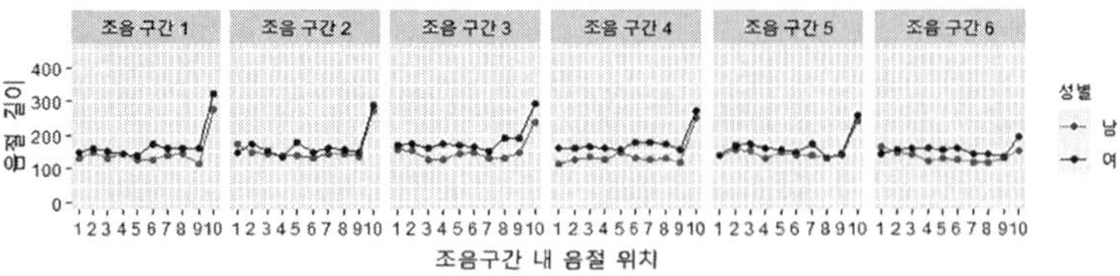

• 발화 내 조음구간이 일곱 개인 경우(유형 7)

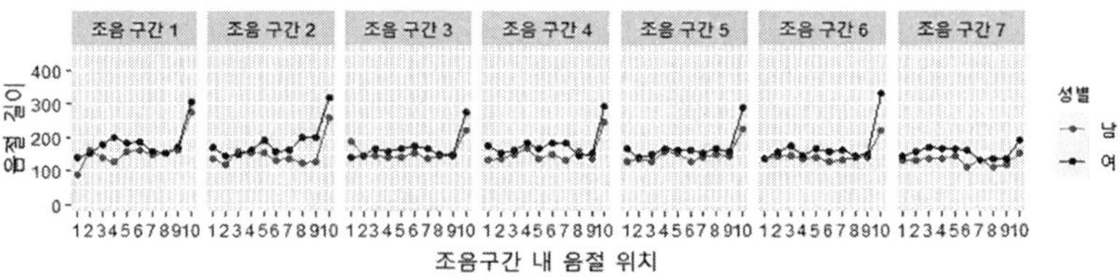

• 발화 내 조음구간이 여덟 개인 경우(유형 8)

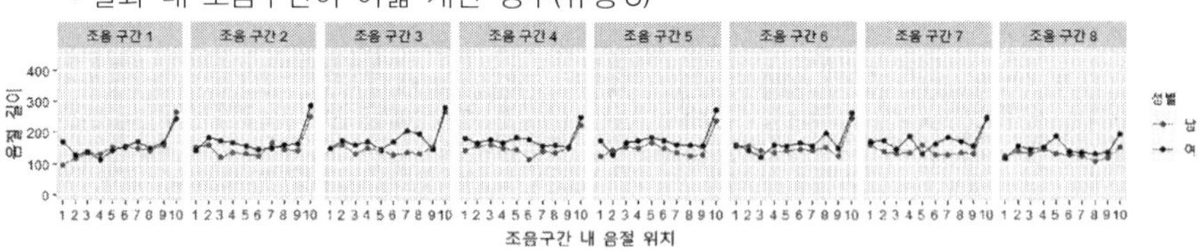

<그림 3-22> 조음 구간 내 음절 위치에 따른 음절의 길이 실현(유형 5~8)

는 장음화가 관찰되기는 하나, 다른 조음 구간의 경계보다는 훨씬 더 짧은 음절 길이로 실현되었다. 이러한 경향 또한 모든 유형에서 공통적으로 나타났다.

3-1)-(2)절의 내용을 요약하면 다음과 같다. 조음 구간의 길이, 조음 구간 내 음절 수, 조음 구간 내 어절 수, 조음 속도, 조음 구간 내 음절 길이, 휴지 구간의 길이는 모두 발화 내 위치에 따라 다른 실현을 보였다.

조음 구간의 길이는 발화의 시작부터 발화의 끝으로 갈수록 점차 길어지는 양상을 보였으며, 음절 수와 어절 수 역시 증가하는 양상을 보였다. 조음 속도는 발화 시작에서는 느렸다가 끝으로 갈수록 빨라졌다. 음절 길이는 각 조음 구간의 경계 위치에서는 가장 길게 실현되었고, 발화 전반적으로는 시작부터 끝에 이르기까지 점차 짧아지는 양상을 보였다. 휴지 길이의 경우 발화 시작 부분에서 길었다가 발화의 끝으로 갈수록 짧아지는 양상을 보였다. 이러한 실현은 성별에 무관하게 동일한 패턴으로 확인되었다. 다만 조음 구간의 길이와 음절 길이는 여성이 남성보다 일관되게 길었고, 조음 속도는 남성이 여성보다 일관되게 빨랐다. 발화 내 유형은 발화 1부터 발화 8까지가 가장 빈번한 출현을 보였으며, 과반 이상의 피험자에게서 관찰되는 발화 유형이었다.

2) 선율적 실현 양상

이 절에서는 발화의 선율적 실현 양상을 살핀다. 이 연구에서 의미하는 선율적 실현이란, 발화의 음높이 변동 실현 양상을 살피는 것으로, 주로 억양구와 음절이 그 분석의 대상이 된다. 조음 구간의 운율 실현과 휴지 실현이 발화 전반의 운율 패턴에 어떠한 영향을 주는지 조사하기 위하여, 먼저 3-2)-(1)절에서는 억양구와 휴지 실현 양상에 대하여 살핀다. 3-2)-(2)절에서는 음절의 음높이 실현 양상을 관찰한 결과를 보고할 것이다. 마지막으로 3-2)-(3)절에서는 이러한 선율적 실현이 발화 유형에 따라 다른 패턴으로 나타나는지를 확인할 것이다.

(1) 억양구의 실현 양상

이 절에서는 억양구의 실현 양상을 살필 것이다. 먼저 조음 구간 내 억양구 형성 빈도를 확인한 뒤에 억양구 경계 성조 유형과 후행 휴지의 길이를 살펴봄으로써 경계 성조에 따른 경계 강도를 확인해 볼 것이다.

① 조음 구간 내 억양구 형성 빈도

억양구는 일반적으로 어말 장음화와 후행 휴지가 나타나는 단위로 특징지어진다. 따라서 하나의 조음 구간에는 하나 이상의 억양구가 실현되는 것이 자연스럽다. 그러나 억양구 뒤에 반드시 휴지가 나타나는 것은 아니며, 상황에 따라서는 휴지가 개입하였음에도 억양구 경계가 나타나지 않는 경우도 존재한다. 따라서 하나의 조음 구간 내에 여러 개의 억양구가 나타나거나 억양구 경계가 나타나지 않는 것도 가능하다.

이 절에서는 실제로 조음 구간 내에 몇 개의 억양구가 형성되는 것이 가장 일반적이고 빈번한지 관찰하기 위하여, 조음 구간 내 억양구 형성 빈도를 살펴보았다. 먼저 한 조음 구간 내에 몇 개의 억양구가 실현되는지를 계산해 보았다. 〈표 3-32〉는 그 결과를 제시한 것이다.

〈표 3-32〉 한 조음 구간 내 억양구 개수의 평균값(±표준편차)

	전체	남성	여성
한 조음 구간 내 억양구 개수(개)	1.24(±0.68)	1.20(±0.64)	1.28(±0.72)

조음 구간 내 평균 억양구 형성 빈도를 계산한 결과, 조음 구간 내 억양구 형성 빈도는 평균 1.24개로 나타남을 확인하였다. 성별을 구분해

살펴보면, 남성은 1.20개, 여성 1.28개로 나타나 여성이 남성보다 한 조음 구간 안에 조금 더 많은 억양구를 형성하는 것을 알 수 있었다. 위의 평균을 통해 확인할 수 있는 것은, 하나의 조음 구간 안에는 2회 이상의 억양구가 실현될 수 있다는 사실이다. 이는 한 조음 구간 안에 휴지 없이 경계지어진 억양구가 존재했다는 것을 의미한다. 한 조음 구간 안에 몇 개의 억양구가 실현되는 것이 가장 빈번한지 확인하기 위하여 〈표 3-33〉과 같이 억양구 개수에 따른 실현 빈도를 측정하였다.

〈표 3-33〉 조음 구간 내 억양구 개수에 따른 조음 구간의 출현 빈도

조음 구간 내 억양구 개수	출현 빈도 (%)
0개	318 (6.1%)
1개	3,697 (70.5%)
2개	950 (18.1%)
3개	225 (4.3%)
4개	41 (0.8%)
5개	9 (0.2%)
6개	1 (0%)
7개	1 (0%)
합계	5,242 (100%)

분석 결과, 조음 구간 내 억양구 개수가 하나인 것이 전체 5,242개의 토큰 중 3,697개로 전체의 70.5%에 달했다. 또 조음 구간 내 억양구가 2개 이상인 경우는 총 1227회로(2개~7개의 합), 이는 전체의 23.4%에 해당했다. 휴지가 출현했음에도 억양구 경계가 표시되지 않은 토큰은 총 318회였다. 이는 어절 중단, 어절 반복 등의 비유창함 때문에 실현되었거나 간투사가 나타난 위치이다. 조음 구간 내 억양구 개수에 성별에 따른 차이가 있는지 확인하기 위하여 이를 성별로 나누어 살펴 보았다. 〈표 3-34〉는 그 결과를 제시한 것이다.

〈표 3-34〉 남성과 여성의 억양구 개수에 따른 조음 구간의 출현 빈도

성별	조음 구간 내 억양구 개수	출현 빈도 (%)
남성	0개	183 (6.7%)
	1개	1,970 (71.7%)
	2개	471 (17.1%)
	3개	106 (3.9%)
	4개	18 (0.7%)
	합계	2,748 (100%)
여성	0개	135 (5.4%)
	1개	1,727 (69.2%)
	2개	479 (19.2%)
	3개	119 (4.8%)
	4개	23 (0.9%)
	5개	9 (0.4%)
	6개	1 (0%)
	7개	1 (0%)
	합계	2,494 (100%)

성별에 따른 결과를 보면, 조음 구간 내 억양구 개수가 1회인 경우가 남성은 전체의 71.7% 여성은 전체의 69.2%로, 한 조음 구간 내에 하나의 억양구 경계가 형성되는 것이 성별에 무관한 일반적인 경향임을 확인할 수 있었다. 다만 여성이 조음 구간 내 더 많은 억양구를 실현하는 것 역시 확인할 수 있었는데, 조음 구간 내 억양구 개수가 0~2개일 때에는 남성의 출현 빈도 비율이 여성의 비율보다 높았다. 반면 조음 구간 내 억양구 개수가 많아질수록 여성의 빈도 비율이 높아졌다.

이러한 성별 차이가 통계적으로 유의미한지 살피기 위하여 선형 혼합 모형(Linear Mixed-Effects Model)을 통한 분석을 수행하였다. 〈표 3-35〉는 그 결과를 제시한 것이다. 모델에 포함된 고정 효과는 성별이었고, 화자가 임의 변수로 고려되었다. 종속 변수는 조음 구간 내 억양

구 개수였다.

〈표 3-35〉 성별에 따른 조음 구간 내 억양구 개수에 대한 LMM 분석 결과
(p값은 유의한 경우에만 *로 표시함: * p<.05, ** p<.01, *** p<.001)

종속 변수	고정 효과	Estimate	S.E	t	p value
조음 구간 내 억양구 개수	(Intercept)	1.20	0.04	31.00	***
	성별(여)	0.09	0.04	2.09	*

Intercept는 남성의 결과를 의미한다. 모델에서 예측한 남성 화자의 조음 구간 내 억양구 개수는 1.20개였다. 여성 화자의 경우 남성 화자보다 조음 구간 내에 약 0.09개 더 많은 억양구 개수를 실현하였다. 이러한 성별에 따른 조음 구간 내 억양구 개수 차이는 p<0.05 수준에서 통계적으로 유의미했다.

② 억양구 경계 성조 유형과 휴지 실현

이 절에서는 조음 구간 내에 어떤 억양구 경계 성조가 실현되는지 관찰하고, 억양구 경계 성조 유형과 휴지 실현 간 상관관계가 있는지 살펴본다. 먼저, 어떠한 경계 성조 유형이 가장 빈번하게 사용되는지 확인하기 위하여 억양구 경계 성조의 유형과 빈도를 조사했다. 〈표 3-36〉은 분석 대상이 된 총 6,293개의 억양구 경계 성조를 대상으로 해당 경계 성조의 출현 빈도를 보인 것이다.

〈표 3-36〉 억양구 경계 성조의 유형별 출현 빈도

억양구 경계 성조	출현 빈도 (%)
L%	2,889 (45.9%)
HL%	1,359 (21.8%)
H%	1,331 (21.2%)

LHL%	630 (10%)
LH%	73 (1.2%)
HLHL%	1 (0%)
합계	6,293 (100%)

억양구 경계 성조는 'L%, HL%, H%, LHL%, LH%, HLHL%'의 총 여섯 가지 유형이 관찰 되었다. 이중 가장 많은 빈도로 나타난 억양구 경계 성조는 2,889회 나타난 L%이었다. 그 다음으로는 1,359회로, HL%의 경계 성조가 빈번하게 출현하였다. H% 경계 성조는 총 1,331회 출현하여 그다음 순위로 나타났다. 총 6,293개의 억양구 가운데 L%, HL%, H%가 차지하는 빈도는 약 89%에 달했다. LHL% 경계 성조는 630회로 네 번째로 빈번한 출현을 보였으며 이는 전체 유형 가운데 10%에 해당하는 수치였다. LH% 경계 성조는 73회, HLHL%는 1회만 나타나, 이 두 경계 성조는 발화에서 잘 관찰되지 않음을 확인할 수 있었다.

위와 같은 실현 양상이 성별에 따른 차이를 보이는지 알아보기 위하여 성별에 따른 억양구 경계 성조의 유형별 출현 빈도를 살펴보았다. 성별에 따른 경계 성조 유형의 출현 빈도 결과를 제시한 것이 〈표 3-37〉과 같다.

〈표 3-37〉 성별에 따른 억양구 경계 성조의 유형별 출현 빈도

성별	억양구 경계 성조	출현 빈도 (%)
남성	L%	1,673 (52.9%)
	HL%	668 (21.1%)
	H%	658 (20.8%)
	LHL%	135 (4.3%)
	LH%	31 (1%)
	합계	3,165
여성	L%	1,216 (38.9%)

	HL%	701 (22.4%)
	H%	673 (21.5%)
	LHL%	495 (15.8%)
	LH%	42 (1.3%)
	HLHL%	1 (0%)
	합계	3,128

가장 빈번한 출현을 보인 경계 성조는 남녀 모두 순서대로 L%, HL%, H%, LHL%, LH%로 동일했다. 그중에서도 남성은 L%의 출현 비율이 전체의 약 52.9%로, 38.9%인 여성에 비하여 훨씬 더 높았다. 이는 남성의 L% 편중 현상이 여성보다 더 두드러진다는 것을 의미한다. 여성은 L%, HL%, H%를 남성보다 더 두루 사용하는 것으로 확인되었다. 각 성별에서 네 번째로 많은 빈도로 나타난 LHL% 경계 성조는 남성보다 여성에게서 더 많이 관찰되었다. 남성은 LHL%의 출현 빈도가 전체의 약 4.3%에 불과하였으나, 여성은 전체 데이터의 15.8%로 확인되었다.

경계 성조에 따른 빈도 실현이 성별에 따라 차이가 있는지 통계적으로 확인해 보기 위하여 카이스퀘어 검정을 수행하였다. 분석 결과 성별에 따라 경계 성조의 출현 빈도가 다르다는 것이 확인되었다(χ^2=281.42, df=5, $p<0.001$).

다음으로는 경계 성조 유형에 따른 경계 음절의 길이와 후행 휴지 길이, 그리고 이 두 값의 합(구말 경계 강도)을 살펴볼 것이다.[13] 이는

13) 경계 음절의 길이와 후행 휴지 길이 및 구말 경계 강도의 실현은 성별에 따른 차이를 제시하지 않는다. 이는 앞서 경계 위치에 따른 음절 길이와 후행 휴지 길이(3-1)-(1)-③절)에서 성별에 따른 차이를 확인했기 때문이다. 3-1)-(1)-③절의 분석 결과 경계 음절은 여성이, 후행 휴지는 남성이 길었고, 이를 합친 값(구말 경계 강도)는 차이가 상쇄되어 통계적으로 유의미한 차이가 관찰되지 않았다. 이 절에서는 성별에 따른 차이보다, 각 경계 성조 유형에 따른 각 변수들의 길이 실현에 더 초점이 있다. 따라서

경계 성조 유형에 따라 경계 말을 표지하는 강도에 차이가 있는지, 그리고 억양구 말의 경계 강도를 실현하는 데에 사용되는 각 길이들의 실현 양상에 차이가 있는지 관찰하기 위함이었다. 이를 확인하기 위해 총 6,293개의 억양구 가운데 후행 휴지가 관찰되는 조음 구간 말 경계 4,671개 억양구 유형만을 분석하였다. 〈표 3-38〉은 조음 구간 말 경계 성조 유형에 따른 경계 음절 길이와 후행 휴지 길이, 그리고 구말 경계 강도(음절 길이와 후행 휴지 길이의 합)의 평균값과 표준편차를 제시한 것이다.

〈표 3-38〉 조음 구간 말 경계 성조 유형에 따른 경계 음절 길이, 후행 휴지의 길이, 구말 경계 강도(음절 길이+후행 휴지의 길이)의 평균값과 표준편차

조음 구간 말 경계 성조 유형	출현 빈도 (회)	경계 음절 길이 (ms)	후행 휴지 길이 (ms)	구말 경계 강도
L%	2,062	319(±135)	555(±351)	874(±369)
HL%	1,166	305(±103)	611(±331)	916(±333)
H%	980	260(±91)	543(±329)	803(±333)
LHL%	426	455(±88)	551(±295)	1006(±297)
LH%	37	338(±100)	705(±443)	1044(±436)

조음 구간 말 경계 성조의 유형별 출현 빈도는 전체 억양구를 대상으로 한 빈도와 유사한 경향을 보였다. L%, HL%, H% 순으로 많은 출현을 보였고, LHL%가 그다음으로 빈번한 출현을 보였다. LH%는 휴지 앞에서 약 37회 실현되어 매우 적게 실현됨을 알 수 있었다. 마지막으로 HLHL%는 휴지 앞에선 실현되지 않았다.

경계 음절의 경우, 굴곡 성조인 LHL%와 LH%의 길이가 상당히 길게 실현되는 것을 알 수 있었다. 특히 한 음절에 세 번의 고저 연쇄가 관찰

구말 경계 강도에 한해서는 성별 차이를 제시하지 않는다.

되는 LHL% 경계 성조는 경계 음절의 길이가 455ms에 달했다. LH% 또한 338ms로 실현되어 상당히 길게 나타남을 확인할 수 있었다. L%는 평탄조임에도 경계 음절의 길이가 길게 실현되었으며, 그 길이는 굴곡 성조인 HL%의 경계 음절보다도 다소 길었다. H%는 가장 짧은 경계 음절 길이로 실현되었다.

후행 휴지 길이는 LH%일 때가 705ms으로 가장 길었다. 그다음으로는 HL%으로, 평균 611ms로 실현되었다. L% 경계 성조가 실현될 때 후행 휴지의 길이는 평균 555ms로 나타났으며, 이는 전체 유형 가운데 세 번째로 긴 길이였다. 그다음으로 LHL%의 후행 휴지 길이가 551ms로 확인되었으며, 후행 휴지가 가장 짧은 경계 성조는 543ms인 H%였다.

구말 경계 강도를 드러내는 경계 음절 길이와 후행 휴지 길이의 합은 굴곡 성조가 더 컸고, 평탄 성조는 더 작았다. H%의 구말 경계 강도는 다른 모든 경계 성조들에 비하여 작게 실현되었다. H%는 경계 음절의 길이, 후행 휴지 길이 모두 다른 경계 성조보다 짧았기 때문이다. L%의 구말 경계 강도는 H%보다는 컸으나, 나머지 경계 성조의 값보다는 작았다. HL%의 구말 경계 강도는 H%, L%보다 컸고, LH%과 LHL%보다는 작았다. LH%와 LHL%중에서는 근소한 차이로 차이로 LH%가 더 큰 구말 경계를 보였다. 이를 통해 억양구 말의 경계 강도는 H% 〈 L% 〈 HL% 〈 LHL% 〈 LH% 순으로 강하게 나타남을 확인할 수 있었다.

다음으로는 발화 내 위치에 따른 경계 성조의 실현 양상을 관찰하였다. 억양구 경계 성조는 다양한 운율적 기능을 수행하는데, 그중에서도 발화의 중단과 지속을 신호하거나 서법의 의미를 신호하는 기능을 수행한다. 따라서 같은 억양구 경계 성조라 하더라도, 발화 중에 나타날 때와 발화 종결 위치에 나타날 때 그 실현 빈도와 양상에 차이가 있을 것으로 예상할 수 있다. 경계 강도 역시 발화 종결 위치에 나타날 때와 발화 중간에 나타날 때 길이 실현에 차이가 있기 때문에, 이 역시 억양구 경계 성조의 실현과 영향을 주고받을 수 있다. 따라서 발화 내 위치에 따른 억양구 경계 성조의 실현과 이에 따른 경계 강도 실현 양상을 관찰하였다.

먼저 억양구의 발화 내 위치에 따른 경계 성조 유형과 그 출현 빈도를 살펴보았다. 〈표 3-39〉는 억양구가 발화 중간에 실현되었는지, 발화의 끝에 실현되었는지를 구분하여 경계 성조의 유형별 출현 빈도를 센 것이다.

〈표 3-39〉 위치에 따른 억양구 경계 성조의 출현 빈도

억양구의 실현 위치	경계 성조 유형	출현 빈도 (%)
발화 중	L%	2,524 (46.9%)
	H%	1,262 (23.5%)
	HL%	918 (17%)
	LHL%	611 (11.3%)
	LH%	69 (1.3%)
	HLHL%	1 (0%)
	합계	5385 (100%)
발화 종결	HL%	451 (49.7%)
	L%	365 (40.2%)
	H%	69 (7.6%)
	LHL%	19 (2.1%)
	LH%	4 (0.4%)
	합계	908 (100%)

발화 중과 발화 종결 위치에서 모두 잘 관찰되는 경계 성조는 L%와 HL%였다. L%는 발화 중에 2,524회, 발화 종결 위치에는 365회 출현하였는데, 이는 각 위치에서 관찰되는 경계 성조 유형의 40% 이상을 차지하는 값이였다. HL%는 발화 중에 918회 출현하여 발화 중 경계 성조

가운데 17%에 해당했다. 발화 종결 위치에는 451회 나타나, 발화 종결 경계 성조 가운데 50%에 육박하는 출현을 보였다. H%와 LHL% 유형도 발화 중에 각각 1,262회, 611회로 나타나 상당히 빈번한 출현을 보이는 것을 알 수 있었다. 그러나 발화 종결 위치에는 각각 69회, 19회 출현에 불과했다. LH%는 발화 중에 69회, 발화 종결 위치에 4회 출현하였고, HLHL%는 발화 중에 1회만 나타나 두 개 성조는 발화 안에서 잘 관찰되지 않음을 확인할 수 있었다.

위의 실현 양상을, 성별로 나누어 다시 한번 살펴보았다. 발화 중과 발화 종결 위치로 구분하여 살폈을 때에도 성별 차이가 관찰되는지 확인하기 위함이었다. 〈표 3-40〉은 성별에 따른 경계 성조의 출현 빈도를 발화 내 실현 위치에 따라 구분하여 제시한 표이다.

〈표 3-40〉 남녀 화자의 발화 내 위치에 따른 억양구 경계 성조의 출현 빈도

성별	억양구의 발화 내 위치	경계 성조 유형	출현 빈도
남성	발화 중	L%	1,449 (55.3%)
		H%	522 (19.9%)
		HL%	485 (18.8%)
		LHL%	134 (5.1%)
		LH%	30 (1.1%)
		합계	2,620 (100%)
	발화 종결	L%	224 (50.3%)
		HL%	183 (41.1%)
		H%	36 (8.1%)
		LH%	1 (0.2%)
		LHL%	1 (0.2%)
			445 (100%)
여성	발화 중	L%	1,075 (40.3%)
		H%	640 (24%)
		HL%	477 (17.9%)

		LHL%	433 (16.2%)
		LH%	39 (1.5%)
		HLHL%	1 (0%)
		합계	2,665 (100%)
	발화 종결	HL%	268 (57.9%)
		L%	141 (30.5%)
		H%	33 (7.1%)
		LHL%	18 (3.9%)
		LH%	3 (0.6%)
		합계	463 (100%)

발화 중 경계 성조의 출현 빈도 순위는 남성과 여성이 동일하였는데, 두 성별 모두 발화 중에 L%가 가장 많이 사용되었고, 그 다음으로 H%, HL%, LHL%, LH% 순으로 출현 빈도가 높았다. 그러나 남성은 L%에 출현 빈도가 더 편중된 양상으로 확인되었다. 발화 종결 위치는 성별에 따른 경계 성조 실현의 차이가 있었다. 두 성별 모두 L%와 HL%가 발화 종결 위치에 빈번하게 사용되는 것은 동일하였으나, 남성은 L%가, 여성은 HL%가 더 많이 사용되었다는 차이가 있었다.

발화 내 위치에 따른 경계 성조 빈도의 성별 차이는 통계적으로도 유의미하였다. 카이스퀘어 검정 결과 발화 내, 발화 종결 위치 모두 통계적으로 성별에 따른 빈도 차이가 유의미한 것으로 확인되었다(발화 내: χ^2=252.81, df=5, p<0.001 / 발화 종결: χ^2=50.90 df=4, p<0.001).

다음으로는 발화 내 위치에 따른 휴지 앞 경계 성조의 경계 음절 길이와 후행 휴지 길이, 그리고 이 두 값의 합을 통하여 경계 성조에 따른 구말 경계 강도를 확인해 보았다. 이 역시 후행 휴지가 관찰되는 조음 구간 말 경계의 4,671개 억양구만을 분석하였다. 아래 〈표 3-41〉은 이에 따른 결과를 제시한 것이다.

〈표 3-41〉 조음 구간의 발화 내 위치에 따른 조음 구간 말 경계 성조 유형의 경계 음절 길이, 후행 휴지의 길이, 구말 경계 강도(음절 길이+후행 휴지의 길이)의 평균값과 표준편차

조음 구간의 발화 내 위치	조음 구간 말 경계 성조 유형	출현 빈도(회)	경계 음절 길이(ms)	후행 휴지의 길이(ms)	구말 경계 강도
발화 중	L%	1,697	337(±132)	520(±325)	857(±358)
	H%	911	264(±91)	543(±334)	808(±338)
	HL%	715	337(±101)	571(±317)	908(±324)
	LHL%	407	456(±88)	550(±298)	1006(±300)
	LH%	33	347(±98)	665(±340)	1012(±406)
발화 종결	L%	451	190(±67)	803(±419)	993(±419)
	H%	365	195(±49)	539(±248)	734(±248)
	HL%	3,763	245(±76)	685(±344)	930(±349)
	LHL%	69	443(±86)	583(±211)	1026(±198)
	LH%	19	241(±65)	1150(±706)	1391(±707)

모든 위치에서 빈번한 출현을 보인 L%와 HL%의 발화 내 위치에 따른 실현을 먼저 살펴보겠다. 이는 표의 옅은 음영을 통해 확인할 수 있다. 먼저 L%는 발화 중에서 경계 음절 길이가 337ms로 상당히 길었다. 반면 발화 종결 위치에서는 190ms로 발화 중보다 147ms가량 짧게 실현됨을 알 수 있었다. 그런데 후행 휴지 길이는 이와 반대였다. 발화 중 L%의 후행 휴지 길이는 평균 520ms, 발화 종결 위치에서 L%의 후행 휴지 길이는 평균 803ms로 발화 종결 위치에서 약 283ms만큼 더 길었다. 그 결과 경계 음절과 후행 휴지 길이를 합친 구말 경계 강도는 발화 중보다 발화 종결 위치보다 더 크게 관찰되었다. HL% 역시 동일한 양상으로 확인되었다. 발화 중에는 긴 경계 음절 길이(337ms)가, 발화 종결 위치에는 상대적으로 짧은 경계 음절 길이(245ms)가 관찰되었으나, 후행 휴지 길이는 발화 중(571ms)보다 발화 종결 위치(685ms)에서 더 길었다. 그 결과 구말 경계 강도는 발화 종결 위치에서 더 컸다.

경계 음절은 발화 종결 위치보다 발화 중에서 더 길고, 후행 휴지는

발화 중보다 발화 종결 위치에서 더 길게 실현되는 이러한 양상은 LHL%와 LH%에서도 동일하게 확인되었다. 이 두 가지 경계 성조 역시 경계 음절과 후행 휴지 길이를 합친 구말 경계 강도가 발화 중보다 발화 종결 위치에서 더 컸다.

다른 경계 성조들과 다른 실현을 보이는 것은 짙은 음영으로 표시된 H%였다. H%의 경계 음절 길이는 발화 종결 위치보다 발화 중에서 더 긴 실현을 보여, 다른 경계 성조들과 유사한 경향을 보였다. 그러나 후행 휴지 길이는 발화 종결 위치에서 평균 543ms, 발화 종결 위치에서 평균 539ms로 확인되어 두 위치 간 차이가 거의 나지 않았다. 그 결과 경계 음절이 더 짧았던 발화 종결 위치의 경계 강도가 발화 중보다 더 작은 값으로 실현된 것을 알 수 있었다.

이상 3-2)-(1)절의 내용을 요약하면 다음과 같다. 평균적으로 한 조음 구간 안에는 약 1.24개의 억양구가 실현되었다. 조음 구간 내 억양구 개수는 성별 차이가 있었는데, 여성은 남성보다 한 조음 구간 안에 더 많은 억양구 경계를 두었다. 억양구 경계 성조는 L%가 가장 빈번했고 그 다음 HL%와 H%가 많은 실현을 보였다. 이 세 가지 유형의 경계 성조가 전체 토큰의 89%를 차지했다. 남성은 이 세 유형 가운데 L%에 실현 빈도가 편중되어 나타났고 여성은 상대적으로 세 유형 모두 고른 실현을 보였다. 또 LHL% 경계 성조는 상대적으로 남성보다 여성에게서 더 빈번한 실현을 보였다.

경계 성조 유형에 따른 구말 경계 강도는 굴곡 성조가 대체로 컸고, 평탄 성조는 H%보다 L%의 구말 경계 강도가 컸다. 발화 종결 위치와 발화 중으로 구분해 보면, 발화 중에는 경계 음절 길이가 길었으나 후행 휴지가 짧았고, 발화 종결 위치는 경계 음절 길이가 상대적으로 짧았으나 후행 휴지가 길어, 구말 경계 강도는 발화 중보다 발화 종결 위치에서 더 컸다. 다만 H%의 경우 발화 종결 위치보다 발화 중에서 더 경계 강도가 컸다.

(2) 음높이 실현

이 절에서는 음높이 실현 양상을 다룰 것이다. 음높이에 관한 앞선 연구들에 따르면, 발화 말에는 다른 위치보다 더 낮은 음높이가 실현된다. 이러한 현상이 본고의 데이터에서도 동일하게 나타나는지 확인하기 위하여 음높이 분석을 수행하였다. 이 절에서는 먼저 음절의 경계 위치에 따른 음높이 실현을 관찰한 후에, 경계 성조의 실현 위치에 따른 음높이 실현과 차이를 조사할 것이다.

가. 음절의 경계 위치에 따른 음높이 실현

분석 대상이 된 발화에서 관찰된 총 52,681개 음절을 대상으로 음높이를 계산한 결과. 남성의 남성의 평균 음높이는 120Hz, 여성의 평균 음높이는 210Hz로 확인되었다. 음높이가 경계 위치에 따라 다른 실현을 보이는지 확인하기 위하여 조음 구간과 발화 구간의 경계에 실현된 음높이를 계산하였다. 〈표 3-42〉는 음절의 경계 위치에 따른 모음의 평균 음높이를 제시한 결과이고, 〈그림 3-23〉은 각 위치에 따른 음높이 데이터의 분포를 박스 플롯으로 보인 것이다.

〈표 3-42〉 음절 경계 위치에 따른 모음의 평균 음높이(Hz)(±표준편차)

	남성	여성
전체 음절 평균	120(±21.6)	210(±33.6)
조음 구간 경계(휴지 앞)	116(±21.2)	204(±30.8)
발화 경계	104(±13.2)	191(±33.8)

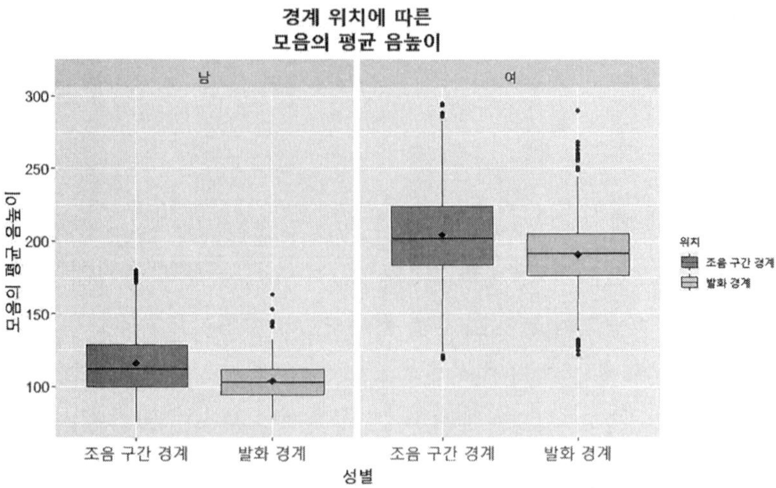

(박스 안 가로 실선은 중앙값, 점은 평균값을 의미함)

〈그림 3-23〉 경계 위치에 따른 음높이

두 성별 모두 전체 음절 평균에 비하여 경계 음절이 더 낮은 음높이로 실현되는 것을 확인할 수 있었다. 경계 위치 중 더 높은 음높가 관찰되는 위치는 조음 구간의 경계였다. 남성 화자는 조음 구간 경계에서 평균 116Hz, 발화 경계에서는 104Hz의 음높이 실현을 보였다. 여성의 경우 조음 구간 경계에서 204Hz, 발화 경계에서 191Hz의 음높이 실현을 보였다. 두 성별 모두 발화 경계에서는 가장 낮은 음높이가 관찰되었다.

성별과 발화 내 위치에 따른 음높이의 실현이 통계적으로 유의한 차이를 보이는지 확인하기 위해 선형 혼합 모형(Linear Mixed-Effect Model)을 통한 통계 분석을 수행하였다. 모델에 포함된 고정 효과는 성별과 경계 위치(조음 구간 경계, 발화 경계)였고, 화자가 임의 효과로 고려되었다. 종속 변수는 음높이였다.[14] 〈표 3-43〉은 그 결과를 표로 제시한 것이다.

〈표 3-43〉 성별과 경계 위치에 따른 모음 음높이 대한 LMM 분석 결과
(p값은 유의미한 경우에만 *로 표시함: *p<.05, **p<01, ***p<001)

종속 변수	고정 효과	Estimate	S.E	t	p value
음높이	(Intercept)	117.18	2.48	47.26	***
	성별(여)	88.60	3.51	25.27	***
	위치(발화 경계)	−13.19	1.26	−10.44	**
	성별(여):위치(발화 경계)	−2.75	1.76	−1.56	

Intercept는 조음 구간 경계에서의 남성 화자의 음높이 값을 의미한다. 모델이 예측한 조음 구간 경계에서의 남성 화자의 음높이는 117Hz였다. 여성은 이보다 약 89Hz가 높았다. 음높이를 다르게 만드는 또 하나의 변수는 경계 위치였다. 음높이는 조음 구간 경계일 때보다 발화 경계일 때 13Hz 더 낮게 실현되었다. 성별과 경계 위치에 따른 상호작용은 발견되지 않았다. 이는 조음 구간 경계보다 발화 경계에서 음높이가 낮게 실현되는 효과가 여성도 동일하게 확인되었다는 뜻이다.

나. 경계 성조의 발화 내 위치에 따른 음높이 실현

다음으로는 경계 성조에 따른 음높이 실현이, 각 경계 성조의 발화 내 위치에 따라 달라지는지 확인해 보였다. 이 절에서는 남녀 화자 모두에게서 출현 빈도가 매우 낮았던 LH%와 HLHL%는 분석 대상에서 제외하였다.[15] 이 두 경계 성조는 전체 데이터의 약 1%에 불과하여, 성조 유형에 따른 실현을 일반화하기 어렵다고 생각하였다.

또 두 성별의 모두에게서 발화 종결 위치에서 거의 실현되지 않았던 LHL%와 LH% 또한 분석에서 제외하였다.[16] 여기서 확인하고자 하는

14) lmer(종속 변수~성별*억양구의 위치+(1|화자), data)

15) LH%와 HLHL%는 남성 화자는 총 3,165개의 토큰 가운데 각각 31회, 0회, 여성 화자는 3,128개의 토큰 가운데 각각 42회 1회 출현을 보였다.

것은 발화 내 위치에 따른 음절의 음높이 차이이다. 따라서 특정 경계 성조가 발화 중에 빈번한 출현을 보였더라도 발화 종결 위치에서 극히 적은 출현을 보였다면 이 둘을 비교하기 적절하지 않다. 따라서 이 두 개 성조 역시 분석에서 제외하였다.

따라서 여기서 살펴본 억양구 경계 성조는 L%, H%, HL%의 세 가지 유형이다. 음높이는 경계 성조가 실현된 음절의 모음의 평균 기본 주파수를 측정하였고 실현 위치에 따른 음높이 차이는 세미톤(semitone)으로 변환하였다. 〈표 3-44〉는 경계 성조의 실현 위치에 따른 성별 평균 음높이 값과 위치에 따른 차이를 정리한 것이다.

〈표 3-44〉 경계 성조의 실현 위치에 따른 성별 평균 음높이 값(Hz)과 그 차이(세미톤)

성별	억양구 경계 성조 유형	모음의 f0 평균(Hz)		차이(세미톤)
		발화 중	발화 종결	
남	H%	132	121	1.48
	HL%	117	105	1.87
	L%	109	99	1.76
여	H%	225	225	0
	HL%	207	194	1.10
	L%	195	169	2.45

모든 화자에게서, 발화 중에 나타난 경계 음절의 음높이가 발화 종결에서의 음높이보다 더 높게 실현된 것을 확인할 수 있다. 그러나 그 세부적인 양상은 성별에 따라 다소 차이를 보였다. 남성은 H% 〈 L% 〈 HL% 순으로 발화 내 위치에 따른 차이가 크게 관찰되었다. 반면 여성은 H%의 경우 발화 중과 발화 종결 위치의 음높이 차이가 나타나

16) LHL%와 LH%는 남성 화자의 발화 종결에 각각 1회, 여성 화자는 각각 18회, 3회 출현하였다.

지 않았고, HL%과 L% 중에서는 L%의 차이가 더 컸다.

살펴본 경계 성조 중에는 굴곡 성조가 포함되어 있고, H%와 L%는 각각 상승, 하강의 평탄한 음높이 실현을 보인다. 따라서 음높이 평균값보다는 모음 내의 정점과 저점을 확인해 보는 것이 더 정확한 양상을 확인할 수 있는 방법이다. 따라서 정점을 확인하기 위하여 음높이 최댓값을, 저점을 살펴보기 위하여 음높이 최솟값을 살펴보았다. 먼저 최댓값의 차이를 살펴보겠다. 〈표 3-45〉는 경계 성조의 실현 위치에 따른 모음 구간 내 음높이 최댓값과 위치에 따른 차이를 성별에 따라 제시한 것이다.

〈표 3-45〉 경계 성조의 실현 위치에 따른
성별 음높이 최댓값의 평균(Hz)과그 차이(세미톤)

성별	억양구 경계 성조 유형	모음의 f0 최댓값(Hz)		차이(세미톤)
		발화 중	발화 종결	
남	H%	139	127	1.55
	HL%	123	113	1.49
	L%	116	104	1.87
여	H%	260	242	1.28
	HL%	226	212	1.07
	L%	212	184	2.45

실현 위치에 따른 음높이 최댓값과 그 차이를 살펴본 결과, 남녀 화자 모두 발화 중에 나타나는 각 경계 성조의 고점이 발화 종결 위치에 나타나는 고점보다 더 높게 실현됨을 알 수 있었다. 위치에 따른 차이는 남녀 모두 HL% 〈 H% 〈 L% 순으로 컸다. 특히 L%의 발화 내 위치에 따른 차이가 큰 것이 주목할 만한 결과였다.

다음으로는 경계 성조의 실현 위치에 따른 음높이 최솟값의 차이를 살펴보았다. 〈표 3-46〉은 경계 성조의 실현 위치에 따른 모음 구간의 음높이 최솟값과 그 차이를 성별에 따라 제시한 것이다.

〈표 3-46〉 경계 성조의 실현 위치에 따른
성별 음높이 최솟값의 평균(Hz)과 그 차이(세미톤)

성별	억양구 경계 성조 유형	모음의 f0 최솟값(Hz)		차이(세미톤)
		발화 중	발화 종결	
남	H%	121	114	1.15
	HL%	106	95	1.96
	L%	102	95	1.25
여	H%	191	209	−1.59
	HL%	185	175	0.91
	L%	188	168	2.01

분석 결과는 남성과 여성의 실현 양상이 상이하게 달랐다. 우선, 남성의 경우 발화 중 저점이 발화 종결 저점에 비하여 높게 실현되는 것이 모든 경계 성조 유형에서 동일하게 확인되었다. 위치에 따른 차이는 H% < L% < HL% 순으로 컸다. 반면 여성의 경우, 저점의 위치가 발화 중보다 발화 종결 위치에서 더 높게 실현된 경계 성조가 있었다. H%는 발화 중에서 최솟값이 191Hz, 발화 종결 위치에서 209Hz로 실현되어 발화 중보다 발화 종결 지점에서 저점이 더 높았음을 알 수 있다. 또 발화 중과 발화 종결 위치의 차이도 −1.59 세미톤으로 상당히 큰 차이를 보였다. HL%과 L%는 발화 중에 나타난 저점이 발화 종결 위치에서 나타난 저점보다 더 높았으며 위치에 따른 차이는 L%에서 더 컸다.

이상 3-2)-(2)절의 결과를 요약하면 다음과 같다. 음높이는 조음 구간과 발화 경계에 놓일 때 더 낮아졌다. 이러한 양상은 성별에 무관하게 확인되는 현상이었다. 다만 여성은 남성에 비하여 약 89Hz 정도 일관되게 높은 음높이 실현을 보였다. 경계 성조의 실현 위치에 따른 음높이 실현은 남녀의 실현 양상이 다소 달랐다. 남성은 음높이 평균, 음높이 최댓값,

음높이 최솟값 모두 발화 종결 위치보다 발화 중에서 더 높았다. 반면 여성은 H%의 음높이 평균이 발화 위치에 따라 차이를 보이지 않았고, 음높이 최솟값은 오히려 발화 종결 위치에서 더 높았다. 또 여성은 L%의 발화 중, 발화 종결 위치 간 차이가 남성보다 더 크게 나타났다.

(3) 발화 유형별 선율 실현 양상

지금까지는 조음 구간의 전반적인 선율 실현 양상을 살펴보았다. 그러나 이는 발화 내 조음 구간의 위치를 고려하지 않은 관찰이다. 우리는 앞서 시간 구조가 발화의 유형에 따라 달리 실현될 수 있음을 확인하였다. 선율 실현 양상 또한 조음 구간이 발화의 어느 위치에서 실현되는가에 따라서 그 실현을 달리할 수 있다. 이 절에서는 발화 유형을 나누어 억양구 형성 빈도와 음높이 실현 양상을 관찰할 것이다. 이 절에서도 다수의 화자에게서 잘 관찰된 유형인 유형1~유형8 발화에 초점을 맞추어 결과를 제시할 것이다.

① 억양구 경계 형성 빈도

조음 구간 내 억양구 형성 빈도가 발화 내 위치에 따라 실현을 달리하는지 확인하기 위하여 선형 혼합 모형(Linear Mixed-Effect Model)을 통한 통계 분석을 수행하였다. 모델에 포함된 고정 효과는 성별과 조음 구간의 발화 내 위치(발화 내 n번째 조음 구간)였고, 화자와 발화 유형이 임의 효과로 고려되었다. 종속 변수는 조음 구간 내 억양구 개수였다.[17] 〈표 3-47〉은 분석된 결과를 보인 것이다.

---

17) lmer(종속 변수~성별*조음 구간의 위치+(1|화자)+(1|유형), data)

〈표 3-47〉 조음 구간의 발화 내 위치와 성별에 따른 조음 구간 내 억양구 개수에 대한 LMM 분석 결과
(p값은 유의한 경우에만 *로 표시함: * p<.05, ** p<.01, *** p<.001)

종속 변수	고정 효과	Estimate	S.E	t	p value
조음 구간 내 억양구 개수	(Intercept)	1.14	0.047	24.38	***
	발화 내 위치 (n번째 조음 구간)	0.01	0.004	2.47	*
	성별(여)	0.10	0.048	2.07	*
	위치:성별	-0.003	0.005	-0.53	

표를 통해 알 수 있는 것은, 조음 구간이 발화의 어디에 위치하는가에 따라서 억양구 형성 빈도의 실현이 달라진다는 것이다. 표의 Intercept는 남성 화자의 첫 번째 조음 구간에 대한 결과로, 모델에서 예측한 추정치는 1.14개였다. 조음 구간이 발화의 뒷 부분으로 갈수록, 조음 구간 내 억양구 개수는 0.01개만큼 늘어났다. 조음 구간의 발화 내 위치에 따른 억양구 수 차이는 통계적으로도 유의미했다. 이는 조음 구간의 발화 내 위치를 고려하여 운율적 실현을 면밀히 살펴야, 더 정확한 발화의 선율 실현 양상을 파악할 수 있다는 것을 의미한다.

따라서 이 절에서는 선율 실현 양상을 발화 유형에 따라 살필 것이다. 발화 내 조음 구간과 휴지 구간이 몇 개로 구성되어 있는지를 고려하여, 이에 따라 선율적 요소들이 어떠한 실현을 보이는지 관찰하고 그 결과를 제시할 것이다. 발화 유형 1부터 유형 8까지, 각 조음 구간의 위치에 따라 억양구 경계 형성 빈도를 구분하여 제시하면 아래 〈표 3-48〉과 같다.

〈표 3-48〉 조음 구간의 발화 내 위치에 따른 억양구 실현 빈도

유형	조음 구간의 발화 내 위치	억양구 실현 빈도
1	1	1.70
2	1	1.23
	2	1.59
3	1	1.15
	2	1.30
	3	1.48
4	1	1.15
	2	1.28
	3	1.39
	4	1.36
5	1	1.15
	2	1.37
	3	1.36
	4	1.34
	5	1.40
6	1	1.16
	2	1.26
	3	1.24
	4	1.23
	5	1.26
	6	1.41
7	1	1.18
	2	1.10
	3	1.28
	4	1.18
	5	1.10
	6	1.03
	7	1.32
8	1	1.19
	2	1.28
	3	1.17
	4	1.30

	5	1.36
	6	1.21
	7	1.36
	8	1.28

유형 1의 경우, 억양구 경계 형성 빈도는 1.70회였다. 휴지 없이 산출된 발화의 경우, 하나 이상의 억양구가 나타나 발화를 운율적으로 구분하고 있다. 유형 2부터 유형 8까지는 실현 양상이 유사하였는데, 발화의 시작 부분에는 억양구 경계 형성 빈도가 낮다가, 발화의 끝으로 갈수록 억양구 경계 형성 빈도가 높아진다. 이는 유형 2~유형 6에서는 대체로 일관되게 관찰되었다. 유형 7~유형 8의 경우, 억양구 경계 형성 빈도가 높아졌다가 발화 중간 위치에서 다시 줄어드는 변곡점이 관찰되었다. 그러나 두 유형 모두 다시 발화 끝으로 갈수록 억양구 경계 형성 빈도가 높아졌다.

② 조음 구간의 발화 내 위치에 따른 음높이 실현

이 절에서는 조음 구간의 발화 내 위치에 따라 음높이가 어떠한 실현을 보이는지 발화 유형별로 살펴볼 것이다. 먼저 조음 구간 내 음높이가 발화 내 위치에 따라 실현을 달리하는지 확인하기 위하여 선형 혼합 모형(Linear Mixed-Effect Model)을 통한 통계 분석을 수행하였다. 모델에 포함된 고정 효과는 성별과 조음 구간의 발화 내 위치(발화 내 n번째 조음 구간)이었고, 화자와 발화 유형이 임의 효과로 고려되었다. 종속 변수는 음높이였다.[18] 아래 〈표 3-49〉는 그 결과를 보여준다.

18) lmer(종속 변수~성별*조음 구간의 위치+(1|화자)+(1|유형), data)

〈표 3-49〉 성별과 조음 구간 내 발화 내 위치에 따른 음높이에 대한 LMM 분석 결과
(p값은 유의한 경우에만 *로 표시함: * p<.05, ** p<.01, *** p<.001)

종속 변수	고정 효과	Estimate	S.E	t	p value
음높이	(Intercept)	125.07	2.42	51.78	***
	성별(여)	89.60	3.29	27.30	***
	발화 내 위치 (n번째 조음 구간)	−0.63	0.06	−11.31	***
	위치:성별	−0.05	0.07	−0.66	

분석 결과 조음 구간의 발화 내 위치와 성별 모두 음높이 실현에 영향을 주는 것으로 확인되었다. 먼저 표에 Intercept는 남성 화자의 첫 번째 조음 구간에 대한 결과로, 추정치는 125Hz로 나타났다. 여성의 음높이는 남성보다 약 90Hz 높게 나타난다. 조음 구간이 발화의 더 뒤에 위치할수록 음높이는 0.63Hz씩 음높이가 감소하는 것으로 나타났으며, 위치에 따른 음높이 차이는 통계적으로 유의미했다. 위치와 성별의 상호작용 효과는 관찰되지 않았다.

위와 같은 통계 결과는 조음 구간이 발화 안에서 어느 곳에 위치하는가에 따라 음높이 실현을 달리한다는 것을 의미한다. 따라서 발화의 음높이 실현 양상을 명확히 파악하기 위해서는 조음 구간의 발화 내 위치를 구분하여 살펴볼 필요가 있다. 이 절에서는 유형 1~8까지의 발화를 중심으로, 조음 구간의 발화 내 위치에 따른 음높이 실현 양상을 살펴볼 것이다. 〈표 3-50〉은 조음 구간의 위치에 따른 조음 구간 내 평균 음높이를 발화 유형별로 구분하여 제시한 것이다.

〈표 3-50〉 유형별 조음 구간의 발화 내 위치에 따른 조음 구간의 평균 모음 음높이(Hz)

발화 유형	조음 구간의 위치	조음 구간의 평균 f0	
		남	여
1	1	120(±21.3)	208.2(±32.4)
2	1	120.9(±21.1)	216.8(±34.1)
	2	115.4(±21.8)	204.8(±33.1)
3	1	121.3(±22.4)	218.2(±34.1)
	2	121(±22.3)	215.2(±33.2)
	3	116(±21.3)	209.2(±32.3)
4	1	124.9(±22.4)	212.9(±35)
	2	117.4(±21.7)	213(±37.8)
	3	117.8(±20.8)	213(±33)
	4	113.1(±19.5)	207.2(±33.8)
5	1	123.4(±24.3)	212.5(±35.4)
	2	121(±22.1)	216(±34.5)
	3	119.3(±20.7)	211.3(±35.3)
	4	118(±20.8)	210.7(±32.5)
	5	112.3(±19.3)	206.7(±33.8)
6	1	122.5(±20.4)	215.1(±32.6)
	2	119.6(±20.3)	214.1(±35.9)
	3	119.4(±21)	214.5(±34.9)
	4	119.6(±19.5)	213.8(±31.7)
	5	118.6(±21.2)	211.3(±33.6)
	6	114.1(±21.2)	208.5(±32.4)
7	1	123.5(±21.4)	212.9(±29.5)
	2	132.1(±23.8)	210.5(±32.5)
	3	127.1(±22)	209.6(±30.9)
	4	122.9(±22.2)	209.5(±34.1)
	5	124.2(±20.9)	214.5(±33.7)
	6	124.1(±20.9)	211.9(±32.8)
	7	119.6(±20.7)	205.8(±32.2)
8	1	121.3(±19.6)	219.5(±34.1)
	2	122.7(±19.6)	217(±35)
	3	122.6(±21.9)	208.9(±28.3)
	4	120.6(±20.7)	213.6(±34.1)
	5	121.6(±20.5)	217.3(±32.9)

	6	118.9(±21.1)	221.7(±32.3)
	7	119.7(±19.5)	211.9(±30.2)
	8	115(±19.5)	212.6(±30.7)

조음 구간의 평균 음높이는 남녀 화자 모두 대체로 발화의 초반에서 가장 높게 나타났다. 대부분의 발화 유형에서는 첫 번째 조음 구간의 평균 음높이가 가장 높았고, 일부 유형에서는 두 번째 조음 구간의 평균 음높이가 높게 나타났다. 또 조음 구간이 발화의 끝으로 갈수록 음높이는 점점 더 낮아지는 양상을 관찰할 수 있었다.

대부분의 발화 유형에서, 첫 번째 조음 구간부터 길게는 세 번째 조음 구간까지는 상대적으로 높은 음높이가 실현된다. 그리고 발화의 끝으로 갈수록 점차 음높이가 하강하는 양상을 보인다. 큰 폭으로 음높이가 낮아지는 위치는 발화 말 위치였다. 발화 말 위치는 바로 전 조음 구간의 평균 음높이보다 작게는 3Hz에서 크게는 13Hz까지 낮아졌다. 여성의 유형 8 발화를 제외하고, 발화 말 위치에서 가장 낮은 평균 음높이가 관찰되는 양상은 동일하게 확인되었다. 여성의 유형 8 발화의 경우, 세 번째 조음 구간의 평균 음높이가 가장 낮았으며, 여섯 번째 조음 구간까지 음높이가 상승했다가 발화 말 위치인 7, 8번째 조음 구간에서 다시 음높이가 낮아지는 현상이 관찰되었다.

이러한 실현 양상은 아래 〈그림 3-24〉에서 더 명확하게 관찰할 수 있다. 〈그림 3-24〉는 조음 구간의 평균 음높이를 조음 구간 내 발화 내 위치로 구분하여 그린 것이다.

발화 초에서 발화 말로 갈수록 음높이가 점차 낮아지는 것을 위 그림을 통하여 확인할 수 있다. 발화 초에는 상대적으로 높은 음높이로 실현되다가 점차 음높이가 낮아지고 발화 말에서는 가장 낮게 실현된다. 그런데 일부 유형에서는 평균 음높이의 점진적인 하강이 관찰되지 않

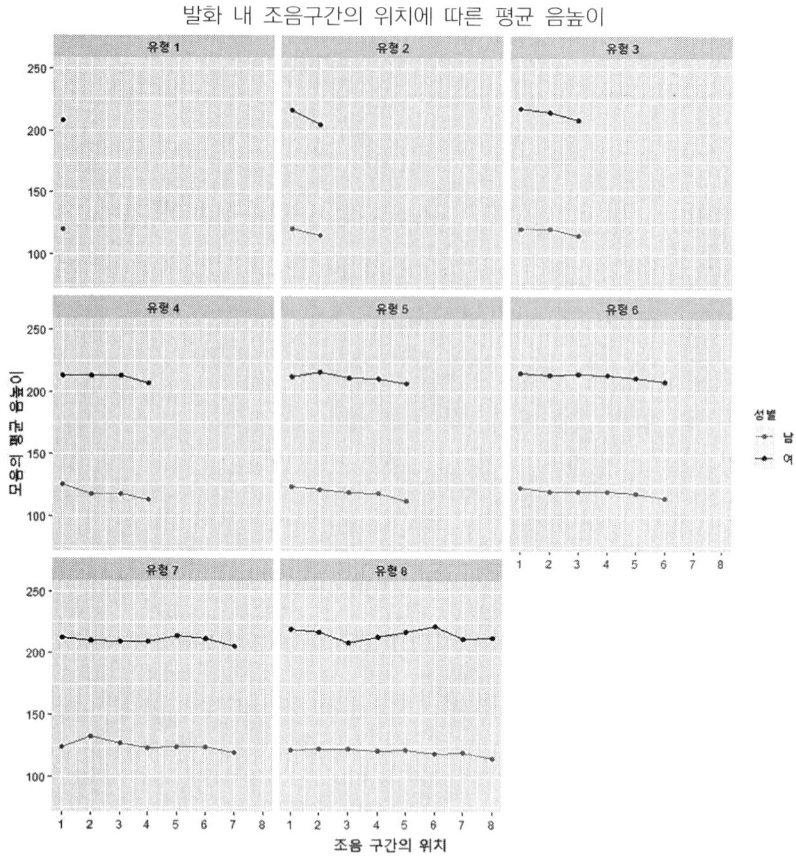

(x축: 조음 구간의 위치 y축: 모음의 평균 음높이)

〈그림 3-24〉 유형별 조음 구간의 발화 내 위치에 따른 조음 구간의 평균 음높이

고 음높이가 하강했다가 다시 올라가는 지점이 관찰되기도 한다.

발화 초에서 설정된 높은 음높이가 점차 낮아졌다가, 한 발화 안에서 다시 높아지는 현상을 음높이 재설정(reset)이라고 부른다. 이러한 재설정 현상은 특히 발화가 길어지는 유형 7, 8에서 잘 관찰되었다. 재설정 위치를 더욱 상세히 관찰하기 위해서, 조음 구간별 LSM(Least Squares

Means) 값을 통한 비교 분석을 수행하였다. 그 결과 남성의 유형 7 발화와 여성의 유형 8 발화에서 통계적으로 유의미한 재설정 구간이 관찰되었다. 〈그림 3-25〉는 남성의 유형 7 발화에서 관찰되는 조음 구간별 음높이 차이값의 LSM 비교 분석 결과를 그림으로 보인 것이다.

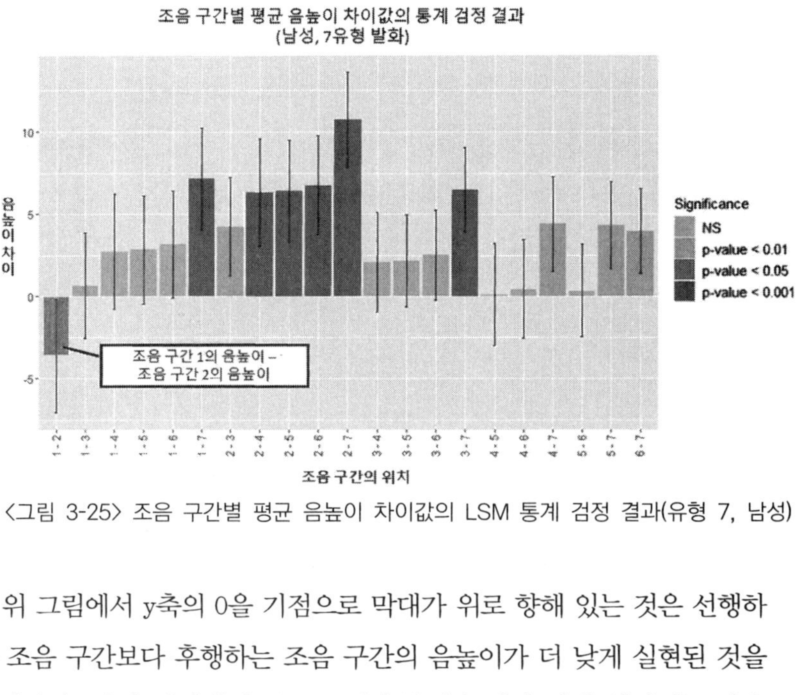

〈그림 3-25〉 조음 구간별 평균 음높이 차이값의 LSM 통계 검정 결과(유형 7, 남성)

위 그림에서 y축의 0을 기점으로 막대가 위로 향해 있는 것은 선행하는 조음 구간보다 후행하는 조음 구간의 음높이가 더 낮게 실현된 것을 의미한다. 발화 시작에서 끝으로 갈수록 음높이가 낮게 실현되는 것은 일반적인 경향이므로, 막대가 위로 올라간 것은 통계적 유의미성과 무관하게 예측 가능한 결과이다. 재설정 구간은 y축을 기점으로 막대가 아래로 향해 있는 구간에 주목해야 한다. 위 발화에서는 첫 번째 조음 구간보다 두 번째 조음 구간이 p〈.05 수준에서 통계적으로 유의미하게 높은 음높이로 실현되었다는 결과를 보여준다. 두 번째 조음 구간부터는 발화의 끝으로 갈수록 음높이가 점차 낮아지는 현상이 잘 관찰된다.

아래 〈그림 3-26〉은 여성의 유형 8 발화에서 관찰되는 조음 구간별 음높이 차이값의 LSM 비교 분석 결과를 그림으로 보인 것이다.

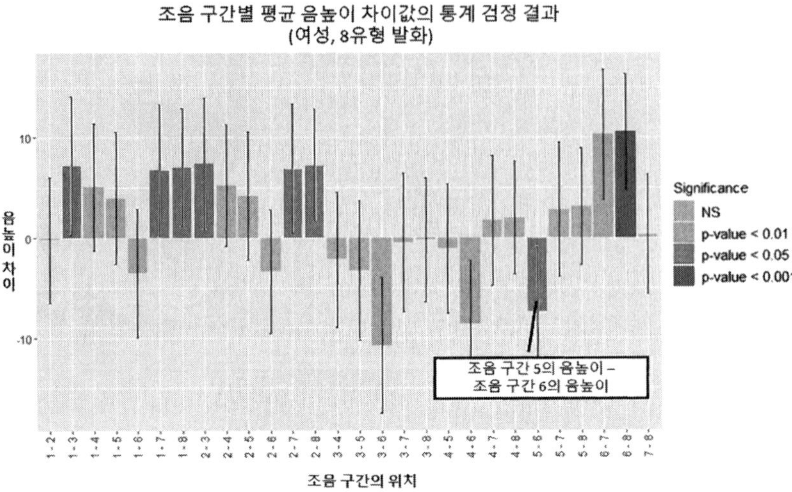

〈그림 3-26〉 조음 구간별 평균 음높이 차이값의 LSM 통계 검정 결과(유형 8, 여성)

이 그림에서도 y축 0을 기점으로 막대가 아래를 향해 있는 데이터에 주목해야 한다. 위 발화에서는 선행하는 조음 구간이 후행하는 조음 구간보다 낮은 음높이로 실현된 결과가 종종 관찰되는데, 이 가운데 통계적으로 유의미하게 차이를 보이는 것은 조음 구간 5와 조음 구간 6이다. 조음 구간 6의 평균 음높이는 조음 구간 5의 평균 음높이보다 높았으며 이 두 위치의 차이는 p〈.05 수준에서 통계적으로 유의미했다. 여성의 8유형 발화는 발화 초에서부터 음높이가 점진적으로 하락하다가, 조음 구간 6에서 음높이가 높게 실현되었다. 이는 조음 구간 6의 위치에서 특별히 음높이가 높아지는 재설정 현상이 나타났음을 의미한다고 할 수 있다.

조음 구간의 발화 내 위치에 따른 음높이 최댓값과 최솟값 (유형 1~유형 8)

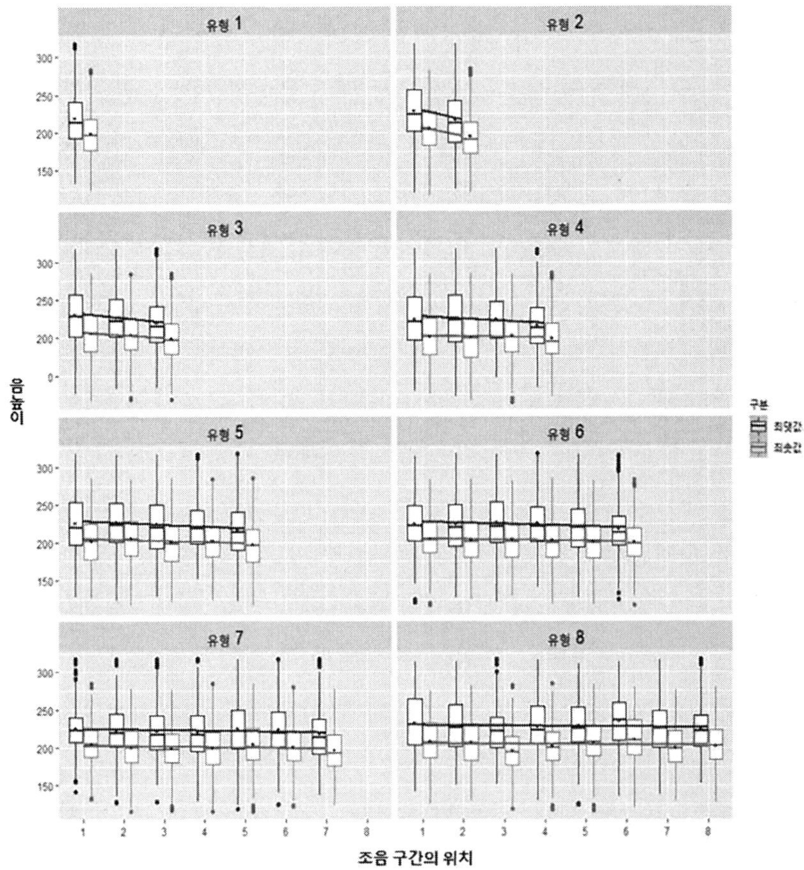

(진한 상자: 음높이 최댓값, 연한 상자: 음높이 최솟값, 림 안의 선: 선형 모델(LM)의 예측 결과)

〈그림 3-27〉 조음 구간의 발화 내 위치에 따른 음높이 최댓값과 최솟값

마지막으로 조음 구간의 발화 내 위치에 따른 음높이 최댓값과 최솟값의 실현을 살펴보았다. 이를 관찰한 이유는, 발화의 끝으로 갈수록 음높이 범위가 좁아지는 현상이 나타나는지 확인하기 위함이다. 〈그림 3-27〉은 조음 구간의 발화 내 위치에 따른 음높이 최솟값과 최댓값을

박스 플롯으로 보인 것이다.

그림에서 알 수 있듯이, 최댓값과 최솟값 역시 발화의 시작에서 끝으로 갈수록 점차 낮아짐을 확인할 수 있다. 음높이 최댓값과 최솟값의 차이는 발화의 시작과 끝에서 큰 차이를 보이지 않는다. 그림에 그어진 LM 라인을 보면 음높이 최댓값의 LM 라인과, 음높이 최솟값의 LM 라인의 폭이 일정함을 알 수 있다. 일부 유형에서는 발화의 시작에서 끝으로 갈수록 점차 좁아지는 양상을 확인할 수 있으나, 대부분의 유형에서는 그 차이가 크지 않다. 이는 음높이 범위의 차이는 발화의 시작과 끝에서 큰 차이를 보이지 않는다는 것을 의미한다.

그러나 전체적인 음높이 값은 점차 하강하는 양상을 보인다. 음높이 최댓값의 LM 라인과 음높이 최솟값의 LM 라인 모두 발화 끝으로 갈수록 점차 하강하는 양상을 확인할 수 있다. 그런데 유형 7, 유형 8로 오면 이러한 우하향의 경향성은 잘 나타나지 않는데, 이는 발화 중간중간 음높이가 재설정되는 지점이 관찰되기 때문인 것으로 보인다.

최댓값과 최솟값의 차이, 즉 음높이 범위는 발화의 시작과 끝이 큰 차이를 보이지 않으나, 전반적인 음높이 최댓값과 최솟값은 발화의 끝으로 갈수록 하강한다. 따라서 발화의 끝으로 갈수록 음높이 범위가 달라진다기보다는 음높이의 레지스터[19)]가 변한다고 표현하는 것이 더 적절하다. 화자는 발화의 시작부터 끝에 이르기까지 음높이의 레지스터를 변화시키며, 이에 따라 평균 음높이도 점차 하강하는 양상을 보인다.

이상 3-2)-(3)절의 내용을 요약하면 다음과 같다. 조음 구간 내 억양구 경계 형성 빈도는 발화 내 위치에 따라 실현 양상이 달랐다. 조음 구간이 발화의 뒤에 나타날수록 조음 구간 내에 더 많은 억양구가 관찰되었다. 음높이 역시 조음 구간의 발화 내 위치에 따라 실현 양상이 달라졌다. 음높이는 발화의 시작에서 끝으로 갈수록 점차 낮아지는 결과를 보였다. 그러나 일부 유형에 한해 음높이가 다시 높아지는 재설정 지점이 관찰되기도 하였다. 조음 구간의 발화 내 위치에 따른 최솟값과 최댓값의 실현 양상을 관찰한 결과, 음높이 최댓값과 최솟값 모두 발화의 시작에서 끝으로 갈수록 낮아지는 것을 확인할 수 있었다. 각 조음 구간의 음높이 최댓값과 최솟값의 차이는 발화의 시작부터 발화의 끝까지 거의 일정하였으나, 전체적으로는 우하향하는 모습으로 확인되었다. 즉, 발화의 끝으로 갈수록 화자가 사용하는 음높이 레지스터가 낮아지는 양상을 확인할 수 있었다.

19) 레지스터는 화자의 음높이 범위에서 사용되는 일정한 음높이 구역을 의미한다. 아래 그림은 레지스터와 음높이의 차이를 그림으로 나타낸 것이다. 음높이 범위(그림의 Range)는 화자가 사용하는 최고 음높이에서 최저 음높이를 뺀 값이다. 반면 레지스터(그림의 Register는 연속된 말소리의 특정 지점에서 화자가 사용하는 음높이 구역이다.

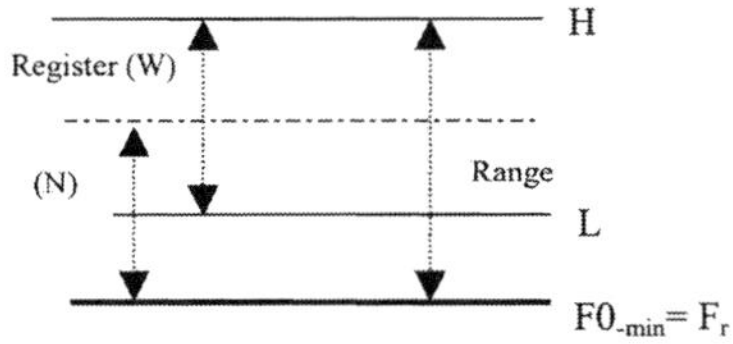

Figure 1 Range and Register according to [3, 5, 7].

〈그림 3-28〉 레지스터와 음높이의 차이(Rietveld & Vermillion, 2003)

4. 한국어 발화의 운율적 패턴

3장에서는 휴지 출현에 따른 발화의 시간 구조와 운율 실현 양상을 살펴보았다. 운율 실현은 시간적 실현과 선율적 실현으로 나누어 관찰하였다. 운율 실현에서는 발화 길이, 조음 구간의 길이 및 속도, 휴지 구간의 길이를 확인하였고, 선율 실현에서는 억양구 형성 빈도, 경계 성조 유형과 휴지 실현, 음높이 실현 양상을 확인하였다. 그리고 이러한 운율 실현이 조음 구간과 휴지 구간의 발화 내 위치에 따라 어떠한 변동을 보이는지도 살펴보았다.

이 절에서는 3장의 내용을 토대로 한국어 발화의 운율적 패턴을 정리하고 정규화할 것이다. 시간적 구성과 선율적 구성으로 나누어 발화의 운율 실현이 어떻게 나타났는지를 정리하고 이를 통합할 수 있는 발화의 운율 패턴을 제시할 것이다. 이를 통하여 한국어 발화의 운율 실현에 대한 이해를 넓히고 단위로서의 발화 판단에 도움을 줄 수 있는 운율적 기준을 마련하고자 한다. 더하여, 성별에 따라 차이를 보였던 결과들에 주목하여, 이러한 결과들이 성별 차이를 드러낼 수 있는 색인적 기능을 수행하는지 논의할 것이다.

1) 시간적 패턴

이 절에서는 지금까지 제시한 연구들을 종합하여, 한국어 발화가 어떠한 시간적 구성으로 나타나며 이것이 한국어 발화의 운율 인상에 어떠한 기여를 하는지 논의할 것이다. 여기서는 전 화자를 아우를 수 있는 전반적인 운율 실현의 경향을 정리하는 것이 목적이므로, 남녀 화자를 통합한 전체 결과를 통하여 논의를 진행한다. 먼저 3-1)-(1)절에서 살펴본 발화 단위의 시간 실현 결과를 정리하면 아래 〈표 4-1〉과 같다.

〈표 4-1〉 한 발화의 길이, 음절 수, 어절 수, 말 속도, 조음 속도, 발화 내 휴지 수, 발화 내 들숨 휴지 수의 평균값(±표준편차)

구분	평균
발화 길이(ms)	11,669(±8,094)
음절 수(개)	56.3(±37.1)
어절 수(개)	21.7(±14.8)
말 속도(sps)	5.06(±0.99)
조음 속도(sps)	6.17(±0.88)
발화 내 휴지 수(개)	4.56(±4.05)
발화 내 들숨 휴지 수(개)	2.26(±2.35)

전체 화자를 대상으로 계산한 한국어 발화는 평균 11.6초 정도로 나타난다. 한 발화 안에 실현되는 음절 수는 56.3개, 어절 수는 21.7개였다. 말 속도는 5.06sps, 조음 속도는 6.17sps로 나타났으며, 발화 내 휴지의 개수는 평균 4.56개였다. 한국어 화자는 초당 5sps의 속도로 57개의 음절, 22개의 어절을 한 발화 내에 산출하며 그 길이는 약 11.6초이다. 또 한 발화에는 대략 4~5회의 휴지가 실현되어, 휴지 없이 실현된 연속적인 말소리는 5~6개로 군집화된다. 또 한 발화 안에 실현

된 휴지의 절반 가량은 들숨을 쉬기 위해 실현된 것이다.

다음으로 조음 구간과 휴지 구간의 시간적 실현을 정리한 것이 〈표 4-2〉와 같다.

〈표 4-2〉 조음 구간과 휴지 구간의 길이, 음절 수, 어절 수의 평균값

구분		전체 화자
조음 구간	길이(ms)	1,672(±1163)
	음절 수(개)	10.13(±7.70)
	어절 수(개)	3.90(±2.88)
휴지 구간	발화 내 휴지(ms)	520(±324)
	발화 말 휴지(ms)	712(±373)

각 조음 구간은 약 1.7초 정도의 지속 시간을 가지며, 그 안에 평균 10개의 음절, 3.9개 어절이 실현된다. 발화 내 휴지는 평균 0.5초 정도의 지속 시간을 갖는 것으로 확인된다. 한 발화가 끝나면 평균 0.7초의 휴지가 관찰된다.

정리하면 한국어 발화는 1.7초 조음 구간-0.5초 휴지의 연쇄로 이루어지며 이러한 연쇄가 약 4~5회 나타나, 총 발화의 길이는 약 11~12초 정도로 실현된다. 조음 구간에 후행하는 휴지가 약 0.7초로 확인되면 이는 발화의 종결 위치를 의미한다.

그런데 본 연구의 결과는 20, 30대 성인 발화를 대상으로 연구된 선행 연구와는 다소 차이를 보인다. 대부분의 선행 연구에서 밝힌 발화 길이는 본 연구의 결과보다 더 짧았다. 〈표 4-3〉은 선행 연구에서 밝힌 발화의 길이를 정리하여 제시한 것이다.

〈표 4-3〉 선행 연구에서 밝힌 한국어 발화 길이

논문	자료	분석 대상자	결과
김한식 (2003)	원고 있는 발화 (축사 등) 원고 없는 발화 (강연 등)	원고 유: 10명 원고 무: 27명	원고 유; 56.7음절 원고 무: 58.5음절
이영미·김향희 (2001)	대화와 그림 설명 과제	46명의 성인 (평균 58세)	대화: 18.32음절 8.91단어 그림 설명: 14.92음절 7.72단어
최현주 (2012)	그림 설명 과제	20대 40명 65세 이상 40명	20대: 7.66 어절 65세 이상: 5.42 어절
오재혁 (2015)	인터뷰 형식의 자유 발화 코퍼스	10대~40대 40명	발화의 95.5%는 1~27음절
윤지혜 외 (2018)	인터뷰 자료	초기 성인기 20명 후기 성인기 20명 노년기 20명	초기: 20.9 어절 후기: 23.1 어절 노년: 16.8 어절

먼저 그림 설명 과제를 분석한 최현주(2012)에서는 청년층의 문장당 어절 수가 7.66개였고, 이영미·김향희(2011)에서도 한 발화의 음절 수가 그림 설명 과제에서는 14.92개로 관찰된다고 보고하였다. 인터뷰 형식의 자유 발화 코퍼스를 분석한 오재혁(2015)에서는 한국어 발화의 95.5%가 1~27음절로 구성되어 있다고 언급하였고, 직접 수집한 인터뷰 발화를 분석한 윤지혜 외(2018)에서는 초기 성인기(19-35세) 화자의 발화 내 어절 수가 20.9개라고 하였다. 축사나 강연 등의 발화를 분석한 김한식(2003)만이 한 발화 내에 56.7음절(원고 있는 발화), 혹은 평균 58.5음절(원고 없는 발화)가 실현된다고 하여 본 연구와 유사한 결과를 보고하였다.

이러한 차이는 발화 자료나 수행 과제에 따른 차이에서 기인했거나, 발화 단위 판단에 대한 차이 때문에 발생한 것으로 보인다. 그림 설명 과제는 Giles et al.(1996)에서 담화 산출 능력을 평가하는 과제로 제안되었는데, 적절한 어휘를 선택하여 상황을 설명하는 능력을 갖추었는지를 판단하기 위한 병리적 목적으로 사용되고 있다(Hirsch & Ellis, 1994). 그림 설명 과제에서 제시되는 그림은 대체로 일상적인 환경으로 구성되어 있고, 사람들의 정지된 모습을 묘사해야 하는 과제이기 때문에 높은 수준의 문장 구성이나 긴 길이의 발화가 산출되기를 기대하기는 어렵다. 예로 아래 〈그림 4-1〉은 최현주(2012)에서 피험자에게 제시한 그림인데, 이는 실어증을 판단하는 검사 방법인 BDAE(Boston Diagnostic Aphasia Examination)[1]에 사용되는 그림이다.

〈그림 4-1〉 쿠키 훔치기(Cookie-Theft) 그림

피험자는 위와 같은 그림 묘사 과제에서, 그림에서 제시된 인물이나 상황에 대한 단편적인 묘사 이외에 더 구체적인 발화를 이어가기 어렵

1) Goodglass & Kaplan(1972)에서 제안된 것으로, 실어증이나 관련된 언어 장애를 평가하기 위한 검사 방법이다. 그러나 뇌과학, 심리학, 언어병리학 등에서도 사용될 수 있다. BDAE는 유창성 평가, 청각적 이해, 이름 붙이기, 낭독, 반복하기, 자유 발화, 텍스트 이해, 글쓰기 등의 과제로 이루어져 있다.

다. 따라서 복잡한 문장 구조나 긴 길이의 발화가 잘 관찰되지 않는다. 실제로 이영미·김향희(2001)에서도 그림 묘사 과제에서의 발화당 음절 수가 대화 과제에서의 발화당 음절 수보다 적다는 결과를 보고하였다. 이 연구에서는 이를 특정 그림을 보여주고 설명할 때보다 질문에 답을 하는 형식의 대화 과제에서 피험자가 더 긴 길이의 발화를 구사하기 좋기 때문이라고 설명하였다.

자유 발화 자료를 살핀 이영미·김향희(2001), 오재혁(2015), 윤지혜(2018)에서도 본 연구의 결과보다 더 짧은 발화 길이를 보고하였다. 그런데 이 연구들에서 살핀 자료는 대화 상대방이 실제하는 상황인 대화 자료, 혹은 인터뷰 자료였다. 본고의 연구 자료는 자유 발화 가운데서도, 화자의 발화 계획이 조금 더 잘 두드러질 수 있는 독백 발화였다는 점이 앞선 연구들에서 살핀 자료와의 차이이다. 대화나 인터뷰 상황은, 대화 상대방이나 인터뷰 진행자가 상대의 발화에 개입할 여지가 있는 상황이다. 따라서 화자는 상대의 말차례를 의식하여 발화 길이를 충분히 길게 유지하지 못할 가능성이 있다. 반면 독백 발화에서 상대의 발화 개입이 차단되어 있으므로 화자는 발화를 조금 더 길게 유지할 수 있는 상황에 놓인다. 따라서 같은 자유 발화이지만 독백 발화와 대화 및 인터뷰 자료에서 발화 길이의 차이가 있었던 것으로 보인다.[2)]

축사나 강연 자료를 분석한 김한식(2003)의 결과는 본고와 유사한 결과를 보고했다는 점이 주목할 만하다. 이 연구의 분석 자료 가운데

2) 또 다른 가능성으로는 발화 판단 기준이 달랐던 것을 고려해 볼 수 있다. 앞선 연구에서는 '발화'의 길이, '발화'당 음절 수 등의 용어를 사용하기는 하였으나, 발화의 정의와 기준을 명확히 밝힌 연구는 드물다. 본 연구에서는 발화를 '화자의 발화 의지가 운율적으로 완료된 의사소통의 자립 단위'로 정의하고, 이에 대한 판단 기준을 명확히 제시하였다. 발화의 종결 판단을 어떠한 방식으로 했는지에 따라 측정된 결과는 상이할 수 있을 것이다.

원고 없는 발화인 강의류 자료는, 대체로 화자가 대화 상대방에게 발언권을 크게 침해받지 않는 상황에서 산출된 것이었다는 점에서, 본고의 자료와 가장 유사한 자료라고 할 수 있다. 이 연구에서 원고 없는 발화의 평균 길이는 발화당 58음절로 나타나, 본고의 결과와 큰 차이를 보이지 않았다.

발화의 속도 측면에서는, 선행연구와 거의 유사한 결과를 보였다. 청년층 화자의 자유 발화 자료를 분석한 신지영(2013)에서는, 청년 화자의 말 속도가 4.5~6.3sps로, 조음 속도는 6.0~7.5sps로 나타난다는 사실을 밝혔다. 본고의 분석 결과 말속도는 5.05, 조음 속도는 6.17로 관찰돼, 신지영(2013)에서 관찰된 발화 속도의 범위 안에서 결과가 나타남을 확인하였다.

한편 낭독 발화를 관찰한 이숙향·고현주(2004)는, 보통 속도의 발화에서 말속도가 5.60~6.29sps 정도로 나타난다고 하였고, 이나라 외(2017)에서는 청년층의 말 속도가 5.42sps, 조음 속도가 6.72sps로 나타난다고 하였다. 이러한 결과는 본 연구와는 초당 대략 0.4~0.6음절 정도의 차이를 보인다. 이러한 차이 역시 분석 과제에 의한 차이로 보인다. 위 두 연구는 화자가 주어진 대본을 낭독한 발화 자료를 분석한 것이다. 화자의 발화 계획이나 발화 실수 및 수정 등이 발생하는 자유 발화는, 대본을 낭독하는 발화에서보다 일반적으로 발화 속도가 더 느리게 나타난다.

조음 구간의 길이는 유도영·신지영(2020)과 유사한 결과를 보였다. 유도영·신지영(2020)에서 밝힌 자유 발화의 조음 구간 길이는 1,610ms, 조음 구간 내 음절 수는 9.2개, 조음 구간 내 어절 수는 4.06개로 본 연구의 결과인 1,672ms, 10.13음절, 3.9어절과 큰 차이를 보이지 않았다. 유도영·신지영(2020)에서 관찰한 연구 자유 발화 역시 독백 자유 발화였다[3]. 따라서 독백 환경에서의 휴지와 휴지 사이에 관찰되는 조음의 구간은 약 1.7초, 9~10음절, 4어절 정도로 일정한 결과를 보인다고 해석할 수 있다.

정리하면, 한국어 화자는 자신의 발언권을 크게 침해받지 않는 상황에서, 한 발화를 평균 11.6초 정도 길이로 산출하며, 그 발화 안에는 약 57개의 음절, 22개의 어절이 산출된다고 할 수 있다. 이를 도식화하면 아래 〈표 4-4〉와 같다.

〈표 4-4〉 한국어 발화의 시간적 구성 I

발화									
조음	휴지	조음	휴지	조음	휴지	조음	휴지	조음	휴지
1.7s	0.5s	1.7s	0.5s	1.7s	0.5s	1.7s	0.5s	1.7s	0.7s
11.6s									

이상의 결과에 따라 본 연구에서 관찰된 발화 가운데 가장 평균적인 발화의 시간 구성을 따르는 발화 예시를 몇 가지 제시하면 아래와 같다.

(1) 어 (휴지1) 그게 (휴지2) 인제 한 시즌당 총 (휴지3) 스물네 개의 에피소드로 돼 있었던 걸로 기억을 하는데 (휴지4) 그 에피소드를 불과 이틀 만에 다 보았던 기억이 납니다.
→ 총 발화 길이: 11,649ms, 음절 수: 54개, 어절 수: 23개
→ 발화 내 휴지 출현 빈도: 4회, 조음 구간 개수: 5개

(2) 이제 어릴 때는 진짜 (휴지1) 애들하고 그냥 뛰어놀면서 축구를 (휴

3) 유도영·신지영(2020) 분석한 자료는 한국인표준음성 데이터베이스(신지영·김경화, 2017)이다. 이 연구에서는 낭독 발화와 자유 발화가 모두 분석되었는데, 여기서는 본 연구의 자료와 유사한 자유 발화 결과만을 제시한 것이다.

지2) 하는 게 전부였는데 (휴지3) 어 이제 중학교로 올라가면서 (휴지4) 점점 (휴지5) 매니악이 되어 가더라고요.
→ 총 발화 길이: 10,832ms, 음절 수: 55개, 어절 수: 19개
→ 발화 내 휴지 출현 빈도: 5회, 조음 구간 개수: 6개

(3) 그 (휴지1) 헌병을 근무를 할 때 (휴지2) 파견 근무를 나가서 (휴지3) 근무를 했기 때문에 열두 명이 따로 살면서 (휴지4) 밥을 다 해 먹었기 때문에 거기서 요리를 많이 배웠구요.
→ 총 발화 길이: 10,062ms, 음절 수: 56개, 어절 수: 24개
→ 발화 내 휴지 출현 빈도: 4회, 조음 구간 개수: 5개

(4) 평소에 엠비티아이에 대해서 굉장히 많은 사람들이 알고 있고 (휴지) 사실은 중고등학교 때 약식으로 (휴지) 음 (휴지) 실제로 검사를 해 본 사람도 굉장히 (휴지) 많을 거 같애요.
→ 총 발화 길이: 11,293ms, 음절 수: 59개, 어절 수: 22개
→ 발화 내 휴지 출현 빈도: 4회, 조음 구간 개수: 5개

기존 연구와 비교하면 11~12초 전후의 발화 길이가 다소 길다고 생각될 수는 있으나, 실제 예시를 살펴보면 위와 같은 발화들은 일상에서도 쉽게 접할 수 있는 정도의 구성이며, 어색함이 거의 느껴지지 않음을 알 수 있다. 한국어 화자는 11~12초 정도의 연속된 발화 안에 휴지를 넣어 일정 정도씩 끊어 말한다. 이러한 조음 구간과 휴지 구간의 연쇄는 한 발화 내에서 약 4~5회 관찰되며, 발화가 끝나면 약 0.7초의 휴지가 나타난다. 발화 속도는 휴지를 포함할 시 초당 5음절, 휴지를 제외하면 초당 6음절 정도로 나타난다.

그런데 이러한 발화의 시간적 패턴은 조음 구간과 휴지 구간의 위치를 고려할 때 조금 더 동적인 패턴을 관찰할 수 있다. 한 발화 안에 여러

개의 휴지 구간과 조음 구간이 나타난다고 해도, 각 휴지 구간과 조음 구간의 시간적 실현이 위 〈표 4-4〉와 같이 발화 전반에 걸쳐 동일하게 관찰되지 않기 때문이다. 조음 구간과 휴지 구간은 발화의 위치에 따라 상당히 다른 시간적 실현 양상을 보이면서도 일정한 패턴을 보였다.

본고에서 관찰한 결과에 따르면, 휴지가 적게 실현된 낮은 유형의 발화일수록 발화의 길이가 짧고, 휴지가 많이 나타나는 높은 유형의 발화일수록 발화가 길어진다. 그런데 발화의 길이가 달라져도, 한 발화를 구성하는 조음 구간과 휴지 구간의 시간적 패턴은 일관된 양상을 보였다. 발화의 길이와 무관하게 모든 발화에서 관찰되는 일관된 시간 패턴이 있다는 것이다.

발화 내에 휴지가 1회 이상 출현하여, 조음 구간이 두 개 이상으로 분리된 발화, 즉 유형 2 이상의 발화들은 일관되게 발화 말 조음 구간이 발화 초 조음 구간보다 더 긴 길이로 나타났다. 〈표 4-5〉는 본고에서 관찰된 발화 유형에 따른 조음 길이를, 각 발화의 첫 번째 조음 구간과 마지막 조음 구간으로 나누어 제시한 것이다.

〈표 4-5〉 발화 유형에 따른 첫 번째 조음 구간과 마지막 조음 구간의 평균 길이

(단위: ms)

유형	첫 번째 조음 구간의 길이	마지막 조음 구간의 길이
1유형	2991(±1480)	
2유형	1704(±1342)	2542(±1225)
3유형	1396(±1093)	2501(±1510)
4유형	1217(±1077)	2098(±1232)
5유형	1329(±1175)	2329(±1160)
6유형	1340(±1185)	2222(±1185)
7유형	1289(±1141)	2153(±1285)
8유형	1364(±989)	2187(±1288)

조음 구간이 2회 출현할 경우, 첫 번째 조음 구간보다 두 번째 조음 구간이, 조음 구간이 3회 출현할 경우, 첫 번째 조음 구간보다 세 번째 조음 구간이 길었으며 이러한 실현 양상은 발화 내 조음 구간의 개수가 늘어나도 동일한 양상을 보였다. 이에 따라 첫 번째 조음 구간은 짧은 길이, 마지막 조음 구간은 가장 긴 길이의 실현을 보이는 것이 일관되게 확인되었다. 대부분의 유형에서 발화의 첫 번째 조음 구간은 1.5초 전후, 마지막 조음 구간은 2초 이상의 길이를 보였다.

몇 가지 예시를 유형별로 제시하면 다음과 같다.

[2유형]
일단 엠비티아이는(1978ms) [휴지] 사람의 본성 검사를 하는 거거든요(2215ms)

[3유형]
음 제가 처음에(1592ms) [휴지] 어 선생님의꿈을 가지게 된 건(1980ms) [휴지] 저희 초등학교 오 학년 때 선 담임 선생님 때문이에요(3667ms)

[4유형]
근데 싸이월드를(1190ms) [휴지] 만들었던 게 기억에는(1605ms) [휴지] 제가 초등학교 육 학년쯤이니까(2646ms) [휴지] 그때보다는 주커버그보다는 훨씬 앞섰거든요(2987ms)

[5유형]
어 제가 하는 일이 주로(1706ms) [휴지] 음 그 예식하는 예식 진행하는 동안에(2686ms) [휴지] 그 사람들 앞에서 이렇게(1991ms) [휴지] 도와드리고 그런 거니까(1561ms) [휴지] 되게 많은 사람들 앞에서 용기도 많이 생겼어요(3143ms)

[6유형]
사실 딱히 다른(1534ms) [휴지] 계기는 없었구요(1306ms) [휴지] 어(339ms) [휴지] 집에서(727ms) [휴지] 집에서 부모님을 돕다 보니까(1968ms) [휴지] 제가 할 수 있는 일이 생각보다 많다는 것을 깨닫게 되었습니다(3350ms)

[7유형]
그런 부분에 대해서도(1577ms) [휴지] 굉장히 많이 공부를 해야 된다는 것을 느꼈는데(2430ms) [휴지] 아무래도 한국에서는 그걸(1777ms) [휴지] 뭐(300ms) [휴지] 문서나(640ms) [휴지] 그런 글로(1015ms) [휴지] 습득은 할 순 있지만 직접 체험할 순 없잖아요(2520ms)

[8유형]
예를 들어서 통신사들이(1344ms) [휴지] 와이파이 같은 거를 묶어 놓거나(1648ms) [휴지] 자국(502ms) [휴지] 자기 기기망에 있는(1568ms) [휴지] 통신망만을 이용하게 하는 등(1931ms) [휴지] 이케(251ms) [휴지] 사용자의 편의성을 제약하고(1868ms) [휴지] 통신사의 이익을 극대화하는 전략을 많이 취했는데요(2313ms)

위 예시에서 확인할 수 있듯, 발화 초에는 대체로 짧은 조음 구간이 관찰되고 발화 말로 갈수록 조음 구간의 길이가 길어지는 것을 확인할 수 있다. 발화 유형이 높아질수록 조음 구간 길이가 점차 증가하다가 발화 중간에 다시 감소하는 경향이 관찰되기는 하지만, 대체로 발화 초는 짧은 조음 구간, 발화 말은 긴 조음 구간이 관찰되는 양상은 유형을 불문하고 유사하게 확인되었다.

조음 구간의 길이와 마찬가지로, 조음 속도 역시 유형을 불문하고 유사한 실현을 보였다. 〈표 4-6〉은 본고에서 관찰된 발화 유형에 따른 조음 속도를 각 발화의 첫 번째 조음 구간과 마지막 조음 구간으로 나누어 제시한 것이다.

〈표 4-6〉 발화 유형에 따른 첫 번째 조음 구간과 마지막 조음 구간의 평균 조음 속도

(단위: sps)

유형	첫 번째 조음 구간의 조음 속도	마지막 조음 구간의 조음 속도
1유형	6.56(±1.14)	
2유형	5.78(±1.71)	6.6(±1.06)
3유형	5.48(±1.77)	6.76(±1.27)
4유형	5.92(±1.84)	7.12(±1.22)
5유형	5.63(±1.8)	6.91(±1.23)
6유형	5.48(±1.53)	6.97(±1.05)
7유형	5.56(±2.49)	7.1(±1.24)
8유형	5.75(±1.88)	7.32(±1.01)

조음 속도는 발화 초에 나타나는 조음 구간보다 발화 말의 조음 구간이 항상 더 빠른 속도로 나타났다. 첫 번째 조음 구간의 조음 속도는 전 유형에서 대체로 평균 5.5sps 전후의 실현을 보였다면, 마지막 조음 구간의 조음 속도는 7.0sps 전후로 나타났다. 발화 말에서는 발화 초보다 초당 약 1.5음절 정도를 더 말했다.

조음 구간 내 음절의 평균 길이는 발화의 끝으로 갈수록 더 짧아지는 양상을 보였다. 〈표 4-7〉은 발화 유형에 따른 첫 번째 조음 구간과 마지막 조음 구간의 평균 음절 길이를 정리한 것이다.

〈표 4-7〉 발화 유형에 따른 첫 번째 조음 구간과 마지막 조음 구간의 평균 음절 길이

(단위: ms)

유형	첫 번째 조음 구간의 음절 길이	마지막 조음 구간의 음절 길이
1유형	155(±78)	
2유형	174(±102)	153(±76)

3유형	176(±110)	152(±77)
4유형	166(±108)	146(±77)
5유형	175(±108)	148(±78)
6유형	174(±108)	146(±73)
7유형	185(±119)	145(±74)
8유형	165(±99)	138(±63)

〈표 4-7〉을 보면 각 유형의 발화에서 첫 번째 조음 구간의 평균 음절 길이는 170ms 전후였으나, 마지막 조음 구간의 음절 길이는 140ms 전후로 실현되었음을 알 수 있다. 발화의 끝으로 갈수록 발화 내 조음 구간이 길어졌음에도 각 음절의 길이는 짧아지는 양상을 보였다. 이로 인해 마지막 조음 구간에서 발화 속도가 빨라지고 음절 수가 많아지는 결과를 야기한 것이다. 이러한 양상은 모든 유형에서 동일하게 관찰되었다.

한편 휴지 구간의 길이는 조음 구간의 길이와는 정반대의 실현을 보였다. 이러한 양상은 발화 유형에 따라 각 발화의 첫 번째 휴지 길이와 마지막 휴지 길이를 정리한 〈표 4-8〉을 통해 확인할 수 있다.

〈표 4-8〉 발화 유형에 따른 첫 번째 휴지 구간과 마지막 휴지 구간의 평균 길이

(단위: ms)

유형	첫 번째 휴지 구간의 길이	마지막 휴지 구간의 길이
1유형	–	
2유형	524(±309)	
3유형	582(±325)	457(±289)
4유형	559(±364)	492(±288)
5유형	520(±285)	516(±345)
6유형	591(±334)	496(±313)
7유형	611(±401)	480(±347)
8유형	518(±281)	484(±301)

휴지 구간은 발화 시작 부분에 나타날수록 길었고, 발화 말에 나타날수록 더 짧았다. 휴지가 2회 이상 출현한 발화 유형들, 즉 유형 3 이상의 발화를 비교해 보면, 처음 출현하는 휴지보다 마지막에 출현하는 휴지의 길이가 일관되게 짧았다. 대부분의 유형에서 발화의 첫 번째 휴지는 550ms 전후의 길이를 보였고, 발화의 끝 부분에서 관찰된 휴지는 500ms 미만의 길이로 나타났다.

이상의 실현을 정리하면 다음과 같다. 조음 구간의 길이는 대개 발화의 시작 지점에서 길었다가 발화의 끝으로 갈수록 길어지는 양상으로 나타나며, 조음 속도는 발화의 시작 지점에서는 느렸다가 발화의 끝으로 갈수록 빨라진다. 휴지 길이는 발화 초에서는 길었다가 발화의 끝으로 갈수록 점점 짧아지고, 발화가 종결되면 긴 휴지가 나타난다. 이를 도식화하면 아래 〈표 4-9〉와 같다.

〈표 4-9〉 한국어 발화의 시간적 구성 II

<table>
<tr><th colspan="7">발화</th><th></th></tr>
<tr><th>조음</th><th>휴지</th><th>조음</th><th>휴지</th><th>…</th><th>휴지</th><th>조음</th><th>휴지</th></tr>
<tr><td colspan="2">발화 초
짧은 조음 구간
긴 음절 길이
긴 휴지
느린 속도</td><td colspan="3">⇒</td><td colspan="2">발화 말
긴 조음 구간
짧은 음절 길이
짧은 휴지
빠른 속도</td><td>발화 종결
긴 휴지</td></tr>
</table>

발화는 조음 구간과 휴지 구간의 연쇄로 구성된다. 이때 조음 구간과 휴지 구간은 발화 전반에 걸쳐 동일한 길이로 관찰되지 않는다. 발화 시작에서는 짧고 느린 조음 구간과 긴 휴지가, 발화의 끝에서는 길고 빠른 조음 구간과 짧은 휴지가 나타난다. 이러한 시간적 패턴은 자유 독백 발화의 전형적인 구성이라고 이야기할 수 있다.

Butterworth(1975)는 새 담화의 시작 부분에서는 느린 조음 속도가 나타나며, 이 구간을 지나면 유창한 산출이 나타난다고 하였다. Henderson et al.(1966) 또한, 자유 독백 발화에는 망설임 국면(hesitant phase)과 유창함 국면(fluent phase)이 연속되는 사이클이 존재한다고 하면서 망설임 국면에는 긴 휴지가, 유창함 국면에는 긴 휴지가 나타난다고 하였다. 본 연구는 발화 초에서 발화 말에 이르는 조음 구간과 휴지 구간의 연쇄를 종합적으로 살펴봄으로써, 앞선 연구들의 관찰이 실제 데이터에서 관찰되는 사실임을 증명할 수 있었다.

또 음절 길이는 발화 끝으로 갈수록 더 길이가 짧아짐을 확인할 수 있었다. 발화 말은 통사, 의미, 운율적으로 가장 경계가 큰 위치일 것임을 고려하면 장음화의 정도가 줄어드는 것은 특이한 현상이다. 이러한 양상은 한국어 운율 단위에 경계에 위치한 음운의 시간적, 공간적 변이를 살핀 이향원(2021)의 연구에서도 유사하게 확인된 결과였다. 이 연구에서는 억양구와 발화 경계 가운데 장음화 정도가 더 크게 관찰된 위치가 억양구 경계임을 밝혔다. 본 연구에서 조음 구간이 대체로 억양구 경계와 일치한다는 점을 고려하면, 조음 구간 말에서 발화 말보다 더 긴 길이의 경계 음절이 관찰된 것을 유사하게 설명할 수 있다.

이는 발화 중보다 발화 말 위치에서 경계를 표지해 줄 수 있는 다른 단서들이 더 많이 사용될 수 있다는 사실과 관련된다. 발화 말 위치는 대체로 종결 어미가 사용되며 긴 후행 휴지가 관찰된다. 또 담화 의미적으로도 내용이 종결되는 위치이다. 따라서 음절을 충분히 길게 하지 않아도, 발화라는 큰 단위의 종결을 신호할 수 있는 것이다. 이는 음절의 길이보다 휴지가 경계를 신호하는 데에 더 주요한 역할을 한다는 전태희·신지영(2020)과도 맥을 같이 한다. 발화 말에서는 경계 음절의 길이가 짧아도 긴 후행 휴지로 인하여 종결을 표지할 수 있다.

2) 선율적 패턴

이 절에서는 3-2)절에서 살펴본 결과를 바탕으로, 한국어 발화가 어떠한 선율적 구성으로 나타나며 이것이 한국어 발화의 운율적 패턴에 어떠한 기여를 하는지 논의할 것이다.

먼저 조음 구간 내 억양구 형성 빈도에 대하여 논의할 것이다. 한 조음 구간 안에는 평균 1.24개의 억양구 경계가 관찰되었다. 이 결과는 한 조음 구간 안에 대체로 하나의 조음 구간이 실현되는 것이 일반적이며, 2개 이상의 억양구가 관찰되는 경우도 있음을 의미한다. 〈표 4-10〉은 3-2)-(1)-①절에서 살펴본, 조음 구간 내 억양구 개수에 따른 출현 빈도를 0개, 1개, 2개 이상으로 구분하여 제시한 것이다.

〈표 4-10〉 조음 구간 내 억양구 개수에 따른 조음 구간의 출현 빈도

조음 구간 내 억양구 개수	출현 빈도 (%)
억양구 개수 0개	318 (6.1%)
억양구 개수 1개	3,697 (70.5%)
억양구 개수 2개 이상	1,227 (23.4%)
합계	5,242 (100%)

표에서 확인할 수 있듯이, 전체 조음 구간 가운데 70.5%는 조음 구간 내 억양구 개수가 1개로 관찰되었다. 이는 곧 하나의 조음 구간이 하나의 억양구인 것이 일반적임을 의미한다. 한 조음 구간 내 2회 이상의 억양구 경계가 관찰된 것은 22.4%였다.

조음 구간 내 억양구 경계 형성 빈도는 조음 구간의 발화 내 위치에 따라 다른 실현을 보였다. 발화의 시작 위치에서는 억양구 경계가 형성 빈도가 높지 않았으나, 발화의 끝으로 갈수록 그 빈도가 높아졌다. 〈표 4-11〉은 발화 유형에 따른 첫 번째 조음 구간과 마지막 조음 구간의

억양구 경계 형성 빈도를 제시한 것이다.

〈표 4-11〉 발화 유형에 따른 첫 번째 조음 구간과 마지막 조음 구간의 억양구 경계 형성 빈도

(단위: 개)

유형	첫 번째 조음 구간 내 억양구 수	마지막 조음 구간 내 억양구 수
1유형	1.70	
2유형	1.23	1.59
3유형	1.15	1.48
4유형	1.15	1.36
5유형	1.15	1.40
6유형	1.16	1.41
7유형	1.18	1.32
8유형	1.19	1.28

첫 번째 조음 구간에 관찰된 억양구 개수는 대체로 1.2개 전후로 관찰되었다. 조음 구간 내 억양구 개수는 발화의 끝으로 갈수록 점차 많아져서 발화의 가장 마지막 발화에서는 1.3~1.4개 전후의 빈도로 나타났다. 발화 유형에 따라 빈도 값에 다소 차이가 있기는 했지만 발화 말에서 발화 초보다 더 많은 조음 구간 내 억양구 경계가 실현된다는 것은 일관되게 확인할 수 있는 결과였다.

앞서 발화의 끝으로 갈수록 조음 구간의 길이가 길어진다는 사실을 확인하였다. 조음 구간 내 억양구 형성 빈도는 조음 구간의 길이와 정비례 관계를 보여, 조음 구간의 길이가 긴 발화 말에 더 많은 억양구가 나타난 반면, 조음 구간이 짧은 발화 초에는 억양구 개수가 적었다.

화자는 운율을 통하여 연속된 발화를 일정한 정도로 끊고 군집화한다. 휴지 없이 산출된 긴 길이의 조음 구간 안에서도 화자는 여러 개의 정보 단위나 통사적인 경계를 표현해야 하는데, 이때 억양구 경계를 빈번하게 산출함으로써 이를 실현한다. 연속된 발화를 운율적으로 구

분하는 데에 가장 큰 경계를 드러내는 것은 휴지이지만, 휴지가 나타나지 않은 조음 구간 내에서는 억양구 경계 실현을 통하여 말소리를 나누게 된다. 이로 인해 긴 길이의 조음 구간이 관찰된 발화 말에서 더 많은 억양구 경계 형성 빈도가 관찰된다.

다음으로 경계 성조 유형에 따른 실현 양상을 정리할 것이다. 본고의 자료에서 관찰된 경계 성조 유형은 L%, HL%, H%, LHL%, LH%, HLHL%였다. 이 가운데 LH%와 HLHL% 유형은 전체 유형에서 차지하는 비율이 1.2% 미만으로 나타나, 독백 발화에서는 잘 관찰되지 않음을 알 수 있었다. 가장 빈번하게 관찰되는 경계 성조는 L%, HL%, H%였다. 이 세 가지 성조 유형은 전체 경계 성조 유형의 90%에 육박하는 출현 빈도를 보였다. LHL%은 전체 유형의 약 10% 정도로 실현되었다.

경계 음절 길이와 후행 휴지 길이는 대체로 굴곡 성조에서 더 긴 길이로 나타났다. 따라서 조음 구간 말을 표지하는 경계 강도는 굴곡 성조에서 더 컸다고 할 수 있다. 굴곡 성조 안에서는 LH% = LHL% 〉 HL% 순으로 경계 강도가 컸고, 평탄 성조 중에서는 L%가 H%보다 경계 강도가 컸다.

발화에서 빈번하게 출현한 세 가지 경계 성조(L%, HL%, H%) 가운데 발화 경계 위치와 발화 중 위치에서 모두 빈번한 출현을 보이는 경계 성조는 L%와 HL%이었다. H%는 발화 중 위치에서만 빈번하게 사용되었고, 발화 경계에서는 거의 실현되지 않았다.

억양구 경계 성조는 발화의 지속과 중단을 신호하는 데에 아주 중요한 역할을 한다. 발화의 중간에 경계 성조가 실현되었다면 후행하는 내용이 더 있음을 운율적으로 신호해야 할 것이고, 발화의 끝에 경계 성조가 실현되었다면 후행 내용과 현재 발화와는 큰 분리가 있음을 신호해야 한다.

만약 한 유형의 경계 성조가 발화 중과 발화 경계 위치에서 모두 사용되어야 한다면, 기능 차이를 드러내기 위해 실제 음성적 실현에 차이를 두어야만 한다. 본 연구에서는 이러한 차이를 살펴보기 위하여 발화 위치에 따른 경계 음절 길이와 후행 휴지 길이 및 경계 음절의 음높이를 살펴보았다.

본 연구에서 확인한 L% 경계 성조와 HL% 경계 성조의 음성적 실현은 아래 〈표 4-12〉, 〈표 4-13〉과 같다. 〈표 4-12〉는 L%와 HL% 경계 성조의 발화 내 위치에 따른 경계 음절과 후행 휴지의 길이 차이를 보인 것이다.

〈표 4-12〉 L%와 HL%의 위치에 따른 경계 음절 길이와
후행 휴지 길이 및 구말 경계 강도

(단위: ms)

조음 구간 말 경계 성조 유형	위치	경계 음절 길이(A)	후행 휴지의 길이(B)	구말 경계 강도(A+B)
L%	발화 중	337(±132)	520(±325)	857(±358)
	발화 경계	190(±67)	803(±419)	993(±419)
HL%	발화 중	337(±101)	571(±317)	908(±324)
	발화 경계	245(±76)	685(±344)	930(±349)

L%와 HL% 모두 발화 경계 위치보다 발화 중 위치에서 경계 음절의 길이가 짧았다. 그러나 후행 휴지의 길이는 이와는 대조적이었는데, 발화 중 위치보다는 발화 경계에서 더 긴 길이로 나타났다. 그 결과 경계 음절의 길이와 후행 휴지의 길이를 더한 값은 두 유형 모두 발화 경계에서 더 길었다. 따라서 구말 경계 강도는 발화 경계 지점에서 일관되게 컸다고 할 수 있다. 억양구 경계에서 장음화가 나타나고 휴지가 뒤따르는 것은 일반적인 특징이다. 그러나 같은 경계 성조이더라도 발화 중에 나타날 때와 발화 경계에 나타날 때는 음성적인 실현 차이를 보였다.

음높이에 있어서도 발화 중과 발화 경계에 차이가 있었다. 아래 <표 4-13>은 L%와 HL%의 발화 내 위치에 따른 음높이 차이를 정리한 것이다.

<표 4-13> L%와 HL%의 위치에 따른 음높이와 그 차이

성별	조음 구간 말 경계 성조 유형	f0(Hz)		차이(세미톤)
		발화 중	발화 경계	
남	L%	109	99	1.76
	HL%	117	105	1.87
여	L%	195	169	2.45
	HL%	207	194	1.10

위 표에서 알 수 있듯, 남녀 화자 모두 발화 중에 있는 경계 음절을 발화 경계에 있는 음절보다 더 높게 실현했다. 남성은 그 차이가 L%에서는 1.76 세미톤, HL%에서는 1.87 세미톤이었고, 여성은 L%에서 2.46 세미톤, HL%에서 1.10 세미톤 차이를 보였다. 두 성별 모두 반음 이상의 분명한 차이를 둔 것이다.

음높이 최댓값과 최솟값 역시 발화 내 위치에 따라 차이를 보였다. 남녀 모두 발화 경계 위치에 비하여 발화 중에 실현된 H%와 HL%의 최댓값과 최솟값이 높았다. 그 값은 대체로 1 세미톤 이상으로 확인되어 지각적으로 반음 이상의 차이가 남을 알 수 있었다.

HL%과 L% 두 성조 가운데 발화 중과 발화 경계의 음높이 차이가 더 큰 것은 L%였다. L%는 남녀 모두 HL%보다 평균 음높이, 음높이 최댓값, 음높이 최솟값의 발화 내 위치에 따른 차이가 더 컸다. L%는 발화의 종결을 신호하는 가장 대표적인 종결의 경계 성조이다. 따라서 화자는 발화 중에 L%를 실현할 때에, 발화 종결이 아직 아직 이루어지지 않았음을 드러내야 한다. 이를 위하여 발화 중에는 같은 L%라 하더라도 발화 경계보다 훨씬 더 높은 음높이로 경계 음절을 산출한다.

HL% 또한 발화 종결에 빈번하게 사용되는 경계 성조이지만, L%와는 달리 음높이의 상승 지점이 있다는 것이 차이이다. 음높이의 상승은 일반적으로 발화가 지속된다는 것을 의미하기 때문에, 그 자체로 발화의 지속을 의미할 수 있다. 즉, HL%은 발화 중에 사용하여도 발화 종결의 경계 성조로 오인될 여지가 적다. 따라서 HL%은 L%만큼 발화 중과 말의 음높이 차이를 크게 두지 않아도 된다.

H%의 구말 경계 강도는 발화 경계 위치에서 오히려 낮아지는 양상을 보였다. H%는 발화 중에서도 구말 경계 강도가 가장 낮은 성조 유형이었다. 이는 H% 경계 성조가 그 자체로 후행 내용의 지속을 신호하는 성조이기 때문인 것으로 판단된다. 일반적으로 음높이의 상승은 발화의 지속을, 음높이의 하강은 발화가 끝남을 표지한다(Swerts & Geluykens, 1994). H%는 의문문을 제외하고 발화 경계에 사용되는 경우가 거의 없다. 따라서 H% 경계 성조가 사용되었다면 이는 높은 확률로 발화의 미종결 위치임을 의미한다. H% 경계 성조는 보통 정보 탐색을 요구하는 의문문에서 사용되거나, 발화의 지속을 신호하는 것과 관련된다. 독백 발화에서는 청자에게 정보를 요구하는 화행의 발화는 잘 나타나지 않는다. 따라서 H% 경계 성조는 발화 경계에서 잘 관찰되지 않았다.

한국어 독백 발화에는 L%, HL%, H%의 경계 성조 유형이 빈번하게 나타난다. 이 가운데 H%는 대체로 발화 중에 나타나며, 발화의 지속을 신호한다. L%와 HL%는 발화 중과 발화 경계에서 모두 잘 나타날 수 있는데, 발화 중에 나타날 때에는 상대적으로 경계 음절의 길이가 길고 후행 휴지가 상대적으로 짧으며, 음높이가 더 높다. 발화 경계에 위치할 때는 상대적으로 경계 음절의 길이가 짧고 후행 휴지가 길며 음높이가 더 낮다. 같은 경계 성조이더라도 발화 중과 발화 경계에서 음성적으로 다른 실현을 보인다.

같은 경계 성조 유형이 발화 중과 발화 경계에서 음성적으로 차이를 보인다는 사실을 통하여, 발화의 종결 판단 요소가 조금 더 세분화되어야 한다는 것을 알 수 있다. 경계 성조 유형만으로 한국어 발화의 종결을 판단하는 데에는 어려움이 있다. 동일한 유형의 경계 성조가 발화 중과 발화 경계에서 모두 빈번하게 실현될 수 있기 때문이다. 따라서 발화 종결을 판단하는 데에는 경계 성조의 유형뿐 아니라, 해당 유형의 경계 음절의 길이와 후행 휴지의 길이, 그리고 음높이가 한 발화 안에서 어떠한 실현을 보이는지를 함께 고려해야 한다.

음높이는 조음 구간 경계와 발화 경계에 놓일 때, 그렇지 않을 때보다 더 낮게 실현되는 것이 확인되었다. 남녀 화자 모두 전체 음절을 대상으로 한 음높이 평균값보다 조음 구간 경계와 발화 경계에서 음높이가 더 낮게 실현되었다. 또 두 가지 경계 위치 중에서 더 낮은 실현을 보인 것은 발화 경계였다.

조음 구간의 발화 내 위치를 고려하여 살펴본 결과 음높이는 발화의 시작점에서 대체로 높았다가 발화의 끝에서 가장 낮게 실현되었다. 이러한 추이는 남녀 화자 모두에게서 잘 관찰되었다. 〈표 4-14〉는 첫 번째 조음 구간의 음높이 평균값과 마지막 조음 구간의 음높이 평균값을 발화 유형과 성별에 따라 구분하여 제시한 것이다.

〈표 4-14〉 발화 유형에 따른 첫 번째 조음 구간과 마지막 조음 구간의 평균 음높이(Hz)

	남성		여성	
	첫 번째 조음 구간의 평균 f0	마지막 조음 구간의 평균 f0	첫 번째 조음 구간의 평균 f0	마지막 조음 구간의 평균 f0
유형 1	120(±21.3)		208.2(±32.4)	
유형 2	120.9(±21.1)	115.4(±21.8)	216.8(±34.1)	204.8(±33.1)
유형 3	121.3(±22.4)	116(±21.3)	218.2(±34.1)	209.2(±32.3)
유형 4	124.9(±22.4)	113.1(±19.5)	212.9(±35)	207.2(±33.8)

유형 5	123.4(±24.3)	112.3(±19.3)	212.5(±35.4)	206.7(±33.8)
유형 6	122.5(±20.4)	114.1(±21.2)	215.1(±32.6)	208.5(±32.4)
유형 7	123.5(±21.4)	119.6(±20.7)	212.9(±29.5)	205.8(±32.2)
유형 8	121.3(±19.6)	115(±19.5)	219.5(±34.1)	212.6(±30.7)

남성 화자의 경우 대체로 발화 초에는 약 120Hz 이상의 음높이로 시작하여 점차 음높이가 낮아지며, 발화 말은 115Hz 전후로 끝나는 양상을 일관되게 보였다. 여성 화자는 발화 초에 약 215Hz 전후의 음높이로 실현되어, 발화 끝으로 갈수록 음높이가 낮아지다가 발화 말에 이르러서는 205Hz 전후의 음높이로 실현을 보였다.

이를 통하여 높게 실현된 음높이가 발화의 끝으로 갈수록 점차 낮아지는 점진하강의 양상이 발화 전반에 걸쳐 확인되었음을 확인할 수 있었다. 음높이가 다시 상승하는 재설정 구간이 관찰되더라도, 발화의 마지막 조음 구간의 음높이는 거의 예외 없이 가장 낮은 음높이로 실현되었다. 일반적으로 폐에서 산출하는 기류의 양이 많아질수록 음높이는 높게 실현된다. 따라서 대체로 들숨이 선행되는 발화 초 위치에서는 높은 음높이가 실현되는 것이 어색하지 않다. 발화의 끝으로 가면 기류의 양이 적어지므로 낮은 음높이가 실현된다.

또한 본고의 분석 결과, 발화의 끝으로 갈수록 화자의 음높이의 대역이 점차 낮아지는 것을 확인할 수 있었다. 본고는 이를 음높이 범위가 좁아지는 것이 아닌, 음높이의 레지스터가 낮아지는 것으로 설명하는 것이 더 적합하다고 판단하였다. 음높이 범위는 발화 초부터 발화 말까지 큰 차이가 없었으나, 화자가 사용하는 음높이 대역은 점차 낮아지는 현상이 발견되었다. 따라서 평균 음높이 역시 발화 끝으로 갈수록 점차 낮아지는 결과를 보인다.

그런데 본고는 앞선 3-1)-(1)-①절에서 발화 내 휴지 중 절반 가량은 들숨을 동반한 휴지였다는 사실을 확인한 바 있다. 그렇다면 들숨이 나타나는 위치는 기류가 보충되는 위치이므로 후행하는 조음 구간의 음높이가 상승하는 것이 일반적인 결과라고 할 수 있다. 그러나 발화 전반에 걸친 음높이의 점진적인 하강 양상은, 들숨 실현 여부와 무관하게 대체로 모든 유형에서 일관되게 확인되었다. 이는 발화 내 들숨의 실현 여부가 완벽하게 음높이 실현 양상을 예측하는 척도가 될 수 없음을 의미한다.

발화 유형에 따른 들숨 동반 휴지의 평균 출현 빈도와 출현 위치를 정리한 〈표 4-15〉와 〈표 4-16〉을 살펴보면 들숨 구간과 음높이 상승이 큰 관련이 없음을 더 잘 확인할 수 있다. 〈표 4-15〉는 한 발화 안에 들숨 동반 휴지가 몇 회 실현되었는지를 유형별로 보인 것이다.

〈표 4-15〉 들숨 동반 휴지의 발화당 출현 빈도와 들숨 동반 휴지 비율

발화 유형	발화 내 휴지 수	발화 내 들숨 동반 휴지의 출현 빈도	발화당 들숨 동반 휴지 비율(%)
2	1	0.56	56
3	2	1.02	49
4	3	1.53	51
5	4	2.14	54
6	5	2.31	46
7	6	2.84	47
8	7	3.35	48

위 표에서 알 수 있듯이, 한 발화에 실현되는 휴지의 절반 가량은 들숨이 동반된다는 것을 알 수 있다. 만약 들숨의 여부가 음높이에 큰 영향을 준다면 모든 발화는 발화의 시작부터 끝까지 음높이 곡선의 변동이 심하게 나타나야 할 것이다. 하지만 결과는 그렇지 않았다.

발화 내 위치에 따른 들숨 동반 휴지의 빈도를 살펴보면, 들숨 구간

이 음높이 실현에 절대적인 예측 요소가 될 수 없음을 다시 한번 확인할 수 있다. 〈표 4-16〉은 휴지의 발화 내 위치에 따른 들숨 동반 휴지의 출현 빈도를 유형별로 제시한 것이다.

〈표 4-16〉 휴지 위치의 발화 내 위치에 따른 들숨 동반 휴지의 출현 빈도

	휴지 구간						
	1	2	3	4	5	6	7
유형 3	83	60					
유형 4	54	50	58				
유형 5	55	55	57	56			
유형 6	43	41	44	36	42		
유형 7	42	30	39	32	33	34	
유형 8	24	21	21	23	31	20	21

위 표에서 확인할 수 있듯이, 들숨 동반 휴지는 특정한 위치에서 빈번하게 실현되기보다는, 발화 전반에 걸쳐 유사한 분포로 나타남을 알 수 있다. 큰 차이는 아니지만, 대체로 첫 번째 휴지 위치에서 들숨 동반 휴지의 출현 빈도가 가장 높았다. 이는 첫 번째 조음 구간이 끝나고 두 번째 휴지 구간 이전에 나타나는 휴지이다. 들숨 동반 휴지가 첫 번째 조음 구간과 두 번째 조음 구간 사이에 빈번하게 관찰되었다면, 이것은 두 번째 조음 구간의 높은 음높이라는 결과로 이어져야 할 것이다. 하지만 대부분의 경우, 두 번째 조음 구간의 평균 음높이는 첫 번째 조음 구간의 평균 음높이보다 낮았거나 큰 차이를 보이지 않았다.

음높이 재설정이 관찰되었던 유형 7과 유형 8의 경우를 살펴보면, 들숨 동반 휴지와 음높이 상승의 상관관계를 확인할 수 있다. 유형 7에서 음높이 재설정이 관찰된 지점은 두 번째 조음 구간이었으며, 이는 남성 화자에게서만 확인되었다. 만약 들숨 여부와 음높이 재설정이 관련이 있다면, 두 번째 조음 구간에 선행하는 첫 번째 휴지 구간에서

더 많은 들숨 동반 휴지가 관찰되어야 한다. 남성의 유형 7 발화에서 관찰되는 들숨 동반 휴지의 빈도는 아래 〈표 4-17〉과 같다.

〈표 4-17〉 남성의 유형 7 발화의 휴지 위치에 따른 들숨 동반 휴지의 출현 빈도

	휴지 구간					
	1	2	3	4	5	6
유형 7	19	7	20	17	13	18

〈표 4-17〉에서 확인할 수 있듯, 첫 번째 휴지 구간에서 들숨 동반 휴지가 상대적으로 많이 출현한 것을 알 수 있다. 그러나 이 위치가 다른 위치보다 유의미하게 높은 빈도로 실현되었다고 보기는 어려웠다. 오히려 세 번째 휴지에서 들숨 동반 휴지가 더 많이 출현하였으며, 네 번째, 여섯 번째 휴지 구간에서도 들숨이 많이 관찰되었다.

유형 8에서 음높이 재설정이 관찰된 지점은 여섯 번째 조음 구간이었으며, 이는 여성 화자에게서만 확인되었다. 여기서도 역시 들숨 여부와 음높이 재설정이 관련이 있다면, 여섯 번째 조음 구간에 선행하는 다섯 번째 휴지 구간에서 더 많은 들숨 동반 휴지가 관찰되어야 한다. 여성의 유형 8 발화에서 관찰되는 들숨 동반 휴지의 빈도는 아래 〈표 4-18〉과 같다.

〈표 4-18〉 여성의 유형 8 발화의 휴지 위치에 따른 들숨 동반 휴지의 출현 빈도

	휴지 구간						
	1	2	3	4	5	6	7
유형 8	11	8	11	11	10	9	8

확인 결과, 특정 위치에 특별히 많은 빈도의 들숨 휴지가 관찰되었다고 보기에는 어려움이 있었다. 〈표 4-18〉의 다섯 번째 휴지 구간에서 들숨이 실현된 빈도는 총 10회였는데, 이는 다른 곳에 비하여 유의미하게 높은 빈도라고 하기 어려웠다. 오히려 발화 전반에 걸쳐 동일한

정도의 빈도로 들숨이 출현하는 것을 알 수 있었다. 이러한 결과는 들숨이 나타난다고 하여 반드시 재설정이 나타나지 않으며, 재설정이 관찰된다고 반드시 들숨이 선행하지 않을 수 있다는 사실을 보여준다.

발화 안에서 들숨의 실현 여부와 음높이 실현 양상이 큰 영향을 주고받지 못한다면, 화자는 들숨 동반 여부와 무관하게 발화 내에서 일관된 음높이 패턴을 보인다고 말할 수 있을 것이다. 들숨이 없더라도 큰 단위의 경계가 나타나면 화자는 이후 조음 구간을 높은 음높이로 실현하며, 경계가 크지 않다면 들숨이 선행하더라도 후행 조음 구간을 높은 음높이로 실현하지 않는다. 이는 들숨보다도 단위의 경계 정도가 음높이의 높낮이를 변화시키는 더 중요한 요소라는 것을 의미한다.

전통적으로 음높이나 음높이 범위는 정보 구조나 담화 구조와 밀접한 연관이 있는 것으로 알려져 있다. 일반적으로 새로운 화제[4](new topic)로 시작하는 구는 높은 음높이 범위를 보이고 긴 휴지 길이를 보이며, 더 좁은 음높이 범위와 긴 후행 휴지, 빠른 발화 속도는 화제의 종결(topic-final phrase)로 특징지어진다(Hirschberg, 2004) Lin & Fon(2011)에서도, 음높이 재설정이 일어나면 청자는 그것을 언어적 경계로 인식하며, 더 큰 음높이 재설정은 더 큰 담화 경계로 인식한다고 하였다.

발화는 화자의 발화 의지를 운율적으로 담아 전달하는 구어의 최상위 운율 구조이다. 발화의 경계는 다른 경계보다 더 큰 경계를 드러내므로, 발화 초와 발화 말의 음높이 차이는 다른 위치보다 더 크게 나타

---

4) Hirschberg(2004)에서 말하는 '새로운 화제(new topic)'란, 맥락상 화제가 전환되는 위치라고 이해할 수 있다. 화제(topic)는 화·청자가 이미 아는 정보를 의미하며, 이는 구정보에 가깝다. 따라서 '새롭다'는 표현과 함께 쓰이기 어색하다. 그러나 여러 가지 화제가 담화에서 등장하면, 화제들이 전환되는 위치가 관찰될 수 있다. 이렇게 화제가 전환되어, 이전 발화와 다른 화제가 시작된 것을 새로운 화제(new topic)가 시작되는 위치라고 본 듯하다.

날 것이다. [높은 음높이]--[낮은 음높이]-##-[높은 음높이]--[낮은 음높이]의 연쇄가 나타난다면, 낮은 음높이와 높은 음높이 사이에 발화 경계가 실현되었을 가능성이 크다. 음높이 변이를 통하여 화자는 발화 단위의 경계를 표지하고 청자는 이를 통하여 발화 경계를 지각한다. 만약 한 발화 안에 재설정이 나타나더라도 이는 발화 초만큼 높아지기 어려울 것이며, 발화 안에서 음높이가 현저히 낮아지는 구간이 나타나더라도 이는 발화 말만큼 낮아지기 어렵다. 따라서 만약 연속적인 발화에서, 아주 낮은 음높이 구간 이후에 아주 높은 음높이 구간이 나타난다면 이는 화·청자 모두에게 발화 경계를 신호하는 운율적 단서로 기능할 것이다.

이상의 내용을 도식화하면 아래 〈표 4-19〉와 같다.

〈표 4-19〉 한국어 발화의 선율적 구성

발화						
조음	휴지	조음	휴지	…	휴지	조음
발화 초 적은 억양구 개수 높은 음높이 긴 경계 음절 L%, HL%, H% 실현				⇒		발화 말 많은 억양구 개수 낮은 음높이 짧은 경계 음절 L%, HL% 실현

발화 초에서 발화 말로 갈수록 조음 구간 내 억양구 개수는 많아지고, 음높이는 낮아진다. 또 억양구 경계 음절은 짧아지고, 억양구에 후행하는 휴지는 발화 말에서 가장 길게 실현된다. 경계 성조는 L%와 HL%가 발화 중, 발화 말 위치 모두에서 빈번하게 사용되며 H%는 발화 중간에 더 많은 실현을 보인다. 만약 같은 경계 성조임에도 음높이가 더 높고 경계 음절 길이가 더 길고 후행 휴지 길이가 더 짧다면 이는 발화의 중간 위치에서 실현된 것이다. 반면 음높이가 더 낮고 경계 음절 길이가

짧고 후행하는 휴지가 길면 발화 말 경계 성조로 실현된 것이다.

지금까지 살펴본 한국어 발화의 시간 실현과 선율 실현을 종합하여 한국어 발화의 시간 구조와 운율 실현의 특징을 정리하면 다음 〈표 4-20〉과 같다.

〈표 4-20〉 한국어 발화의 시간 구조와 운율 실현(최종)

	발화(11s)							
시간 구조	조음	휴지	조음	휴지	…	휴지	조음	휴지
	발화 초						발화 말	발화 종결
시간적 실현	짧은 조음 구간 긴 휴지 느린 속도 긴 음절 길이				⇒		긴 조음 구간 짧은 휴지 빠른 속도 짧은 음절 길이	긴 휴지
선율적 실현	적은 억양구 개수 높은 음높이 긴 경계 음절 L%, HL%, H% 실현				⇒		많은 억양구 개수 낮은 음높이 짧은 경계 음절 L%, HL% 실현	

1. 한 발화는 약 11~12초 정도로 나타난다.
2. 발화 내 휴지는 평균 4~5회 나타나며, 조음 구간은 5~6개로 구분된다.
3. 발화의 시작에서는 짧은 조음 구간과 긴 휴지가 관찰되며 발화의 끝으로 갈수록 긴 조음 구간과 짧은 휴지가 나타난다.
4. 발화의 종결 위치에서는 다시 긴 휴지가 관찰된다.
5. 발화의 시작에는 느린 조음 속도와 긴 음절 길이가 관찰되며 발화의 끝으로 갈수록 빠른 속도, 짧은 음절 길이가 관찰된다.
6. 발화의 시작에는 억양구 개수가 적으나, 발화의 끝으로 갈수록 개수가 증가한다.
7. 음높이는 발화 초에서 길게 시작하여 발화 끝에서 낮아진다.
8. 억양구 경계 음절은 발화 초에서 길고 발화 끝으로 갈수록 짧아진다.

9. 독백 발화 전반에 잘 관찰되는 경계 성조는 L%, HL%이다. H%는 주로 발화 중 위치에서만 잘 관찰된다.

3) 발화 운율의 성별 차이

(1) 조음·휴지 길이의 성별 차이와 성별 색인 기능

이 장에서는 지금까지 관찰한 발화의 운율 패턴이 성별에 따라 차이를 보이는지 확인하고, 성별에 따른 실현이 화자의 성별을 예측하는 지표가 될 수 있는지 논의할 것이다. 만약 어떠한 실현이 성별에 따라 일관된 차이를 보인다면, 해당 양상은 성별을 표지해주는 기능을 수행할 수 있다고 해석할 수 있을 것이다. 여기서는 성별에 따른 차이를 보이는 결과들을 중심으로, 이러한 결과가 나타난 이유에 대하여 설명하고 안정적으로 성별 차이를 보이는 변수들의 성별 색인 기능에 대하여 논의하겠다.

한국어 발화는 약 11.6초로 구성되고, 한 발화 안에는 4~5개의 휴지가 나타나 5~6개의 조음 구간으로 분리된다. 조음 구간은 약 1.6초로 나타나고 발화 내 휴지는 0.5초 실현된다. 발화 초에는 짧은 조음 구간과 긴 휴지가 나타나고 느린 조음 속도가 실현되는 반면 발화 말에는 긴 조음 구간과 짧은 휴지, 빠른 조음 속도가 관찰된다.

이러한 발화의 시간적 실현이 성별 차이를 보이는 지점이 있었는데 바로 조음 구간과 휴지 구간의 길이와 조음 속도였다. 본고의 분석 결과 조음 구간의 길이는 여성이 남성보다 유의미하게 길었고, 휴지 길이는 여성이 유의미하게 짧았다. 조음 속도 가운데 휴지를 포함한 속도인 말 속도는 남녀 차이가 관찰되지 않았으나. 휴지를 제외한 속도인 조음 속도는 남성이 유의미하게 빠른 것으로 확인되었다. 아래 〈표 4-21〉~〈표 4-24〉는 3-1)절에서 제시하였던 조음 구간, 휴지 구간, 발화 속도에 대한 선형 혼합 모델 분석 결과를 보인 것이다.

〈표 4-21〉 성별에 따른 조음 구간의 길이에 대한 LMM 분석 결과
(p값은 유의미한 경우에만 *로 표시함: * p<.05, ** p<.01, *** p<.001)

종속 변수	고정 효과	Estimate	S.E	t	p value
조음 구간의 길이(ms)	(Intercept)	1537.80	77.88	19.75	***
	성별(여)	371.62	110.42	3.37	**

〈표 4-22〉 성별과 휴지 위치에 따른 휴지 구간의 길이에 대한 LMM 분석 결과
(p값은 유의미한 경우에만 *로 표시함: * p<.05, ** p<.01, *** p<.001)

종속 변수	고정 효과	Estimate	S.E	t	p value
휴지 길이 (ms)	(Intercept)	560.33	21.86	25.63	***
	성별(여)	−84.21	31.08	−2.71	**
	위치(발화 말)	290.07	19.70	14.72	***
	성별(여):위치(발화 말)	−103.95	27.39	−3.80	***

〈표 4-23〉 성별과 들숨 여부에 따른 휴지 구간의 길이에 대한 LMM 분석 결과
(p값은 유의미한 경우에만 *로 표시함: * p<.05, ** p<.01, *** p<.001)

종속 변수	고정 효과	Estimate	S.E	t	p value
휴지 길이 (ms)	(Intercept)	429.57	27.26	15.76	***
	성별(여)	−53.25	38.85	−1.37	
	들숨(동반)	330.43	13.19	25.04	***
	성별(여):들숨(동반)	−106.02	18.94	−5.60	***

〈표 4-24〉 성별에 따른 말 속도, 조음 속도의 LMM 분석 결과
(p값은 유의미한 경우에만 *로 표시함: * p<.05, ** p<.01, *** p<.001)

종속 변수	고정 효과	Estimate	S.E	t	p value
말 속도(sps)	(Intercept)	5.16	0.10	51.25	***
	성별(여)	−0.28	0.14	−1.96	

조음 속도(sps)	(Intercept)	6.56	0.10	66.98	***
	성별(여)	−0.80	0.14	−5.77	***

위 표에서 Intercept는 모두 남성의 결과를 의미한다. 여성은 남성에 비해 조음 구간의 길이가 약 372ms 더 길게 실현된다. 휴지 구간의 길이는 성별과 휴지의 발화 내 위치, 들숨 동반 여부에 따라서 모두 다르게 나타났는데, 전반적으로는 여성이 남성에 비하여 약 84ms 더 짧은 휴지를 산출하는 것이 확인되었다. 또 발화 내 휴지보다 발화 말 휴지가 더 길게 실현이 되었고, 이는 성별과 상호작용을 보이는 것으로 나타났다. 남성과 여성 화자의 휴지 길이는 들숨 비동반 휴지에서는 차이가 없었고, 들숨 동반 휴지에서만 차이를 보였다. 또, 발화 속도의 경우 휴지를 제외한 속도인 조음 속도에서만 성별 차이가 관찰되었다. 남성은 여성에 비하여 조음 속도가 더 빨랐다.

이러한 성별에 따른 시간적 실현의 차이는 다른 데이터를 분석한 선행 연구에서도 동일하게 관찰되는 현상이었다. 과제에 따른 휴지 단위와 호흡 단위의 실현 양상을 살핀 유도영·신지영(2020)에서는, 발화 과제와 무관하게 모든 자료에서 여성이 남성보다 더 긴 길이의 조음 구간을 산출한다는 사실을 발견하였다. 그러면서 이는 남성이 여성보다 더 빈번하고 긴 휴지를 산출한다는 사실에서 비롯한 결과라고 해석하였다. 남성이 한 발화 안에 더 길고 많은 휴지를 산출하기 때문에 발화는 더 짧은 조음 구간들로 나뉘게 된다. 따라서 남성의 조음 구간 길이는 여성보다 일반적으로 짧다.

실제로 과제, 성별, 세대에 따른 휴지 실현을 살핀 유도영·신지영(2019)에서는 남성의 휴지 길이가 여성보다 유의미하게 짧았으며, 휴지 빈도는 남성이 더 많았음을 보고하였고, 이나라 외(2017)에서도 남성의 휴지부 비율이 여성의 휴지부 비율보다 더 높았다는 사실을 밝혔다.

이는 본고의 연구 결과와도 일치하는 대목이다. 영어 모국어 화자의 데이터를 분석한 Kowal & O'Connel(1980), Kendall(2013)에서도 남성 화자의 휴지 길이가 여성 화자의 휴지 길이보다 일관되게 길고 빈번하게 실현됨을 보고하였다. 이는 휴지 길이의 차이가 언어에 따른 차이라기보다는 성별에 따른 차이를 표지하는 변수임을 의미한다.

남성은 여성보다 대체로 휴지 길이가 길며 이는 발화 말 위치에서 더 큰 차이를 보인다. 본고에서 통계 모델이 예측한 발화 말 휴지의 성별 차이는 약 188ms이었다. 평균적으로 한 음절이 165ms로 실현되었다는 사실을 고려해 보면 발화 말 위치에서는 한 음절 정도의 휴지 길이 차이가 나타난다고 할 수 있다. 유도영·신지영(2019)은 이러한 차이가 남성과 여성 화자에게 서로 다른 발화 인상을 갖게 한다고 설명하였다. 한 음절 정도의 휴지 길이 차이로 인해, 남성은 여성의 발화가 늘 한 템포 빨리 이어진다는 인상을, 여성은 남성의 발화가 늘 한 템포 늦게 이어진다는 인상을 받게 된다는 것이다. 본고의 결과도 이러한 해석을 뒷받침해줄 수 있는 결과이다.

또 본고는 발화 내 위치와 들숨 여부에 따른 휴지 길이의 성별 차이를 발견하였다. 발화 내 위치보다 발화 말 위치에서 휴지 길이의 차이가 더 큰 것, 그리고 들숨 비동반 휴지에서는 성별 차이가 없으나 들숨 동반 휴지에서는 성별에 따른 길이 차이가 나타나는 것이 그 결과였다. 이 역시 선행 연구와 동일한 결과였다. 유도영·신지영(2019)에서도 발화 내 위치와 들숨 동반 여부에 따른 휴지의 성별 차이를 관찰하였는데, 분석 결과는 본 연구의 결과와 정확히 일치했다.

들숨 동반 휴지에서만 성별 차이를 보이는 이유는, 들숨 동반 휴지가 들숨이 없는 휴지보다 신체적인 특성과 더 유관한 변수이기 때문이다(유도영·신지영, 2019). 일반적으로 폐 용량이 더 큰 남성은 일회 호흡량이 더 크다. 한 번에 더 많은 양의 숨을 들이쉬는 남성은 더 적은 양의 숨을 들이쉬는 여성보다 들숨을 위한 시간이 더 많이 필요하다. 이것이 들숨 동반 휴지의 길이 차이로 이어진 것이다.

휴지 길이뿐 아니라 빈도 역시 성별에 따른 차이가 일관되었다. 유도영·신지영(2019)에서는 남성의 휴지 빈도가 여성의 휴지 빈도보다 더 높다는 사실을 언급하였다. 본 연구에서는 발화 내 휴지 빈도를 따로 제시하지는 않았지만, 제시된 결과를 통하여 휴지 빈도를 예측해볼 수 있다. 아래 〈표 4-25〉는 3-1)-(1)절에서 제시된 성별에 따른 발화 유형별 출현 빈도와 누적 빈도이다.

〈표 4-25〉 성별에 따른 발화 유형별 출현 빈도 및 누적 빈도(%)

유형(발화 내 조음 구간의 수)	남		여	
	출현 빈도(회)	누적 빈도(%)	출현 빈도(회)	누적 빈도(%)
1	28	6.3%	49	10.6%
2	47	16.9%	69	25.5%
3	67	31.9%	73	41.3%
4	52	43.6%	54	52.9%
5	50	54.8%	54	64.6%
6	47	65.4%	42	73.7%
7	36	73.5%	38	81.9%
8	29	80.0%	19	86.0%
9	17	83.8%	8	87.7%
10	23	89.0%	10	89.8%
11	15	92.4%	10	92.0%
12	9	94.4%	7	93.5%
13	7	96.0%	10	95.7%
14	3	96.0%	5	96.8%
15	1	96.9%	1	97.0%
16	3	97.5%	3	97.6%
17	1	97.8%	2	98.1%

18	4	98.7%	1	98.3%
19	1	98.9%	4	99.1%
20	1	99.1%		
22	2	99.6%		
25	1	99.8%		
26	1	100%	1	99.4%
27			1	99.6%
30			2	100%
합계	445	100%	463	100%

위 표에서 알 수 있듯이, 여성은 유형 1~8까지의 발화가 전체 발화의 86%를 차지하는 반면, 남성은 유형 1~8까지의 발화가 전체 빈도의 80%로 나타나 여성보다 더 낮았다. 반면 높은 유형의 발화는 남성 쪽에서 상대적으로 더 빈번한 출현 빈도를 보이는 것으로 확인되었다. 남성은 여성보다 발화 내에 더 빈번하게 휴지를 두기 때문에, 조음 구간이 더 여러 개로 나뉘게 된다. 따라서 조음 구간의 길이는 짧아지고, 발화 유형은 높아지는 것이다.

발화 속도의 경우에도, 한국어 9개 지역 화자의 발화를 분석하여 지역, 성별, 세대에 따른 발화 속도를 연구한 이나라 외(2017)의 연구와 동일한 결과를 보였다. 이 연구는 낭독 발화 자료를 분석한 것인데, 말 속도는 성별에 따른 차이가 없었으나 조음 속도는 남성이 여성보다 유의미하게 빨랐음을 보고하였다. 영어를 대상으로 한 연구에서도 남성의 발화 속도가 여성의 발화 속도보다 빠르다는 사실이 보고된 바 있다(Byrd, 1994; Jacewicz et al., 2009; 2010, Quené 2008 등).

다른 데이터, 다른 언어를 대상으로 한 연구에서도 성별에 따른 차이가 대체로 일관되게 관찰된다는 사실은 흥미롭다. 조음 속도, 휴지 길이, 조음 구간의 길이의 성별 차이는 데이터의 차이나 화자 개별의 차이, 혹은 언어에 따른 차이를 상쇄시켜줄 만큼 확실한 변인인 것으로 보인다. 여성은 남성보다 휴지와 휴지 사이에 더 긴 길이의 말소리를 산출하고 (즉 조음 구간의 길이가 길고), 더 천천히 말한다. 남성은 여성보다 더 빠르게 말하고, 더 빈번하고 긴 휴지를 실현하며, 휴지와 휴지 사이에 더 짧은 길이의 말소리를 산출한다.

본고에서는 발화의 시간적 구성이 일정한 패턴으로 실현된다는 사실을 밝혔는데, 이러한 일관된 사이클은 두 성별 모두에서 동일하게 확인할 수 있는 결과였다. 다시 말해, 발화 초에서 짧은 조음 구간, 느린 조음 속도, 긴 휴지가 관찰되며 발화의 끝으로 갈수록 긴 조음 구간, 빠른 조음 속도, 짧은 휴지가 관찰되는 이러한 사이클 자체에는 성별 차이가 없었다. 그러나 각 조음 구간과 휴지 구간 각각의 길이는 위에서 언급한 대로의 일관된 성별 차이를 보인다. 모든 화자에게서 발화의 시작에서 짧은 조음 구간이, 발화의 끝에서 긴 조음 구간이 관찰된다고 하더라도, 각각의 조음 구간 길이는 남성이 여성보다 더 짧을 것이다. 반대로 발화의 시작에서 긴 휴지 길이, 발화의 끝에서 짧은 휴지가 관찰되는 양상이 모든 화자에게서 일반적으로 나타난다고 하더라도, 남성의 휴지는 여성의 휴지보다 짧을 것이다.

(2) 억양구 경계 성조의 성별 차이와 성별 색인 기능

이 절에서는 억양구 경계 성조의 성별 색인 기능에 대하여 논의할 것이다. 우리는 앞선 3-2)-(1)절에서, 여성이 남성에 비하여 더 다양한 억양구 경계 성조를 사용한다는 사실을 확인하였다. 3-2)-(1)-②절에서 봤던 성별에 따른 억양구 경계 성조의 유형별 출현 빈도를 다시 제시한 것이 아래 〈표 4-26〉과 같다.

<표 4-26> 성별에 따른 억양구 경계 성조의 유형별 출현 빈도

성별	억양구 경계 성조	출현 빈도
남성	L%	1,673 (52.9%)
	HL%	668 (21.1%)
	H%	658 (20.8%)
	LHL%	135 (4.3%)
	LH%	31 (1%)
	합계	3,165 (100%)
여성	L%	1,216 (38.9%)
	HL%	701 (22.4%)
	H%	673 (21.5%)
	LHL%	495 (15.8%)
	LH%	42 (1.3%)
	HLHL%	1 (0%)
	합계	3,128 (100%)

남녀 모두 L%, HL%, H%를 빈번하게 사용하는 양상을 보였으나, 남성은 특히나 L%에 더 많은 빈도가 편중되어 있었으며, 여성은 분포가 더 고르게 나타났다.또, LHL% 경계 성조는 여성 화자의 발화에서는 495회 출현하여, 여성 화자의 전체 토큰 가운데 15.8%를 차지했지만, 남성은 LHL% 경계 성조의 출현 빈도가 135회에 그쳤고 전체 토큰에서 차지하는 비율도 4.3%에 불과했다. 이는 여성이 더 다양한 경계 성조를 고르게 사용하며, 남성은 대체로 평탄조인 L% 경계 성조를 주로 사용한다는 것을 보여주는 결과이다.

이러한 성별에 따른 경계 성조 차이는 한선희·오미라(1999)와는 다소 차이를 보인다. <그림 4-2>는 한선희·오미라(1999)의 연구 결과이다. 라디오에서 관찰되는 남녀 각 1인의 자유 발화를 분석한 해당 연구에서는, 남성 화자의 L% 편중 현상이 관찰되지 않았으며, LHL% 경계 성조도 남성 화자에게서 더 빈번하게 관찰되었음을 언급하였다.

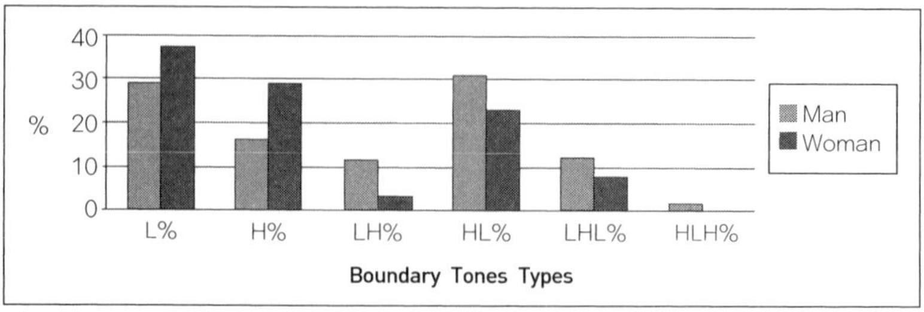

억양구 경계톤의 남녀별 유형 종합

〈그림 4-2〉 한선희·오미라(1999)의 결과

그러나 위 연구는 남녀 화자 각 1명만을 분석한 결과이기 때문에 이러한 양상이 성별에 따른 차이를 반영하는 것이라고 단언하기 어렵다. 또 라디오 발화는 독백 환경보다 더 상황 맥락에 많은 영향을 받으며, 따라서 더 다양한 변수들을 고려해야 한다. 가령, 어떤 화자가 의문문을 더 많이 사용하는 상황이었다면, 이는 해당 화자의 성별에 무관하게 H%의 사용 빈도가 더 높아지는 결과를 야기할 것이다.

본고는 독백 발화라는 상대적으로 한정된 환경에서 더 많은 피험자를 분석한 결과를 보이고 있다. 그 결과 남성이 여성보다 더 평탄 성조를 많이 사용하며, 여성은 더 다양한 경계 성조를 사용한다는 사실이 확인되었다. 이러한 실현 양상은 여성이 남성보다 더 다양하고 동적인 억양을 사용한다(Berryman-Fink & Wilcox, 1983; Haan & Heuven, 1999)는 오랜 관찰과도 일치하는 현상이다.

일반적인 통념상 여성은 남성보다 더 다채로운 억양을 사용하는 것으로 여겨진다. Schmid & Bradly(2019)의 영어 연구에 따르면, 여성 화자의 경우 전 발화에 걸쳐 상승-하강의 양상이 더 다양하게 관찰되었으며, 남성 화자는 이러한 현상이 덜 확인되었고 발화의 끝에서 음높이 곡선이 급하게 하강하는 양상을 보인다고 하였다. 또 Clopper &

Smiljanic(2011)에서도 일부 굴곡 성조들이 여성에게서 더 빈번하게 관찰됨을 보고한 바 있다. 본고의 결과 역시 이러한 결과와 맥을 같이한다. 여성은 발화에서 더 다양한 한 경계 성조 유형과 더 빈번한 굴곡 성조를 사용한다. 이러한 실현으로 인하여 여성의 발화가 더 다채로운 억양을 사용하는 것으로 인식되는 것이다.

본고는 앞서 같은 경계 성조이더라도, 발화 중과 발화 경계를 구분하여 살펴야 할 필요성에 대하여 언급하였다. 같은 경계 성조라도 발화 중에서 더 음높이가 높고 더 긴 경계 음절이 관찰되며, 발화 경계에서는 더 낮은 음높이와 더 짧은 경계 음절이 관찰된다. 그런데 이에 반하는 경계 성조가 관찰된 경우가 있었는데, 바로 여성의 H% 경계 성조였다. H% 경계 성조의 실현 위치에 따른 음높이 평균, 최댓값, 최솟값과 그 차이를 성별에 따라 제시하면 아래 〈표 4-27〉과 같다.

〈표 4-27〉 H% 경계 성조의 실현 위치에 따른 성별 평균 음높이, 음높이 최댓값, 음높이 최솟값(Hz)과 그 차이(세미톤)

성별	경계 성조	음높이	위치		차이(세미톤)
			발화 중	발화 경계	
남	H%	평균	132	121	1.48
		최대	139	127	1.55
		최소	121	114	1.15
여	H%	평균	225	225	0
		최대	260	242	1.28
		최소	191	209	-1.59

여성 화자의 발화 중 H%의 음높이는 발화 경계 H%의 음높이와 차이를 보이지 않는다. 반면 남성의 경우 발화 중과 발화 경계 위치의 H% 음높이 차이가 1.48 세미톤으로 확인되었다. 음높이 최댓값은 여성 또한 발화 중에서 더 높았으나 그 차이는 남성보다는 작았다. 여성의 음

높이 최솟값은 심지어 발화 중에서 더 낮게 실현되었다.

이러한 차이가 나타나는 이유는 두 가지 중에 하나이다. 첫째, 여성이 발화 경계 H%의 음높이를 매우 높게 실현한다. 둘째 여성이 발화 중 H%의 음높이를 매우 낮게 실현한다. 발화 중과 발화 경계 위치 가운데 어떤 위치가 성별 차이를 야기하는 데 더 영향을 주었는지 확인하기 위하여, 동일한 평탄조이며 H%와 대비되는 L%와의 음높이 차이를 관찰하였다. 아래 〈표 4-28〉은 H%와 L%의 발화 내 위치에 따른 음높이 차이를 제시한 것이다.

〈표 4-28〉 H%와 L%의 평균 성별 음높이(Hz)와 음높이 차이(세미톤) 및 두 성별 간 세미톤 차이

<table>
<tr><th>위치</th><th>성별</th><th>L%</th><th>H%</th><th>차이(세미톤)</th><th>두 성별 간 세미톤 차이</th></tr>
<tr><td rowspan="2">발화 중</td><td>남</td><td>109</td><td>132</td><td>3.31</td><td rowspan="2">0.83</td></tr>
<tr><td>여</td><td>195</td><td>225</td><td>2.48</td></tr>
<tr><td rowspan="2">발화 경계</td><td>남</td><td>99</td><td>121</td><td>3.47</td><td rowspan="2">-1.49</td></tr>
<tr><td>여</td><td>169</td><td>225</td><td>4.96</td></tr>
</table>

L%와 H%의 차이는 발화 중에는 남성이 더 컸고, 발화 경계에서는 여성이 더 컸다. 다시 말해 남성은 발화 중에서, H%를 L%에 비하여 충분히 높은 음높이로 실현했으나, 여성은 남성만큼 높은 음높이로 실현하진 않았다. 발화 경계에서는 여성이 H%를 L%에 비하여 충분히 높게 실현했으나, 남성은 여성만큼 높은 음높이로 실현하지 않았다. 그런데 두 위치 가운데 성별 차이가 더 크게 나타나는 쪽은 발화 경계 위치였다. 발화 말 위치에서 남성은 L%에 비해 3.47 세미톤 더 높은 음높이로 H%를 실현했으나, 여성은 4.96 세미톤 더 높은 음높이로 H%를 실현했다. 이는 여성이 발화 경계 위치의 H%를 매우 높은 음높이로 실현했다는 뜻이다.

여성의 발화 경계 H%가 높은 음높이로 실현되는 이유가 무엇인지 관찰하기 위하여, H%로 종결된 각 발화 토큰을 살펴보았다. 남성의 발화 경계 H%는 총 32회 실현됐는데, 그 가운데 연결 어미에 경계 성조가 얹힌 것이 17회, 종결 어미에 얹힌 것이 10회, 기타 성분에 얹힌 것이 5회였다. 여성은 28회의 발화 경계 H% 가운데, 연결 어미가 실현된 것이 8회, 종결 어미가 실현된 것이 19회, 명사에 실현된 것이 1회였다. 이를 정리하여 제시한 것이 〈표 4-29〉와 〈표 4-30〉이다.

〈표 4-29〉 남성 화자의 발화 경계 H% 실현

성별	분류		출현 빈도
남성	연결 어미 (17회, 120Hz)	-는데(116Hz)	12
		-고	5
	종결 어미 (10회, 129Hz)	-거든(119Hz)	5
		지/죠	3
		잖아요	1
		의문형 어미	1
	기타 (5회)	부사	4
		명사	1
합계			32

〈표 4-30〉 여성 화자의 발화 경계 H% 실현

성별	분류		출현 빈도
여성	연결 어미 (8회, 208Hz)	-는데(207Hz)	3
		-고	4
		-어서	1
	종결 어미 (19회, 239Hz)	-거든(251Hz)	10
		지/죠	3
		ㅂ니다	3
		의문형 어미	3
	기타 (1회)	명사	1
합계			28

주목해야할 것은, 남성은 연결 어미 '-ㄴ데'를 가장 많이 사용했다는 것이고, 여성은 종결 어미 '-거든(요)'를 가장 많이 사용했다는 것이다. 국립국어원 표준국어대사전에 따르면 종결 어미로 사용되는 '-거든'은 ① 해할 자리에 쓰여, 청자가 모르고 있을 내용을 가르쳐 줌을 나타내는 종결 어미. 자랑이나 감탄의 느낌을 띨 때가 있다. ② 해할 자리에 쓰여, 앞으로 할 어떤 이야기의 전제로 베풀어 놓음을 나타내는 종결 어미라는 두 가지 뜻을 가진다. 이 중에서 구어 발화에 빈번하게 관찰되는 것은 ②의 의미이다. '-거든'은 종결 어미지만, 의미상으로는 후행 발화를 이어가고자 하는 화자의 의도를 나타내는 어미라고 할 수 있다.

한편 '-는데'는 후행 내용과 상관되는 상황을 말할 때 사용되는 종결 어미이지만, 실제 구어에서는 후행 절과 의미적 긴밀성 없이 나타나는 경우가 있다. 이 경우 이 연구에서는 발화 경계를 부여하였다. 따라서 종결 위치에 사용된 '-는데'는 연결 어미임에도 후행 발화의 지속을 신호하는 기능을 수행하지 않는다. 따라서 두 개의 어미 가운데 발화가 지속됨을 더 적극적으로 신호하는 형태는 종결 어미인 '-거든'이라고 할 수 있다. 이러한 담화상의 기능 차이로 인하여 '-거든'을 더 많이 사용한 여성의 발화 경계 H%가 남성의 발화 경계 H%보다 더 높은 음높이로 실현되었을 수 있다.

어미 '-거든(요)'의 경계 음절 음높이만 비교해 보더라도 성별 차이는 뚜렷했다. 여성은 종결 어미 부류의 경계 음절을 평균 239Hz로 실현한 데 반해, '-거든(요)'의 경계 음절은 251Hz로 실현하여, 여타 부류보다 더 높은 음높이로 산출함을 알 수 있다. 반면 남성은 종결 어미 부류를 평균 129Hz 음높이로 산출하였는데, 이 가운데 '-거든(요)'의 경계 음절은 119Hz에 불과했다. 여성은 발화를 지속하려는 신호를 제공하기 위하여 발화 경계 H%를 상당히 높은 음높이로 산출했던 것이다. 〈그림 4-3〉은 그 예를 보여준다.

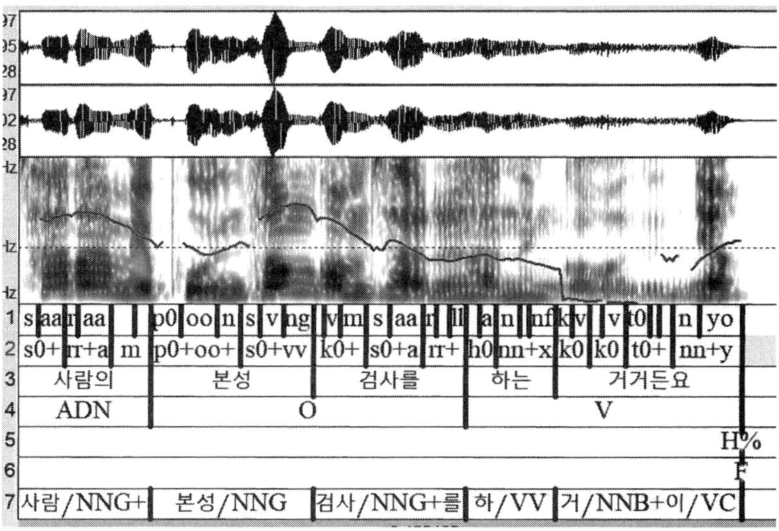

(발화 내용: 일단 엠비티아이이는 사람의 본성 검사를 하는 거거든요)

〈그림 4-3〉 여성 화자의 발화

〈그림 4-3〉은 여성 화자의 발화 예시이다. 이 발화에서 어미 '거든요'의 마지막음절 [요]에는 상당히 높은 음높이가 실현되었음을 스팩트로그램상의 음높이 곡선을 통하여 확인할 수 있다. 반면 남성은 발화 경계 위치에서 H%를 사용하여 발화 지속을 신호하는 형태 표지를 여성만큼 많이 사용하지 않았고, 음높이도 충분히 높지 않았다. 이러한 이유로 남성의 발화 중 H%가 발화 경계 H%보다 상당히 높은 음높이로 실현된 것처럼 보이고, 여성의 발화 중 H%는 발화 경계 H%보다 낮게 실현된 것처럼 나타난 것이다.

이상을 통해, 같은 경계 성조임에도 성별에 따라 음성적 실현이 달라질 수 있음을 확인하였다. 영어 화자의 음높이 악센트 실현 양상을 분석한 Cloper & Smiljanic(2011)은 남성과 여성이 같은 음운론적 범주를 산출했을지라도, 그 실현이 다를 수 있다는 사실을 밝힌 바 있다. 본고에서도 이러한 사실을 확인할 수 있었다. 그런데 본고의 결과는 단순히 성별 차이에 기인한 결과라고만 해석하기 어렵다. H%는 범주적으로 같은 경계 성조지만, 이것이 얹히는 어미의 종류는 남성과 여성이 확연히 달랐다. 따라서 이는 형태·통사론적 차이에 기인한 결과이기도 하다. 그러나 같은 '-거든(요)' 부류의 경계 음절을 비교했을 때에도 성별에 따른 차이가 관찰된다는 점 또한 확인할 수 있었다. 따라서 발화 경계 위치의 높은 H%는 여성 발화의 특징이라고 이야기할 수 있을 것이다.[5)]

---

5) 다만 본고에서는 통사적 환경을 완벽하게 통제하지 않아, 매우 적은 토큰수로 성별에 따른 비교를 수행했다는 점은 아쉬움으로 남는다. 따라서 여성의 발화 경계 위치의 높은 H%가 실제로 여성 발화의 특징인지 확인하기 위해서는 형태·통사적 환경을 제한하여 이를 살펴야 할 것이다.

5. 한국어 발화의 시간 구조와 운율 실현 요인

지금까지 한국어 발화의 운율적 패턴이 어떠한 양상을 보이는지 정리하였다. 이상의 결과는, 발화의 시작에서 끝으로 갈수록 일관된 특징이 나타난다는 것을 보여준다. 발화의 시작에서는 짧은 조음 구간과 긴 휴지, 그리고 느린 조음 속도가 관찰되며, 적은 억양구 개수와 높은 음높이가 나타난다. 반면 발화의 끝으로 갈수록 짧은 휴지와 긴 조음 구간, 빠른 조음 속도가 관찰된다. 억양구의 수는 발화의 끝으로 갈수록 더 많아지고, 음높이는 발화 끝으로 갈수록 더 낮게 실현된다. 성별에 따라 다소 차이를 보이는 지점도 존재했으나, 위에 기술한 양상은 전 성별을 걸쳐 동일하게 관찰되었다.

이 절에서는 위와 같은 실현의 원인이 무엇인지를 논의할 것이다. 본고에서는 발화의 시간 구조의 운율 실현 요인을 크게 두 가지로 나누어 설명할 것이다. 첫 번째는 화자의 발화 계획과 청자의 정보 처리, 두 번째는 발화의 통사·의미 구조이다. 마지막으로 이러한 시간 구조가 화자의 발화 계획의 범위를 드러낼 수 있다는 사실에 대하여 논의할 것이다.

1) 화자의 발화 계획과 청자의 정보 처리

(1) 화자의 발화 계획

본고에서 살펴본 발화의 운율 실현은, 화자의 발화 계획 측면에서 설명이 가능하다. 화자는 어떤 정보를 전달하기 위해 발화 내용을 구상하고 구조화해야 한다. 화자의 발화 계획을 확인할 수 있는 가장 좋은 방법은 바로 발화 지연 시간을 측정하는 것이다. 일반적으로 발화의 시작 부분에 긴 지연이 있을 경우 발화 계획을 위한 인지적인 부담이 있다고 평가한다(Swets et al., 2013). 자유 발화와 낭독 발화를 비교 분석한 Henderson et al.(1965)에서도, 발화의 즉각적인 계획이 필요한 자유 발화에서 낭독 발화보다 더 긴 발화 길이와 짧은 휴지 길이가 관찰되었다고 보고하였다. 따라서 긴 조음 구간과 짧은 휴지 길이는 발화의 계획과 관련이 있다고 할 수 있다.

본 연구의 결과 발화 초에 짧은 조음 구간과 긴 휴지 구간, 발화 말에는 긴 조음 구간과 짧은 휴지가 관찰되었다. 이러한 양상은 발화 계획과 연관하여 설명할 수 있다. 많은 양의 발화 계획이 필요한 발화의 시작 부분은 짧은 조음 구간과 긴 휴지가 나타나고, 발화 계획이 거의 완료된 발화의 끝부분으로 갈수록 휴지가 덜 사용되므로 조음 구간이 길어진다고 해석할 수 있다.

심지어 발화의 끝부분에서는 조음 구간의 길이가 길어졌음에도 조음 속도는 더 빨라졌다. 발화 말 위치는 더 많은 내용을 훨씬 더 빠른 속도로 산출해야 하는 위치이므로, 지속적이고 즉각적인 발화 계획이 계속해서 이루어지는 위치라고 보기 어렵다. 화자는 발화를 산출함과 동시에 계속해서 후행 내용을 위한 발화 계획을 시도하며, 발화 말에 이르러서는 거의 모든 내용에 대한 계획 단계가 완료된다. 따라서 계획이 완료된 발화를 더 빠른 속도로 더 길게 산출할 수 있는 것이다.

발화의 끝으로 갈수록 억양구 경계 형성의 빈도 또한 높아진다. 억양구가 대체로 뒤에 휴지가 뒤따르는 운율 단위임을 고려하면, 발화의 끝에는 휴지 없는 억양구가 많이 등장하고 있다는 사실을 알 수 있다. 화자 입장에서 발화의 끝은 해당 발화에 대한 계획이 거의 필요하지 않은 부분이므로, 쉬지 않고 오랜 시간 동안 빠르게 말할 수 있다. 그러나 화자가 휴지를 두지 않고 길게 말할 수 있다고 해서, 해당 조음 구간이 통사·의미적으로 한 덩어리임을 의미하는 것은 아니다. 긴 조음 구간이 이어질수록 휴지가 아닌 다른 운율적 장치를 이용하여 내부 경계에 대한 정보를 전달해야 할 필요성이 있는데, 이때 사용되는 것이 억양구이다. 발화 말에서는 휴지 없는 억양구 경계를 더 자주 둠으로써, 긴 조음 구간 내부에도 경계가 있음을 표지하는 것이다.

화자의 발화 계획과 발화의 운율 실현 간의 상관관계를 정리하면 아래 〈그림 5-1〉과 같다.

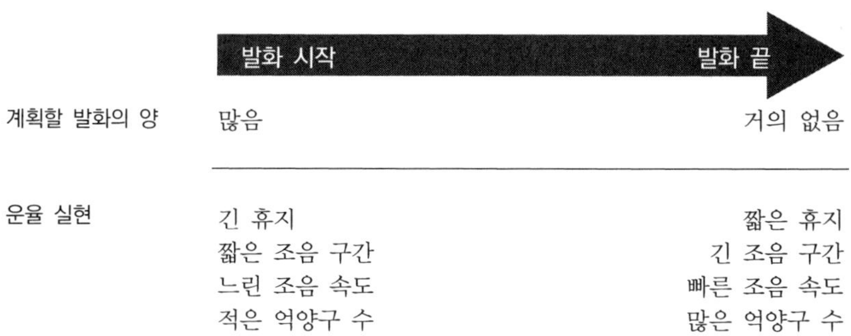

〈그림 5-1〉 화자의 발화 계획과 발화의 운율 실현

화자의 입장에서, 발화의 시작 위치는 계획해야 할 발화의 양이 많은 위치이다. 이 위치에서는 이후 발화 내용을 계획할 충분한 시간이 필요하다. 이 때문에 발화 초에는 긴 휴지가 관찰되며, 느린 조음 속도가 나타난다. 또 계획된 발화의 내용이 많지 않기 때문에 짧은 조음 구간이 관찰되며, 조음 구간 안에 억양구 수도 적어진다. 반면 발화의 끝으로 갈수록 발화 계획이 완료되며, 발화의 끝으로 가면 계획할 발화의 양이 거의 없어진다. 따라서 이 위치에서 화자는 계획을 위해 시간을 벌 필요가 없으며 계획이 완료된 발화를 잘 산출하면 된다. 이로 인하여 짧은 휴지가 나타나고, 긴 조음 구간이 관찰되며, 빠른 조음 속도가 실현된다. 또 한 덩이로 산출되는 내용이 많아지기 때문에, 내부의 경계를 표지하기 위하여 억양구의 수도 많아지게 된다.

(2) 청자의 발화 이해

두 번째로, 발화의 운율 실현은 청자의 발화 이해와 정보 처리 측면에서도 설명할 수 있다. 휴지의 출현과 조음 구간의 길이 조절은 화자의 발화 전개에 대한 계획 여부를 반영함과 동시에, 해당 발화를 듣는 청자의 이해 또한 고려되어 조정되어야 한다. 신지영(2018)의 연구에 따르면 구어는 화자의 호흡의 한계와 청자의 기억의 한계를 고려하여 정보를 구조화하도록 체계화되어 있다고 한다. 이러한 관점에 따르면 발화의 시간 구조 역시 화·청자의 의사소통적 측면을 충분히 고려하여 설계되어 있을 가능성이 있다.

그런데 본고의 연구 결과, 발화의 끝 부분은 아주 긴 내용이 휴지 없이 지속적으로 이어지는 위치이며, 심지어 가장 빠른 조음 속도를 보이는 위치이다. 청자의 입장에서 발화 끝은 더 많은 내용을 더 빨리 처리해야 하는 곳이며, 언어 처리에 부담을 느낄 수 있는 위치이다. 따라서 이러한 시간 구조가 나타나는 것이 원활한 의사소통을 방해할 수 있을 것처럼 보인다. 그럼에도 이러한 발화 구조는 자료에서 아주 일관되게 관찰되며, 일반적인 의사소통 상황에서는 큰 문제가 되지 않는다.

이러한 구조가 일관되게 나타나는 이유는, 청자의 발화 이해 과정과 관련이 있다. 발화가 산출되는 동시에 청자에게는 발화 전반에 걸쳐 내용에 대한 이해가 계속해서 누적된다. 일반적인 발화 이해는 발화 전체가 입력된 다음에 처리가 시작되는 것이 아니라 발화의 첫머리에서부터 단어가 하나씩 입력되면 작은 단위로 조금씩 조금씩 처리가 진행된다. 또한, 문이해는 입력정보에 기계적으로 반응하는 수동적인 과정이 아니라, 이미 입력된 정보의 분석을 토대로 그다음에 입력될 내용을 예측하면서 진행되는 능동적 과정이다(Ferreira & Swets, 2002).

발화의 시작 부분에서 청자는 해당 발화가 어떤 내용으로 전개될지 예상하기 어렵다. 그러나 발화가 지속되면, 앞선 내용들이 어떻게 전개될지 더욱 예상하기 쉬워진다. 따라서 발화 끝에 길고 빠른 조음 구간이 이어져도 청자는 이를 어렵지 않게 듣고 처리할 수 있다. 본 연구의 결과는 발화의 시간적 구조가 화·청자 간의 의사소통의 측면을 고려하여 체계적으로 구성되어 있음을 뒷받침하는 결과라고 볼 수 있다.

또 같은 경계 성조가 사용되더라도 발화의 끝에 더 큰 경계 강도를 신호해주는 것 역시 청차의 발화 이해와 관련지어 설명할 수 있다. 화자는 운율을 통하여 언어 단위를 구분하고 이에 대한 정보를 청자에게 전달해야 한다. 그런데 만약 같은 경계 성조 유형이 발화 중과 발화 말에 같은 정도의 경계 강도를 갖고 실현된다면, 청자는 큰 단위의 전환을 느끼지 못할 것이다. 따라서 화자는 발화 중보다 발화 말에서 더 큰 정도의 경계 강도를 실현한다. 청자는 이렇게 실현된 운율 단서를 활용하여, 발화가 지속될 것인지, 혹은 해당 발화가 종결되었는지를 판단할 수 있다.

화자의 발화 계획과 발화의 운율 실현 간의 상관관계를 정리하면 아래 〈그림 5-2〉와 같다.

	발화 시작	발화 끝
운율 실현	긴 휴지 짧은 조음 구간 느린 조음 속도 작은 경계 강도	짧은 휴지 긴 조음 구간 빠른 조음 속도 큰 경계 강도
발화 정보에 대한 이해도	낮음	높음
종결 여부 판단	지속	종결

〈그림 5-2〉 청자의 발화 이해와 발화의 운율 실현

발화의 시작 부분에서 청자는 해당 발화가 어떤 내용으로 전개될지 알기 어렵다. 따라서 짧은 조음 구간, 긴 휴지, 느린 조음 속도로 산출된 화자의 발화를 들으면서 정보를 처리해 나간다. 발화가 진행될수록 발화 내용에 대한 이해가 누적되어 정보 처리가 쉬워진다. 따라서 더 짧은 휴지, 긴 조음 구간, 빠른 조음 속도로 실현된 말소리를 처리하는 데에 큰 문제가 발생하지 않는다. 발화 초에 나타나는 작은 경계 강도를 통하여 청자는 해당 발화가 계속해서 지속될 것이라는 판단을 하게 된다. 만약 큰 경계 강도가 관찰되면 청자는 해당 위치에서 발화가 종결되었다는 판단을 내리게 된다.

2) 발화의 통사·의미 구조

이 절에서는 발화의 운율 실현과 발화의 통사·의미 구조와의 연관성에 대해 논의할 것이다. 먼저 화제-평언 구조와 운율 실현에 대하여 논의하고, 두 번째로는 문법적 경계 강도와 통사적 독립성이 운율 실현에 어떠한 영향을 미쳤는지 논의할 것이다.

(1) 화제-평언의 의미 구조와 운율 실현

한국어 발화는 담화 측면에서 크게 화제(topic)와 평언(comment)으로 구분될 수 있다. 화제란 지시 대상을 명확히 확인할 수 있고, 화·청자가 모두 알고 있는 것으로, 명사구로 표현이 되며 주로 문장의 시작 부분에 나타나게 된다. 그리고 나머지 부분인 평언은 화제에 덧붙여지는 정보이다(Chafe, 1976). 화제 구조에서는, 화제화된 구성 뒤에 긴 휴지로 인한 IP 경계 신호가 나타난다(Silva & Fonseca, 2018).

발화가 일반적으로 화제의 도입과, 이후의 평언으로 구성된다는 점을 고려했을 때, 발화의 시작에는 짧은 조음 구간과 긴 휴지가 나타나는 것을 이해할 수 있다. 화제에 대한 짧은 발화가 산출된 뒤에, 긴 휴지로 표지되는 명확한 IP 경계가 나타나는 것이다.

(1) 그래서 플룻도(740ms) [휴지: 457ms] 한 오 년쯤 하다가(1021ms) [휴지: 261ms] 그만둬서 딱히 좋아하는 거라고는 말하기 그렇구요 (2789ms)

(2) 밥은(527ms) [휴지: 1006ms] 의외로 잘 나올(1289ms) [휴지: 238ms] 때도 있지만(637ms) [휴지: 735ms] 정말 의외로(659ms) [휴

지: 367ms] 정말 못 먹을 정도로 나올 때도(1719ms) [휴지: 133ms] 있습니다(535ms)

위 발화는 이 연구의 자료에서 짧은 화제가 실현된 뒤에 휴지가 나타난 전형적인 예시이다. 괄호 안은 조음 구간 혹은 휴지 구간의 길이를 의미한다. 위 예시에서는 발화의 제일 처음에 750ms를 넘지 않는 아주 짧은 조음 구간이 나타나고, 그 뒤로는 약 400ms에서 길게는 1,000ms가 넘는 휴지 구간이 등장하는 것을 알 수 있다. 실제로 이러한 유형의 발화가 본 연구 자료에서 매우 빈번하게 관찰되었다.

한국어에서 화제의 실현을 대략적으로 확인할 수 있는 좋은 방법이 있는데, 이는 보조사 '은/는'의 위치를 확인하는 것이다. 한국어에서 보조사 '은/는'은 화제와 대조의 두 용법을 가진다고 알려져 있다. 모든 화제가 보조사 '은/는'과 결합하여 나타나는 것이 아니고, 또 보조사 '은/는'의 모든 실현이 반드시 화제와 관련되어 나는 것은 아니므로 '은/는'의 실현 양상을 살피는 것이 정확히 정보 구조 분석과 일치한다고 이야기하긴 어렵다. 그러나 양적 분석을 수행하는 데에 있어서 한국어 화제의 대략적인 실현 양상을 살피는 데에는 도움이 된다고 할 수 있다.

본 연구의 분석 대상이 되는 발화 가운데 보조사 '은/는'이 출현한 빈도는 전체 775회였다. 이 가운데 휴지가 뒤따르는 경우는 총 310회로, 전체의 40%에 달했다. 휴지가 뒤따르는 보조사 '은/는'이 주로 발화의 어느 위치에 나타났는지를 살펴보기 위하여 발화를 5개 등분으로 나누어 출현 빈도를 계산하였다. 보조사 '은/는' 가운데, 후행 휴지가 나타나는 310개의 토큰을 대상으로 발화 내 출현 위치에 따른 출현 빈도를 계산한 결과가 아래 〈표 5-1〉과 같다.

〈표 5-1〉 후행 휴지가 뒤따르는 '은/는'의 발화 내 위치에 따른 출현 빈도

위치	10-20% 지점	20-40% 지점	40-60% 지점	60-80% 지점	80-100% 지점
출현 빈도	77	88	79	41	25

후행 휴지가 관찰된 전체 310개의 토큰 가운데, '은/는'은 발화의 시작 부분에 빈번하게 나타났으며, 발화의 끝 부분에는 거의 출현하지 않음을 알 수 있다. 특히 발화의 10~40% 지점의 출현 빈도는 총 165회로, 휴지가 뒤따르는 '은/는'의 경우 과반 이상(53%)이 발화의 전반부에 나타났다.

전형적인 주어 표지인 '이/가'의 실현 또한 살펴보았다. 주격조사 '이/가'는 총 1,147회의 출현을 보여 보조사 '은/는'보다 더 많이 나타남을 알 수 있었다. 그러나 이 가운데 휴지가 뒤따르는 경우는 198회에 불과했는데, 이는 전체의 17%에 해당한다. '이/가'보다 '은/는' 뒤에 휴지가 더 빈번히 관찰된다는 사실을 확인할 수 있다. 이는 더 큰 운율적 경계가 '은/는' 뒤에 더 잘 나타난다는 것을 의미한다. '이/가' 뒤에 후행 휴지가 나타나는 198회의 토큰을 대상으로 발화 내 출현 위치에 따른 출현 빈도를 계산해 보았다. 그 결과는 아래 〈표 5-2〉와 같다.

〈표 5-2〉 후행 휴지가 뒤따르는 '이/가'의 발화 내 위치에 따른 출현 빈도

위치	0-20% 지점	20-40% 지점	40-60% 지점	60-80% 지점	80-100% 지점
출현 빈도	36	46	52	43	21

'이/가' 역시 발화의 끝 부분에는 거의 실현을 보이지 않았다는 점이 '은/는'과 유사하다. 그러나 분포의 양상으로 보면 '이/가'가 '은/는'보다 좀 더 발화 전반에 걸쳐 분포가 퍼져 있음을 알 수 있다. 발화의 전반부에 해당하는 0~40% 지점에 실현된 주격조사 '이/가'는 전체의 41%로 나타나, '은/는'에 비하여 더 적은 비율로 나타났다. 심지어 발화

의 후반부에 해당하는 60~80% 지점에서도 43회의 실현을 보였다는 점에서, 발화의 시작 부분에만 주격조사가 빈번히 사용된다고 이야기하기에는 어려움이 있었다.

'은/는'과 '이/가'의 위치별 실현을 보면, 한국어 발화의 특성에 의한 운율 실현 양상을 잘 이해할 수 있다. '이/가'는 명사구에 붙어 주어를 만들고, '은/는'은 명사구에 붙어 주어를 표시하거나, 혹은 화제어나 대조의 의미를 덧붙이는 기능을 한다. 주어의 경우 발화의 도입부에 나타나는 것이 일반적이나, 종속절이나 대등절 안에 실현되거나 도치되어 나타난 경우, 발화의 중간이나 끝부분에도 실현될 수 있는 특징이 있다. 반면 화제어는 대체로 발화의 앞부분에 언급되며, 이 뒤에 큰 운율적 경계가 발생한다. 따라서 '은/는'은 해당 구성 뒤에 휴지가 실현되는 비율이 '이/가'보다 더 많고, 발화 내 출현 빈도도 '이/가'보다 더 발화의 앞 부분에 많은 분포를 보이는 것이다. 발화의 시작 부분의 짧은 조음 구간과 긴 휴지는 이러한 한국어 발화의 화제-평언 구조의 양상을 잘 드러내주는 결과라고 할 수 있다.

(2) 통사 성분과 운율 실현

발화의 휴지 실현에 가장 큰 영향을 준다고 알려진 것은 발화의 통사적 특성이다. 많은 연구들에서 통사적인 구성이 달라지면 휴지의 길이나 빈도가 달라질 수 있음을 보고하였다. 더 복잡한 구성일수록 더 잦은 휴지가 나타나며 출현하는 휴지의 길이도 길어진다(Cappella, 1985; Ferreira, 1991; Grosjean et al., 1979). 휴지의 길이와 실현 빈도는 발화의 전체적인 시간적 패턴에 영향을 준다. 따라서 발화의 통사적 구성은 발화의 시간 구조에 영향을 준다고 할 수 있다.

본고의 분석 결과를 바탕으로 조음 구간의 위치를 시간적으로 10등분으로 구분하고, 어떠한 성분이 휴지 앞에 빈번하게 관찰되는지를 살펴본 결과, 몇 가지 통사 성분들이 특정 발화 위치에 빈번하게 나타남을 확인할 수 있었다[1]. 〈표 5-3〉은 발화의 특정 위치에 집중되어 나타난 통사 성분들의 실현 양상을 정리해 보인 것이다.[2]

〈표 5-3〉 휴지가 후행하는 통사 성분의 발화 내 위치에 따른 출현 빈도
(음영은 각 통사 성분별로 가장 높은 빈도를 보인 위치를 표시한 것)

	발화 내 실현 위치									
	1	2	3	4	5	6	7	8	9	10
부사어	228	135	100	94	112	113	88	99	95	42
독립어	148	72	63	67	49	47	53	55	42	16
주어	50	70	59	40	41	34	39	20	23	16
서술어	44	112	143	152	178	180	186	180	109	940

먼저 부사어와 독립어, 주어는 발화의 초반 부분에 편중되어 나타남을 확인할 수 있었다. 첫 번째 위치에 사용된 부사어는 대부분 접속부사였다. 서술어의 경우는 발화의 끝 부분에 편중되어 나타났다. 이는 발화의 말에 서술어가 나타나는 한국어의 어순을 반영하는 결과라고 할 수 있다. 발화 말 위치를 제외하면 발화의 중후반 지점(5~8 지점)에서도 서술어가 잘 관찰되는 것을 확인할 수 있었다.

부사어 중에서는 접속부사가 발화 초에 상당히 빈번한 출현을 보였

1) 문장 성분의 발화 내 위치 계산 공식은 다음과 같다.

$$\text{문장 성분의 시작 위치} = \frac{\text{문장 성분의 시작 지점까지의 길이}}{\text{전체 발화 길이}} *100$$

이렇게 백분위로 계산된 위치를 0~10%, 10~20%, 20~30%, … 90~100%로 나누어 실현 위치를 10등분하여 살펴 보았다.

2) 통사 성분의 발화 내 위치에 따른 출현 빈도에 대한 전체 결과는 [부록2]에 제시하였다.

다. 독립어는 4회의 감탄사를 제외하고는 모두 담화표지로 쓰인 것이었다. 즉, 담화표지가 발화 초에 빈번히 사용됨을 알 수 있다. 발화 중간에는 접속절의 서술어가 빈번하게 관찰되었으며, 발화 말에는 발화 말 서술어가 압도적인 빈도로 나타났다. 이를 정리하면 아래 〈표 5-4〉와 같다.

〈표 5-4〉 발화 위치에 따른 통사 성분의 실현

발화 초	발화 중	발화 말
담화표지 접속부사 주어	절 접속의 서술어	발화 말 서술어

위와 같은 실현 양상은 한국어의 발화 전개가 일반적으로 어떠한 식으로 이루어지며 휴지로 인한 큰 운율 경계가 대체로 어느 위치에서 나타나는지 알게 해준다. 앞서 5-1)-(1)절에서 화자의 적극적인 발화 계획이 필요한 위치는 발화의 시작 부분이며, 발화 계획이 필요할 때 긴 휴지와 짧은 조음 구간의 길이가 나타난다고 언급한 바 있다. 통사 성분의 발화 내 실현 양상을 보면 화자가 발화를 계획할 때 어떠한 전략을 사용하는지 파악할 수 있다. 한국어 화자는 발화 초에서 담화표지나 접속부사를 사용한다.

담화표지와 접속부사의 공통점은, 이 둘 모두 시간 벌기와 같은 담화적 기능을 수행할 수 있다는 것이다. 대화 자료에서 관찰되는 담화표지의 기능과 운율에 대하여 연구한 송인성(2015)에서는, 시간 벌기와 같은 기능을 가진 담화표지를 발언권 유지의 기능으로 묶어 살폈는데, 자료에서 관찰된 전체 담화표지 가운데 52.7%에 해당하는 토큰이 발언권 유지 기능으로 사용됨을 밝혔다. 구어 자료에 나타난 접속부사의 기능, 형태, 운율 실현을 연구한 하영우(2015)에서도, [+격식성]의 발화에서는 접속부사의 주요 담화 전략이 시간 벌기 기능임을 밝혔다.

담화표지와 접속부사는 후행 발화가 이어짐을 신호함과 동시에, 다음 발화 내용을 계획하기 위한 시간 벌기의 기능을 수행한다. 본고에서도 이러한 결과를 확인할 수 있었다. 본고의 자료에서 접속부사 뒤에는 평균 585ms의 휴지가 실현되었고, 담화표지 뒤에는 평균 516ms의 휴지가 실현되었다. 이는 첫 번째 휴지 구간의 길이와 유사한 정도였다.

발화의 중간 위치에서는 접속절의 서술어가 빈번하게 관찰되었다. 접속절 뒤에는 일관되게 긴 휴지가 관찰되었는데, 대등 접속절 뒤에는 평균 590ms, 종속 접속절 뒤에는 평균 581ms의 휴지가 관찰되었다. 절 접속의 서술어 뒤에 상대적으로 긴 휴지가 나타난다는 사실을 생각해 보면, 절의 종결 이후에 후행 절을 위한 발화 계획의 시간이 필요하다는 것을 알 수 있다. 발화 말 위치에서는 발화 말 서술어가 예외 없이 가장 높은 빈도의 출현을 보였다.

이상을 통하여 한국어 발화의 시간적 구성과 통사적 성분 간의 상관성을 확인할 수 있었다. 한국어 발화는 대체로 간투사나 접속부사로 시작하는데, 이 성분들은 아주 짧은 조음 구간을 갖고 긴 휴지가 뒤따른다. 이는 발화 초에서 시간 벌기의 기능을 수행하고, 후행 발화의 내용을 계획하고 있다는 신호를 보내는 역할을 한다. 또 한국어 발화의 절 경계는 대체로 발화의 중~후반 지점에서 나타난다. 절이 한 번 종결되면, 화자는 이어지는 후행 절에 대한 발화 계획이 필요하며 이 때문에 서술어 뒤에 긴 휴지가 관찰된다. 일관되게 관찰된 내용을 정리하면 아래 〈그림 5-3〉과 같다.

통사 성분	담화 표지 접속 부사	접속절의 서술어	발화 종결의 서술어
운율 실현	긴 휴지 짧은 조음 구간		짧은 휴지 긴 조음 구간

〈그림 5-3〉 통사 성분과 운율 실현 간의 관계

후행 휴지의 길이는 해당 문장 성분의 통사적 독립성과 문법적 경계 강도를 표지하는 역할을 한다. 통사적 독립성이 커서, 후행 성분과의 경계가 큰 서술어나 접속부사는 후행 휴지의 길이가 길다. 조음 구간의 길이는 발화 계획 여부와 조금 더 관련이 있다. 발화를 계획하는 단계에서 실현될수록 조음 구간의 길이가 짧다. 담화표지와 접속부사는 이어지는 발화에 대한 내용을 계획하는 시간 벌기의 기능으로 잘 사용된다. 이 때문에 담화표지와 접속부사의 조음 구간 길이는 짧게 나타난다. 반면에 서술어는 한국어 어순상 문장이나 절의 가장 끝 부분에 나타난다. 발화의 끝 지점은 발화 내용에 대한 계획이 어느 정도 완료된 시점이기 때문에, 더 이상의 발화 계획이 요구되지 않아 긴 길이의 조음 구간이 나타난다.

운율 실현과 통사 성분과의 관계에 관하여 또 한 가지 언급해야 할 것이 있다. 본고는 앞서 몇몇 유형의 발화에서 음높이 재설정이 관찰된다는 사실을 확인하였다. 또 음높이 재설정이 들숨 동반 휴지만으로는 예측할 수 없는 현상이라는 것도 확인한 바 있다. 이 절에서는 재설정과 문장 성분 간의 관계를 살펴보도록 하겠다.

먼저 재설정이 관찰되었던 남성의 유형 7 발화와, 여성의 유형 8 발화에 한해 재설정 지점의 통사 성분을 확인해 보았다. 유형 7 발화는 첫 번째 조음 구간에서 두 번째 조음 구간으로 넘어가는 지점을 분석하였고, 유형 8 발화는 다섯 번째 조음 구간에서 여섯 번째 조음 구간으로 넘어가는 지점을 분석하였다. 각 지점의 조음 구간 내 평균 음높이를 계산한 후에, 세미톤 차이가 0보다 작게 실현된 곳만을 살펴본 결과 총 30개의 발화가 관찰되었다.

재설정이 관찰된 30개의 토큰 가운데, 들숨 동반 휴지가 실현된 것은 15회에 불과했다. 이는 다시 한번, 들숨 여부가 재설정을 예측하는 데에 주요한 예측 요인이 될 수 없음을 의미한다. 들숨 여부보다는 다른 이유가 반영되어 있는 것으로 해석해야 한다. 본고는 이를 통사 성분과 관련이 있는 것으로 보았다. 재설정이 나타난 위치에 선행하는 조음 구간이 어떠한 통사 성분으로 끝났는지 분석한 결과는 〈표 5-5〉와 같다.

〈표 5-5〉 재설정 구간에 선행하는 조음 구간 말 통사 성분
(음영은 빈도 5 이상을 표시한 것임)

통사 성분	출현 빈도
관형어	1
부사어(접속부사)	5
부사어(기타 부사어)	2
담화표지	8
발화 반복(비유창)	2
주어	1
서술어(종속 접속)	5
서술어(대등 접속)	6
합계	30

분석 결과 재설정이 잘 관찰되는 위치는 접속절 경계, 담화표지 뒤, 부사어 뒤임을 알 수 있었다. 접속절 경계는 후행하는 조음 구간과 통사적 경계가 가장 큰 위치이다. 통사적 경계가 큰 곳에서는 운율적으로도 큰 경계 신호가 나타나는데, 휴지가 빈번하게 뒤따르며 그 길이도 길게 나타난다. 또 이러한 위치에서 화자는 음높이의 재설정으로 상대적으로 큰 단위의 구어 경계가 나타났음을 신호할 수 있다. 절 경계에서 재설정이 잘 관찰된다는 사실은 곽숙영(2012)의 결과와 맥을 같이 한다. 본고에서는 조음 구간의 음높이 평균을 통하여 재설정 지점을 확인하였기 때문에, 음운구 경계에서의 재설정을 관찰한 곽숙영(2012)보다 훨씬 더 러프한 결과라고 할 수 있다. 그러나, 이러한 결과로도 통사 성분과 재설정 간의 상관성을 확인하는 데에는 문제가 없었다.

담화표지나 접속부사 경계에서도 음높이 재설정이 빈번하게 관찰되었다. 본 연구에서 관찰된 담화표지와 접속부사는 대체로 발언권 유지 기능이나 화제 전환 및 화제 시작의 기능을 수행하였다. 담화표지가 후행하는 발화의 지속이나 새로운 시작을 신호하는 기능을 수행한다는 점을 고려하면, 담화표지 이후에 관찰되는 조음 구간의 음높이가 높아지는 것은 자연스러운 결과라고 할 수 있다.

들숨 동반 여부는 선·후행하는 조음 구간의 음높이 차이에만 영향을 줄 뿐, 그 자체로서 재설정 실현 여부를 결정하는 요인은 아니었다. 화자는 음높이 재설정이 필요한 위치라고 판단되면, 들숨 동반 여부와 무관하게 음높이를 높게 실현한다. 이상의 내용을 정리하면 아래 〈그림 5-4〉와 같다.

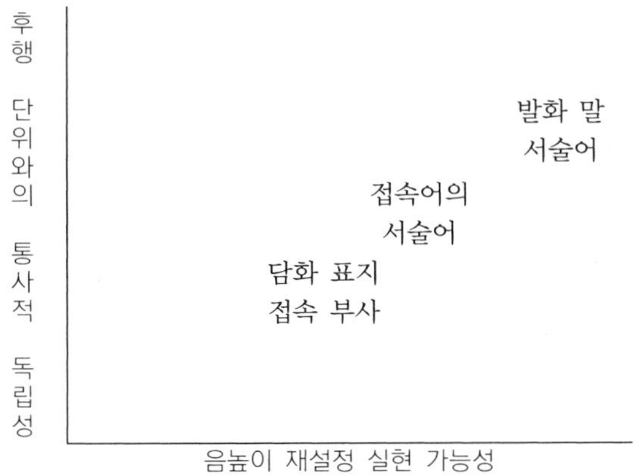

〈그림 5-4〉 음높이 재설정 실현 가능성과
후행 단위의 통사적 독립성 간의 상관관계

음높이는 발화의 시작부터 끝에 이르기까지 점진적으로 하강하는 양상을 보인다. 그러나 후행 단위와 통사적 독립성이 높은 성분들이 나타나면 음높이 재설정이 관찰되기도 한다. 따라서 통사적 독립성이 큰 서술어 뒤에는 음높이 재설정이 가장 빈번하게 관찰되며, 후행 내용과 의미적 연관성이 상대적으로 적은 담화표지나 접속부사 뒤에서도 음높이 재설정이 잘 나타난다.

3) 시간적 군집화와 발화 계획의 범위

이 절에서는 지금까지 살펴본 운율 특성들을 바탕으로, 한국어 화자들이 어떠한 방식으로 발화를 계획하고 산출하는지 논의할 것이다. 발화 계획의 범위(scope of planning)는 인지심리학의 주요 관심사 중에 하나이다. 화자는 발화를 산출하기 전에 후행 내용을 계획하는 단계를 반드시 거쳐야 하는데, 일반적으로 화자의 작업 기억(working memory)

에는 한계가 있기 때문에, 모든 발화를 처음부터 끝까지 계획한 뒤에 산출하는 것은 매우 어렵다고 할 수 있다. 따라서 화자들은 발화를 몇몇 개의 덩어리(chunk)로 묶어 계획하고 산출할 수밖에 없다. 발화의 길이가 길어질수록 화자는 더 빈번한 발화 계획이 필요하다. 이때 화자가 어느 정도씩 발화를 묶어서 계획하는지를 탐구한 것이 발화 계획의 범위와 관련된 연구이다.

일반적인 발화 산출에서는, 발화 전체의 개념 준비나 문법적 부호화가 끝난 다음에 조음이 시작되는 것이 아니라, 메시지의 일부분이 형성되면 곧바로 문법적 부호화로 전송되고, 그중 일부분의 문법적 부호화가 끝나면 바로 다음 단계로 정보가 전송되는, 소위 작은 단위로 조금씩 조금씩 처리가 진행된다. 이러한 처리를 축차(逐次)처리 또는 점진적 처리(incremental processing)라고 한다. 이러한 관점에서, 발화 계획의 과정은 조금씩 조금씩 점진적으로 이루어지며, 발화 계획이 문장의 아주 나중 부분까지 계속해서 이뤄질 수 있다(Ferreira & Swets, 2002; 2005; Swets et al., 2013; Fuchs et al., 2013). 그렇다면 화자는 어느 정도의 단위로 발화를 계획하고 산출하는가? 이 절에서는 이에 대해 논의하고자 한다.

본고의 분석 결과에 의하면 발화는 화자의 발화 계획과 청자의 발화 처리의 과정을 고려하여 구조화되어 있으며, 이는 발화의 시간 구조와 운율 실현에 영향을 미친다. 일반적으로 발화의 시작부터 끝에 이르기까지 점진적인 시간, 선율적 패턴이 나타나지만 발화의 길이가 길어지면 이러한 패턴은 증감을 반복하며 나타난다. 예를 들어 긴 길이의 발화 안에는, 조음 구간이나 휴지 구간의 길이가 길어지고 짧아지는 양상이 반복적으로 나타난다. 조음 구간의 길이나 휴지 구간의 길이가 발화 계획과 관련이 있다는 사실을 고려해 보면, 화자는 발화를 지속하는 중간에도 후행 내용을 위한 계획의 단계를 거치는 것으로 보인다.

본고는 화자가 발화를 어느 정도의 묶음으로 계획하고 산출하는지 관찰하기 위해서 조음 구간의 길이가 지속적으로 길어지다가 다시 짧아지는 길이의 재설정 구간이 어디서 나타나는지를 살펴보았다. 이를 기준으로 조음 구간을 군집화(clustering)한 예시는 〈표 5-6〉과 같다.

〈표 5-6〉 조음 구간의 군집화 예시

조음 구간1	조음 구간2	조음 구간3	조음 구간4	조음 구간5
500ms	700ms	400ms	800ms	1000ms
군집화: (1–2)		군집화: (3–5)		

〈표 5–6〉과 같은 발화가 있을 때, 조음 구간 길이의 재설정은 조음 구간 2와 3사이에서 이루어지며, 조음 구간은 (1–2)가 한 묶음, (3–5)가 한 묶음으로 군집화된다고 할 수 있다. 위와 같은 방식으로 본고에서 관찰한 발화들을 조음 구간별로 군집화한 결과가 아래 〈표 5–7〉과 같다.

〈표 5-7〉 조음 구간의 군집화 양상

발화 유형	조음 구간의 군집화
2	(1~2)
3	(1~3)
4	(1–4)
5	(1–5)
6	(1–4)(5–6)
7	(1–2)(3–4)(5–7)
8	(1–3)(4–5)(6–8)

결과를 보면 아주 긴 길이의 발화이더라도, 조음 구간의 그룹이 적게는 1~2개, 많게는 3~5개씩 군집화되는 것을 알 수 있다. 이는 화자가 1~2개에서 많게는 크게 3~5개의 조음 단위로 내용을 구분해 가며 발화를 산출한다는 것을 의미한다. 길게 한 발화를 이어간다고 하더라도, 화자는 일정한 양씩 끊어 말하기를 수행한다.

휴지 구간 역시도 동일한 방법으로 군집화할 수 있다. 휴지는 발화를 지속하면서 점점 짧아지는 양상을 보이는데, 휴지 구간의 길이가 짧아지다가 다시 길어지는 구간을 중심으로 휴지 구간을 묶어 제시하면 〈표 5-8〉과 같다.

〈표 5-8〉 발화 유형별 휴지 구간의 군집화

발화 유형	휴지 구간의 군집화
3	(1-2)
4	(1-3)
5	(1-5)
6	(1-2)(3-5)
7	(1-2)(3-4)(5-6)
8	(1-2)(3-5)(6-7)

〈표 5-8〉을 보면, 휴지 구간은 대체로 1~3개씩 군집화됨을 알 수 있다. 휴지 구간 역시 조음 구간과 유사한 정도의 크기로 군집화가 이루어지고 있는 것이다. 실제 예시를 통해 살펴보면, 이러한 군집화 양상이 어떤 식으로 관찰되는지 알 수 있다. 아래는 실제 이 연구에서 관찰된 발화에서 시간적 군집화가 나타난 곳을 표시한 예이다.

① 유형 6 발화의 시간적 군집화. 군집화의 경계 위치는 '‖'로 표시
이제 매일매일 연습하면서(1486ms) [휴지: 514ms] 좀 사실 귀찮고 좀

힘들기도 한데(3326ms) [휴지: 483ms] ‖ 그래도(853ms) [휴지: 606ms] 대학생이 되었고 한 번쯤은 꼭 해봐야될 것 같아서(3920ms) [휴지: 636ms] ‖ 이제(473ms) [휴지: 554ms] 열심히 한 번 해 보려고 합니다(1732ms)

② 유형 7 발화의 시간적 군집화. 군집화의 경계 위치는 '‖'로 표시 또 그림에 반영되는 게(1848ms) [휴지: 479ms] ‖ 다만 그 형상뿐만 아니라(1602ms) [휴지: 784ms] 아까의 공간도 그랬듯이 그(1630ms) [휴지: 360ms] 삶이나 내용이 반영되기 때문에(1812ms) [휴지:723ms] ‖ 그런(346ms) [휴지: 934ms] 그림 그린다는 취미에도(1615ms) [휴지: 898ms] 그런 이점들이 있다고 생각을 합니다(1971ms)

③ 유형 8 발화의 시간적 군집화. 군집화의 경계위치는 '‖'로 표시 하지만 그때(1237ms) [휴지: 290ms] 그때마다 저희가 도와 드릴 때마다 (2696ms) [휴지: 140ms] 아 이렇게 기분이 좋아지시고 웃으시는 모습들을 보면(4511ms) ‖ [휴지: 787ms] 그보다 기분이 더 좋은 적은(2616ms) ‖ [휴지: 592ms] 없었던 것 같아서(1119ms) ‖ [휴지: 724ms] 어 다시 한 번 더(1490ms) [휴지: 402ms] ‖ 방학(296ms) [휴지: 121ms] 되면 꽃동네를 가고 싶다는 생각이 많이 듭니다(2810ms)

위 예시에서 알 수 있듯이, 조음 구간의 길이는 발화 초에서 대체로 짧다가 발화가 진행될수록 길어지지만, 부분적으로 다시 짧아지는 구간이 관찰된다. 이러한 위치는 각 예시에서 '‖'로 표시된 부분에서 확인할 수 있다. 흥미로운 것은 이러한 위치 전후에서는 휴지의 길이 또한 길어진다는 것이다. 휴지가 발화의 계획을 위한 시간 벌기 기능을 한다는 점을 고려하면, 군집화가 이루어지는 위치에서 후행 내용에 대한 발화 계획이 다른 위치에서보다 더욱 적극적으로 수행된다는 점을 알 수 있다.

그러나 이것이 반드시 해당 군집화의 묶음들이 끝나고 난 이후에야 다음 그룹의 계획이 이루어진다는 것을 의미하진 않는다. 가령 (1-3)(4-5)(6-8)과 같이 조음 구간이 묶인다고 하면, 화자는 첫 번째 조음 구간부터 세 번째 조음 구간이 끝날 때까지 이후 내용을 계획하지 않다가, 세 번째 조음 구간이 끝나고 나서야 그다음 내용에 대한 발화 계획을 시작한다는 것이 아니다. 발화 계획은 발화의 시작부터 끝에 이르기까지 점진적으로 나타나지만, 발화의 중간중간 화자가 더 큰 정도의 발화 계획의 부담을 느끼는 구간이 나타난다는 것이다. 그리고 이는 운율적인 양상으로 드러나게 된다.

화자는 어떤 발화를 산출할 때, 후행 발화를 내용을 위한 계획, 통사적 단위 구분, 전달을 위한 정보의 조직화를 동시에 수행해야 한다. 따라서 화자가 긴 길이의 발화를 지속할 때에는, 어느 순간 반드시 쉬어가야만 한다는 것을 알 수 있다. 이때 쉬어 가는 위치는 피험자별로, 상황별로 다른 양상을 보이면서도 전체적으로는 일관된 시간적 패턴을 보인다. 이 연구의 결과 최소 1~2개, 많게는 3~5개의 단위가 한데 묶여 계획되고 산출된다는 것을 확인할 수 있다.

그러나 한편으로는 발화 계획이 유동적으로 이루어진다는 사실 또한 확인할 수 있다. 대부분의 발화는 일정한 시간적 패턴으로 나타나고 휴지의 출현 위치를 예측할 수 있으나, 일부 발화에 한해서는 예측하지 못한 곳에서 휴지가 나타나거나, 휴지가 나타날 것이라고 예상했던 곳에서 휴지가 출현하지 않기도 한다.

이러한 예들은 발화가 반드시 통사적 단위에 따라 체계적으로 계획된다고 말하기 어려운 것들이다. 그런 점에서 발화의 계획이 반드시 아주 체계적이고 자동적으로만 구성된다고 하기는 어렵다. 그러나 이런 예시들은 자료의 많은 부분을 차지하지 않는다. 또 이들은 발화 실수로 인하여 나타나거나, 특정 발화 전략을 수행하기 위해 나타나거나 혹은 화용적 이유로 인하여 나타나는 등 여러 다양한 이유로 인하여 관찰된다. 따라서 이와 같은 예시는 또 다른 예외적인 실현 양상으로 분류하여 살펴볼 필요가 있다. 발화의 대부분은 자동적이고 체계적으로 구조화되며, 일부 맥락이나 상황에 따라 유연하게 실현될 수 있다.

6. 후속 연구에 대하여

한국어 독백 자유 발화를 연구 대상으로, 구어의 시간 구조를 연구한 본고(유도영, 2022)의 발간 이후, 이와 유사한 연구가 몇 가지 진행된 바 있다. 이 장에서는 이 연구들을 간략하게 소개하고, 본 연구와의 관련성에 대하여 논의하고자 한다. 이 장에서 살펴볼 연구는 이동은(2023)과 전태희(2023)이다. 이 두 연구는 본고와 유사한 주제나 자료를 다루었으나, 본고에서는 구체적으로 살피지 못했던 다른 요인들을 분석했다는 점에서 관련성을 언급할 만하다.

먼저 이동은(2023)은 자유 발화와 독백 발화의 시간적 구조를 관찰하고 그 차이에 대하여 논의한 연구이다. 시간적 구조를 관찰하는 방식은 본고의 방법론을 따랐고, 본고에서는 살피지 못했던 발화 스타일 간의 비교를 수행했다는 점에서 의의가 있다. 인지적 부담량에 차이가 있는 발화 스타일을 비교함으로써, 본고에서 밝힌 시간적 구조가 실제로 인지적 요인에 의해 기인한 결과였는지를 확인할 수 있다.

전태희(2023)은 자유 발화의 억양구 단위에 주목하여 억양구의 경계 실현이 한국어의 통사·의미·정보 구조와 어떠한 상관관계를 갖는지 고찰한 연구이다. 본고와 연구 대상은 다르나, 억양구 경계가 대체로 휴지와 깊은 연관이 있다는 점을 고려하면 본 연구와의 관련성이 상당할 것임을 예상할 수 있다. 이 연구를 살펴봄으로써, 본고에서는 자세히 다루지 못했던 한국어의 특성과 시간 구조와의 연관성을 유추해볼 수 있을 것이다.

1) 이동은(2023)

연구 목적

이 연구는 한국어의 자유 발화와 낭독 발화의 시간적 실현 양상을 탐구하여, 대본의 여부나 성질에 따라 발화의 시간적 구조가 어떠한 양상적 차이를 보이는지 고찰한 연구이다. 유도영(2022)에서는 발화의 시간적 구조가 발화 계획과 관련이 있음을 밝혔는데, 그렇다면 발화 계획 유무에 따라서 시간 구조가 다른 실현 양상을 보일 것임이 명백하다. 이 연구는 그러한 점에 착안하여 진행된 연구라고 할 수 있다.

연구 방법

이 연구에서는 20대 수도권 거주 여성 30명의 자유 발화와, 두 가지의 낭독 발화의 시간 구조를 비교하였다. 자유 발화는 화자가 일상 주제에 대해 자유롭게 발화한 독백 과제였고, 낭독 발화는 본인의 독백 발화 전사본을 낭독한 낭독(본), 다른 사람의 독백 발화 전사본을 낭독한 낭독(타)로 나뉘었다.

연구 결과와 논의[1)]

가. 휴지 구간

먼저 이동은(2023)에서 관찰한 휴지 구간에 대해 살펴보겠다. 표

1) 이동은(2023)의 결과를 재구성한 것으로, 이동은(2023)과는 제시 순서에 차이가 있다.

<6-1>은 이동은(2023)에서 밝힌 과제별 평균 휴지 길이이다.

<표 6-1> 이동은(2023)에서 밝힌 과제별 평균 휴지 길이(ms)

	발화 내 휴지	발화 말 휴지
자유 발화	411	756
낭독(본)	375	742
낭독(타)	366	793

이동은(2023)의 결과에 따르면 자유 발화는 낭독 발화보다 대체로 휴지 길이가 길게 나타난다. 이는 휴지 길이에 대한 과제 차이를 살핀 유도영·신지영(2019)와 동일한 결과이다[2]. 다만 발화말 휴지 길이는 낭독(타)가 가장 길었다는 점이 주목할 만하다. 인지적으로 더 부담이 있는 자유 발화 과제에서 휴지 길이가 더 길어지는 것은 예상할 수 있는 결과이다. 그러나 별다른 발화 계획이 필요하지 않은 낭독 과제에서 낭독(타)의 발화 말 휴지 길이가 긴 것은 흥미롭다.

이동은(2023)은 이를 대본의 몰입도와 연관지어 해석하였다. 본인의 이야기를 낭독하는 낭독(본)은 화자가 대본에 몰입할 유인이 충분하며, 따라서 본인 이야기에 계속된 집중을 유도하고자 하는 자유 발화의 특징이 장독(본) 결과에 영향을 미쳤다는 것이다. 화자는 낭독(본)을 읽을 때, 이야기가 계속 이어진다는 신호를 주기 위해 발화가 끝나는 지점에 좀 더 짧은 휴지를 두게 된다. 반면 낭독(타)는 대본에 대한 화자의 몰입도가 낮아 휴지를 짧게 두어 청자를 발화에 집중시켜야 할 유인이 사라진다. 화자는 단지 문장 경계에서 휴지를 확실히 둠으로써 해당 발화의 종결 여부를 표시하는 것이다.

---

2) 유도영·신지영(2019)에서는 자유 발화의 발화 내 휴지가 평균 481ms, 발화 말 휴지가 평균 706ms이라고 보고하였다. 이동은(2023)과 유사한 결과이다.

다음으로는 이동은(2023)에서 관찰한 발화 내 위치에 따른 과제별 휴지 구간 길이이다.

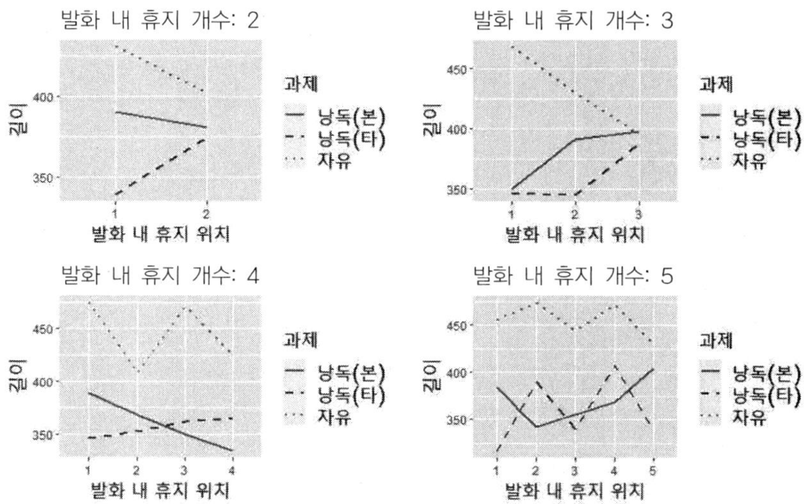

〈그림 6-1〉 이동은(2023:55)에서 관찰한 발화 내 위치에 따른 휴지 구간 길이

〈그림 6-1〉을 보면 전반적으로 자유 발화의 휴지 길이가 낭독 발화보다 더 길게 나타난다는 사실을 확인할 수 있다. 발화 내 위치에 따른 결과에 주목해 보면 점선으로 표시된 자유 발화의 휴지 길이는 대체로 발화의 시작 위치에서 가장 길고, 발화의 끝에서는 짧아짐을 알 수 있다. 그러나 낭독 발화는 그러한 경향성이 자유 발화만큼 일관된다고는 할 수 없었다. 이동은(2023)의 결과에 따르면, 발화의 끝으로 갈수록 휴지의 길이가 길어지는 양상은 자유 발화에서만 통계적으로 유의미했다.

이 결과는 휴지의 실현이 발화 계획과 관련이 있다는 유도영(2022)의 발견을 뒷받침해주는 결과라고 할 수 있다. 계획이 거의 필요하지 않은 낭독 발화는 발화 전반에 걸친 휴지 길이가 일관된 양상을 보이지 않았다.

본고의 분석에 의하면 발화의 끝으로 갈수록 휴지가 일관되게 길어지는 양상은, 발화 끝으로 갈수록 계획할 발화의 양이 점차 줄어드는 자유 발화의 특징이다. 발화 계획과 크게 관련이 없는 낭독 발화는 휴지 길이의 실현이 발화 전개와는 무관하게 나타난다는 점을 이동은(2023)을 통해 확인할 수 있다.

나. 조음 구간

다음으로, 이동은(2023)에서 관찰한 조음 구간의 길이에 대해 살펴보겠다. 〈표 6-2〉는 이동은(2023)에서 밝힌 조음 구간의 평균 길이이다.

〈표 6-2〉 이동은(2023)에서 밝힌 과제별 평균 조음 구간의 길이(ms)

	조음 구간의 길이
자유 발화	1971
낭독(본)	2834
낭독(타)	2905

위 표를 통해 알 수 있듯이, 낭독 발화는 자유 발화보다 조음 구간의 길이가 더 길었다. 자유 발화의 평균 조음 구간은 약 2초 가량으로 나타난 반면, 낭독 발화는 약 3초 가량의 길이를 보였다. 다시 말해 화자는 대본을 낭독할 때, 자유 발화보다 더 쉬지 않고 오랫동안 조음을 이어간다.

다음으로는 이동은(2023)에서 밝힌 발화 내 위치에 따른 조음 구간의 길이를 과제별로 나누어 살펴보겠다. 아래 〈그림 6-2〉는 그 결과를 제시한 것이다.

전반적으로 자유 발화의 발화 길이가 가장 짧게 실현됨을 확인할 수 있다. 발화 내 위치에 따라 살펴보면, 자유 발화는 발화의 시작 위치

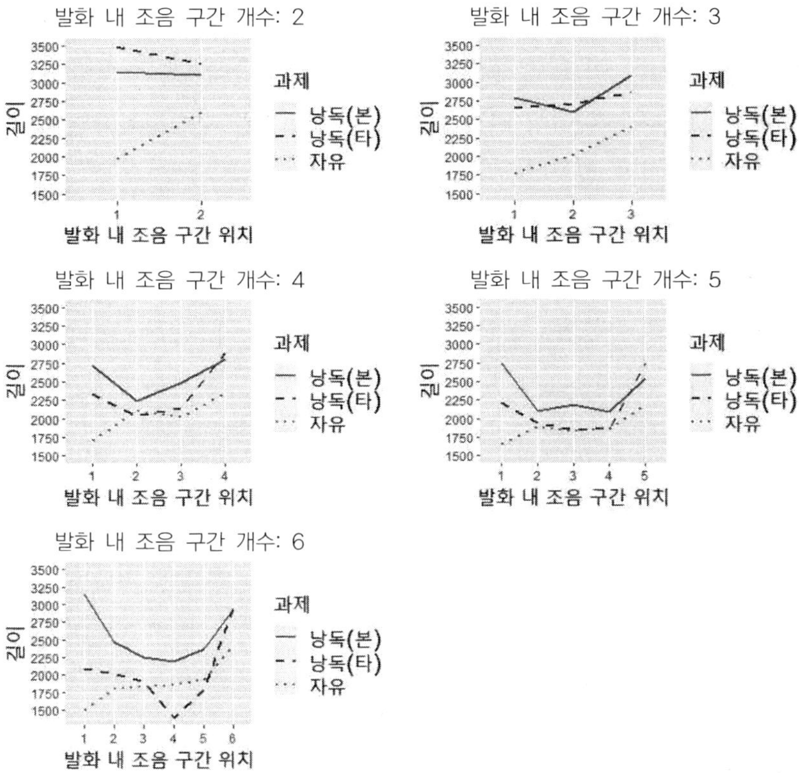

〈그림 6-2〉 이동은(2023:61)에서 관찰한 발화 내 위치에 따른 조음 구간 길이

에서는 가장 짧은 조음 구간을 보이고, 발화의 끝에서는 가장 긴 길이의 조음 구간 길이를 보임을 알 수 있다. 그러나 낭독 과제는 이러한 경향성이 일관되지 않았다. 발화의 끝으로 갈수록 조음 구간의 짧아지는 경향은 자유 발화에서만 통계적인 유의미성이 관찰되었다고 이동은(2023)에서는 밝혔다.

자유 발화와 낭독 발화의 실현 양상에 차이가 있다는 점은 조음 구간의 길이 역시 발화 계획과 같은 인지적 처리 과정에 영향을 받는다는 유도영(2022)의 관찰을 다시 한 번 지지하는 결과이다. 점점 더 많은 양의 발화 계획이 완성되어, 인지적으로는 부담이 덜한 발화의 후반부에서는 점점 더 쉼 없이 많은 양을 말할 수 있게 된다. 그러나 발화 계획과는 별다른 관련이 없는 낭독 발화는 이러한 경향성이 관찰되지 않는다.

다. 조음 속도

마지막으로 이동은(2023)에서 밝힌 조음 속도에 대해 살펴보겠다.

〈표 6-3〉 이동은(2023)에서 밝힌 과제별 평균 조음 속도(sps)

	조음 속도
자유 발화	5.63
낭독(본)	6.49
낭독(타)	6.65

위 결과에 따르면 자유 발화의 조음 속도는 낭독 발화의 조음 속도보다 더 빨랐다. 한국어 화자 432명의 낭독 발화를 분석한 이나라 외(2017)에서는 청년층의 평균 조음 속도가 6.72sps라고 밝힌 바 있다. 이동은(2023)에서도 낭독 발화의 조음 속도가 6.49sps, 6.65sps로 나타나, 기존 연구와 유사한 결과임을 알 수 있다. 반면 자유 발화는 5.63sps로 낭독 발화보다 초당 약 1음절 정도 느렸다.

다음은 이동은(2023)에서 밝힌 발화 내 위치에 따른 과제별 조음 속도를 살펴본다. 〈그림 6-3〉은 그 결과를 제시한 것이다.

그림을 보면 점선으로 표시된 자유 발화의 조음 속도가 낭독 발화의 조음 속도보다 더 느리다는 것을 확인할 수 있다. 발화 내 위치에 따른 실현 차이는, 휴지 구간이나 조음 구간의 길이와는 다소 차이가 있었다. 휴지 구간, 조음 구간의 경우, 낭독 발화는 발화의 시작부터 끝으로

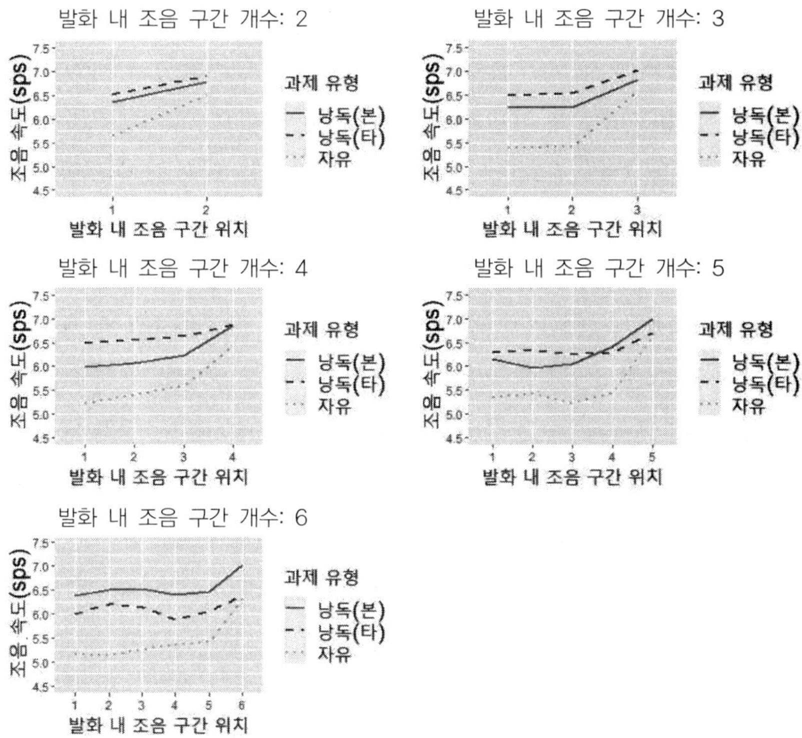

〈그림 6-3〉 이동은(2023:68)에서 관찰한 발화 내 위치에 따른 조음 속도

갈수록 길이가 일관되게 길어지거나 짧아지는 양상을 보이지 않았다는 점이 자유 발화와 차이를 보이는 지점이었다. 그러나 조음 속도는 모든 과제에서 일관되게 발화의 끝으로 갈수록 빨라지는 양상이 관찰됐다. 세 과제 모두 발화의 끝으로 갈수록 조음 속도가 빨라지는 경향이 통계적으로 유의미하게 확인되었다고 이동은(2023)은 밝혔다.

유도영(2022)에 따르면 자유 발화는 발화의 끝으로 갈수록 발화 계획과 관련된 인지적 처리 단계보다 계획된 내용을 산출하는 수행의 단계만이 남으므로 더 빠른 조음 속도가 나타난다고 하였다. 그러나 이동은(2023)에 따르면 낭독 발화 역시 발화 말로 갈수록 더 빠른 속도를 보인다. 이동은(2023)은 낭독 발화 역시 발화의 끝으로 갈수록 발화 내용에 대한 예측이 쉬워져 조음 속도가 빨라진다고 해석하였다. 또 대본에는 발화 끝에 마침표가 찍혀 있는데, 이를 통해 문장의 끝이 어딘지 시각적으로 확인할 수 있게 되면서 더욱 더 빠른 속도로 남은 글자를 읽어나갈 수 있다고 언급하였다.

다만 발화의 끝으로 갈수록 선형적인 증가율을 보이는 양상은 자유 발화에서 가장 두드러졌으며 낭독 발화는 자유 발화만큼의 증가율을 보이지는 못하였다. 이동은(2023)은 자유 발화에서는 발화 계획 여부까지 영향을 주어 더 가파른 증가율을 보인다고 해석하였다. 발화 계획이 조음 속도에 영향을 미친다는 사실이, 자유 발화와 낭독 발화의 조음 속도 증가율을 통해 확인된 것이다. 이 역시 조음 속도와 발화 계획이 관련된다는 유도영(2022)의 결과를 뒷받침해주는 발견이라고 할 수 있다.

2) 전태희(2023)

연구 목적

이 연구는 한국어 자유 발화의 억양구 경계 실현이 발화의 통사·의미·정보 구조와 어떠한 상관관계를 갖는지 고찰한 연구이다. 이 연구에서는 억양구가 구어 발화의 통사·의미·정보 구조뿐 아니라, 구어 산출과 관련된 인지적 처리 과정을 이해할 수 있게 하는 유용한 분석 수단이 된다고 보았다. 따라서 억양구 경계 실현을 관찰함으로써 구어가 어떠한 방식으로 구조화되고 산출되는지에 대한 이해를 넓힐 수 있다고 하였다.

연구 방법

이 연구는 유도영(2022)와 동일한 구어 자료를 분석하였으나, 연구 대상이 '억양구'였다는 점에서 차이가 있으며, 한국어의 통사·의미·정보 구조를 면밀하게 살폈다는 점이 의미가 있다. 이 연구에서는, 독립적인 성분일수록 억양구 경계가 더 잘 실현될 것이라는 가정 하에 통사적 차원의 독립성, 의미적 차원의 독립성을 주 변수로 삼았다. 이 연구에서 살핀 통사적 차원의 독립성에는 문장 성분, 절의 통사 유형이 속하며, 의미적 차원의 독립성에는 연결 어미의 의미 기능과 정보 구조가 속한다.

연구 결과와 논의[3)]

가. 문장 성분에 따른 실현

[억양구 경계 실현율]
서술어(84.7%) 〉 독립어(51.9%) 〉 부사어(36.8%) 〉 주어(36.7%) 〉 목적어(17.3%) 〉 관형어(16.6%) 〉 보어(2.3%)

통사적 독립성이 높은 문장 성분의 경계에서 억양구 경계가 상대적으로 더 많이 실현되었다.

[끝음절 지속시간]
–후행 휴지 있을 때
보어(354) 〉 관형어(352) 〉 목적어(328) 〉 주어(325) 부사어(322) 서술어(307) 〉 독립어(276)

3) 전태희(2023)의 결과를 재구성하여 본고와의 논의점이 있는 부분들만 요약적으로 제시하겠다. 여기서는 정확한 수치의 범위를 확인하는 것보다 전반적인 경향성을 요약적으로 확인하는 것이 목표이므로 전태희(2023)에서 제시한 결과 가운데 평균값만을 제시한다.

-후행 휴지 없을 때

관형어(349) 〉 독립어(329) 〉 목적어(328) 〉 부사어(311) 〉 주어(309) 〉 서술어(293)

통사적 독립성이 높은 문장 성분들은 대체로 짧은 끝음절 길이를 보였다.

[후행 휴지 실현율과 지속시간]

-휴지 실현율

독립어(88.9%) 〉 서술어(76.0%) 〉 부사어(72.1%) 〉 주어(70.1%) 〉 목적어(65.1%) 〉 관형어(58.9%)

-휴지 길이

독립어(542) 〉 서술어(529) 〉 주어(501) 〉 부사어(461) 〉 관형어(400) 〉 목적어(380)

후행 휴지 실현율은 통사적 독립성과 대체로 비례하였다. 휴지 길이 역시 억양구 경계 실현율의 순위를 따랐다. 억양구 경계가 잘 실현되는 위치에서 실현된 억양구일수록 후행 휴지의 지속시간이 길었다.

나. 절의 통사 유형에 따른 실현

[억양구 경계 실현율]

대등 접속절(91.8%) 〉 종속 접속절(80.9%) 〉 인용절(42.0%) 〉 관형절(19.5%)

접속절 경계(통사적 독립성이 높음)에서 억양구 경계 실현율이 매우 높다.

[끝음절 지속시간]
-후행 휴지 있을 때
관형절(357) 〉 인용절(333) 〉 종속 접속절(313) 〉 대등 접속절(284)
-후행 휴지 없을 때
관형절(362) 〉 종속 접속절(292) 〉 대등 접속절(287) 〉 인용절(244)

통사적 독립성이 낮을수록 더 긴 길이의 끝음절 지속시간을 보였다.

[후행 휴지 실현율과 지속시간]
-휴지 실현율
종속 접속절(76.4%) 〉 대등 접속절(73.4%) 〉 관형절(54.5%) 〉 인용절(38.4%)
-휴지 길이
종속 접속절(528) 〉 대등 접속절(516) 〉 관형절(420) 〉 인용절(405)

접속절들이 비접속절들에 비해 후행 휴지 실현율이 높고, 더 긴 후행 휴지가 관찰되었다.

다. 연결 어미의 의미 기능에 따른 실현

[억양구 경계 실현율]
독립적 의미 기능(95.3%) 〉 의존적 의미 기능(75.8%)

의미적 독립성 또한 억양구 경계 실현에 영향을 미쳤다. 의미적 독립성이 클수록 억양구 경계 실현율이 높았다.

[끝음절 지속시간]
-후행 휴지 있을 때

의존적 의미 기능(328) 〉 독립적 의미 기능(291)
–후행 휴지 없을 때
의존적 의미 기능(308) 〉 독립적 의미 기능(279)

의미적 독립성이 낮을수록 끝음절 지속시간이 길었다.

[후행 휴지 실현율과 지속시간]
휴지 실현율
독립(77.7%) 〉 의존(74.0%)
휴지 길이
독립(533) 〉 의존(525)

휴지 실현율과 휴지 길이는 큰 차이를 보이지 않았다.

라. 정보 구조에 따른 실현
[억양구 경계 실현율]
분열문(100%) 〉 화제(65.2%)

화제는 절 경계가 아닌 것들 중에서는 가장 높은 억양구 경계 실현율을 보였다. 정보 구조 경계는 일반적으로 억양구 경계가 쉽게 실현되는 위치가 아니더라도, 억양구 경계가 빈번히 실현될 수 있는 위치라고 할 수 있다.

[후행 휴지 실현율과 지속시간]
휴지 실현율
분열문(85.3%) 〉 화제(72.1%)
휴지 길이
화제(563) 〉 분열문(517)

분열문과 화제 모두 후행 휴지 실현율이 상대적으로 높았고, 긴 휴지가 관찰되었다.

위의 일련의 결과는 통사적이든 의미적이든 독립성이 큰 성분의 위치에서 억양구 경계 실현율이 높으며, 이때 후행 휴지가 뒤따를 확률도 높아진다는 점을 알려준다. 또 후행 휴지 길이 역시 독립성에 영향을 받는다. 전태희(2023)은 억양구 경계 실현율, 후행 휴지 실현율, 후행 휴지 지속시간이 모두 평행한 관계에 있다고 보았다. 끝음절 지속시간은 이와는 정반대의 양상을 보였는데, 이를 통해 억양구의 전형성은 휴지를 통해 드러난다고 해석하였다.

전태희(2023)에서 밝힌 억양구 경계 실현의 전형적인 위치는 '접속절 경계'와 '정보 구조의 경계'였다. 이런 전형적 억양구에서 후행 휴지가 길게 나타난다는 점을 통해, 억양구의 운율적 경계성이 끝음절 장음화보다는 후행 휴지를 통해 더 잘 드러난다고 해석하였다. 그러나 억양구 경계 실현의 전형성은 후행 휴지의 지속시간 그 자체보다는 후행 휴지가 끝음절에 비해 얼마만큼 긴지와 본질적으로 관련된다고 보았다. 통사·의미적 독립성이 강하게 나타나는 경계에서의 억양구일수록 끝음절에 비해 후행 휴지가 길어진다.

전태희(2023)에서 확인한 두 가지 결과, 즉 1)억양구의 전형적 위치가 문법적, 의미적으로 독립성이 큰 위치라는 것, 2) 이러한 전형적인 위치에서는 대체로 후행 휴지가 뒤따르며 그 휴지의 길이가 상대적으로 길다는 것은 유도영(2022)에서 기술한 논의점을 재확인시켜주는 결과이다. 유도영(2022)에서도 발화 초의 담화표지나 주어, 부사어, 발화 중간의 절 경계 서술어, 발화 끝의 종결 서술어에서 운율적으로 큰 휴지가 잘 관찰된다고 언급한 바 있다. 이러한 성분들은 문법적·의미적으로 독립성이 높은 성분들이다. 이 성분들 뒤에는 전형적인 억양구 경계 신호인 휴지가 잘 관찰된다는 것이 전태희(2023)에서도 증명되었다고 할 수 있다.

또, 같은 주어라고 하더라도 발화 초에 화제의 기능으로 나타난 주어일수록 휴지 실현율이 높다는 점을 확인하였다. 이와 유사하게, 전태희(2023)에서도 화제가 절 경계가 아님에도(전형적인 억양구 경계 위치가 아님에도) 상대적으로 높은 억양구 경계 실현율을 보인다고 보고하였다. 비록 유도영(2022)에서는 엄밀한 의미에서 통사나 의미 분석을 수행하지 못하였으나 전반적으로 파악한 경향성은 전태희(2023)의 결과와 일치했다.

이상으로 언급한 두 연구는 본 연구와 연구 대상이나 연구 자료 등이 다르지만, 본고에서는 확인하지 못했던 내용들을 직·간접적으로 연결지어 살펴볼 수 있다는 점에서 살펴볼 수 있었다는 점에서 언급할 만한 부분들이 있었다. 본 연구와 후속 연구를 통해 발화의 시간 구조는 본연적으로 구어의 인지적 처리 과정과 관련이 있으며, 언어 내적으로는 한국어의 문법, 의미적 특성을 반영한다는 사실을 다시 한 번 확인할 수 있었다.

7. 결론

이 연구의 목적은 한국어의 발화가 어떠한 시간적, 운율적 패턴을 보이는지 관찰하고 이것이 한국어의 특성을 어떻게 반영하고 있는지를 고찰하는 것이었다. 이를 살펴보기 위하여 구어의 주요한 운율적 경계인 휴지에 주목하였고, 휴지를 기준으로 구분된 단위들의 시간적, 선율적 실현 양상을 면밀히 관찰하였다.

실험에 사용된 자료는 20대 대학생이 산출한 독백 발화 자료였다. 이 자료를 발화 단위로 주석하고 나눈 뒤에, 휴지를 기준으로 분절하여 발화 단위, 휴지 구간, 조음 구간의 세 가지 연구 대상을 관찰하였다. 운율 실현은 시간적 실현과 선율적 실현으로 나누어 관찰하였다.

본고에서 관찰된 한국어 발화의 운율적 특징을 정리하면 다음과 같다. 한국어 발화는 평균적으로 약 11~12초 정도로 나타난다. 발화 안에는 평균적으로 약 4~5회의 휴지가 나타나며 조음 구간은 5~6개로 구분된다. 한 발화 안에는 여러 개의 조음 구간과 휴지 구간이 나타날 수 있는데, 이때 이 조음 구간과 휴지 구간의 운율적 실현은 발화 내에서의 위치에 따라 일관된 실현 패턴을 보인다.

발화 초 위치에서는 시간적으로 짧은 조음 구간, 긴 휴지, 느린 조음 속도, 긴 음절 길이가 관찰된다. 선율적으로는 적은 억양구 개수, 높은 음높이, 긴 경계 음절로 특징지어진다. 발화 말로 갈수록 이러한 추이는 일정하게 감소하거나 증가한다. 조음 구간의 길이는 발화 말로 갈수록 점차 길어지며, 휴지 길이와 음절 길이는 발화 말로 갈수록 짧아진다. 조음 속도는 발화 끝으로 갈수록 빠르게 나타난다. 억양구 개수는 발화 말에서 더 많아지며, 음높이는 더 낮아진다.

억양구 경계 성조는 L%, HL%가 발화 중, 발화 경계에서 모두 빈번하게 사용되었다. 그러나 세부적인 실현 양상은 차이를 보였는데, 발화 중에 있을 때 더 긴 길이의 경계 음절, 더 짧은 후행 휴지, 더 높은 음높이가 실현되었고, 발화가 끝나는 위치에서는 더 짧은 경계 음절, 긴 후행 휴지, 더 낮은 음높이가 실현되었다. H% 경계 성조는 주로 발화 중에서만 잘 나타났다.

본고는 이상의 결과들을 크게 두 가지 요인으로 해석하였다. 첫 번째 요인은 화자의 발화 계획과 청자의 정보 처리 과정이다. 일반적으로 긴 휴지가 나타날 경우 이는 발화 계획을 위한 인지적 부담이 있다고 본다. 또 짧은 조음 구간의 길이 역시 발화가 계획되는 시점에 잘 관찰되는 특징이 있다. 발화 초에서 화자는 남은 발화의 산출을 위해 많은 양의 발화 내용을 계획해야 한다. 따라서 발화 초 위치에서는 느린 조음 속도를 동반한 짧은 조음 길이, 긴 길이의 휴지가 관찰된다. 발화 말 위치로 가면 발화 계획의 필요성은 줄어든다. 계획이 완료된 내용을 산출하는 수행의 국면만이 남아 있기 때문이다. 이 위치에서 화자는 빠른 조음 속도로 많은 양의 내용을 휴지 없이 산출할 수 있다.

발화 운율은 또한 청자의 정보 처리에 대한 과정을 고려하여 실현된다. 일반적인 발화 이해는 발화 전체가 입력된 다음에 처리가 시작되는 것이 아니라, 발화의 시작부터 끝에 이르기까지 누적적으로 이루어진다. 발화의 시작 부분에서 청자는 해당 발화가 어떠한 내용으로 전개될지 예상하기 어렵다. 그러나 발화가 지속되면 내용에 대한 이해가 축적되므로 후행 내용에 대한 예측력이 강해진다. 따라서 발화 끝에 길고 빠른 조음 구간이 이어져도 청자는 이를 어렵지 않게 듣고 처리할 수 있다.

두 번째 요인은 발화의 통사·의미 구조이다. 발화 운율은 화제-평언 구조의 한국어의 의미 구조와 관련되어 있다. 짧은 조음 구간과 긴 휴지 실현은 화제의 음성적 특성과도 관련이 있다. 한국어 발화는 담화 측면에서 크게 화제-평언으로 구성되므로 짧은 조음 구간과 긴 길이의 휴지가 동반되는 화제가 발화 초반에 잘 관찰되고, 이후 발화는 해당 화제에 대한 덧붙임, 즉 평언이므로 좀 더 길게 실현된다. 이는 한국어에서 대체로 화제를 표지하는 보조사 '은/는'과 주어를 표지하는 '이/가'의 발화 내 위치별 실현 양상을 통해서도 확인할 수 있었다.

발화의 운율 실현은 통사 성분과도 밀접한 관련을 보인다. 발화 초에는 발화 계획을 위한 짧은 길이의 조음 구간이 관찰되는데, 이 위치에서 담화표지, 접속부사와 같은 시간 벌기 기능의 성분들이 관찰된다. 또 이러한 성분은 조음 구간의 길이가 짧으며 후행 휴지 길이가 길다. 발화 말에는 발화 종결의 서술어가 잘 나타나는데, 발화 계획이 요구되지 않는 위치이므로 긴 길이의 조음 구간이 관찰된다. 또 음높이는 발화의 시작과 끝으로 갈수록 점진적으로 하강하는 양상을 보이는데, 만약 후행 단위와 통사적 독립성이 높은 절접속의 서술어, 담화표지, 접속부사 등이 사용되면, 음높이 재설정이 관찰되기도 한다.

본고는 또한 발화의 운율 실현이 성별에 따라 어떠한 차이를 보이는지도 확인하였다. 시간 구조는 모든 화자에게서 일정한 패턴으로 나타나면서도, 세부적으로는 남녀의 차이를 드러내는 것들이 있었다. 남성 화자는 여성 화자보다 조음 구간의 길이가 짧았고 휴지 구간의 길이는 길었으며, 더 빈번한 휴지 출현을 보였다. 또 조음 속도는 남성이 여성보다 빨랐다. 이런 실현 양상은 다른 자료, 다른 언어를 분석한 선행 연구들과 일치하는 결과였다. 따라서 이러한 실현은 데이터 차이나 화자 개별 차이 혹은 언어의 차이를 상쇄시켜줄 만큼의 분명한 성별 색인의 기능을 수행한다고 해석하였다. 억양구 경계 성조의 경우에는 여성이 남성보다 더 다양한 종류의 경계 성조를 사용하며 굴곡 성조를 더 많이 사용한다는 결과를 확인하였다. 이는 대체로 여성이 더 동적인 억양을 사용하기 때문이다. 또 여성은 발화 말 H%를 남성보다 더 높게 실현하였다. 발화 말 위치의 높은 H%, 더 빈번한 굴곡 성조의 실현은 여성 발화의 특징이라고 할 수 있다.

마지막으로 본고는 발화의 운율 실현을 통하여 발화 계획의 범위를 예측하였다. 발화의 시간 구조는 발화 전체로 봤을 때 몇 개의 세부 군집으로 구성되어 있다. 일반적으로 화자는 전체 발화를 한꺼번에 계획한 뒤에 산출하기 어렵기 때문에, 발화를 지속해 나가면서 이어질 내용을 계획하게 된다. 이러한 화자의 인지적 행동들이 발화의 시간적 군집화로 나타난다. 본고의 연구 결과 발화는 작게는 1~3개의 조음 구간, 크게는 3~5개의 조음 구간으로 군집화된다. 이렇게 군집화된 단위 안에서 조음 구간 길이는 길어졌다 짧아졌다를 반복한다. 조음 구간의 길이가 길어졌다가 다시 짧아지는 길이의 재설정은 발화의 계획과 유관한 실현일 것이다. 실제로 이러한 위치에서 휴지 역시 짧아지다가 다시 길어지는 양상을 보인다. 따라서 한국어 화자는 약 1~3개에서 최대 3~5개의 조음 구간으로 주요한 내용들을 계획한다는 것을 알 수 있었다.

일상적인 구어 상황에서 화자는 끊임없이 발화를 계획하고 복잡한 문장을 일정 정도로 끊어 말한다. 이러한 과정에서 발화에는 휴지가 나타난다. 따라서 화자가 발화를 어떻게 조직하고 산출하는지 알기 위해서는 발화 내 휴지의 실현 위치나 길이 등을 다각도로 살펴 발화 안에 휴지 구간과 조음 구간이 어떠한 운율적 실현을 보이는지 확인해야 한다. 본 연구는 휴지를 기준으로 발화의 시간 구조가 어떻게 나타나는지 여러 운율 파라미터를 분석하여 살피고, 이를 발화의 전개 양상과 발화 계획의 범위 및 한국어의 특성과 관련지어 설명하려 하였다는 점에서 의의를 갖는다.

휴지를 기준으로 발화의 시간 구조에 대해 주목한 연구가 거의 없다는 점에서 본고는 휴지와 발화 단위의 운율 연구에 대한 시작점이 될 수 있다. 다만, 본고의 연구 결과가 인간 언어의 보편적인 인지적 현상으로 인한 것인지, 각 언어의 특성에 영향을 받은 것인지 확인하기 위해서는 다양한 언어를 대상으로 한 연구가 필요하다. 이에 대해서는 후속 연구를 기대해 보기로 한다.

참고문헌

강범모·허명희·김흥규(1998),「통계적 방법에 의한 한국어 텍스트 유형 및 문체 분석」,『언어학』(언어학회) 22, pp.3-57.

곽숙영(2012),「한국어 발화의 점진하강 현상에 대한 연구」, 고려대학교 박사학위 논문.

구현정(2005),「말뭉치 바탕 구어 연구」,『언어과학연구』(언어과학회) 32, pp.1-20.

국립국어원(2005ㄱ),『(21세기 세종계획) 국어 특수자료 구축』, 국립국어원.

__________(2005ㄴ),『외국인을 위한 한국어 문법 2-용법 편-』, 국립국어원.

권미선·김향희·최상숙·나덕렬·이광호(1998),「한국 성인의 자발화 분석에 관한 연구: CIU 분석법을 중심으로」,『Communication Science and Disorders(CSD)』(한국언어청각임상학회) 3, pp.35-49.

김성은(2010),「후보충 구문의 운율구 형성 양상」, 고려대학교 석사학위논문.

김수진·차재은·오재혁(2011),「발화 요소와 발화 유형」,『한국어 의미학』(한국어의미학회) 36, pp.91-118.

김정선(2017),「자연발화 음성 코퍼스에서 발화 속도에 대한 발화 길이의 영향」,『말소리와 음성과학』(한국음성학회) 9(1), pp.9-17.

김태경(2014),「국어의 동일 조음 위치 폐쇄음 연쇄에 대한 실험음성학적 연구」,『언어과학』(한국언어과학회) 21(3), pp.45-64.

김한식(2003),「한-일 통역에 있어서의 발화문장의 길이의 문제와 통역의 이해성 제고 전략」,『일본언어문화』(한국일본언어문화학회) 2, pp.27-50.

노대규(1996),『한국어의 입말과 글말』, 국학자료원.

박시균·김지영(2016),「한국어 동일 조음 위치의 연속된 두 자음에 대한 지각·산출 연구 - 폐쇄음을 중심으로」,『언어』(한국언어학회) 41(4), pp.571-591.

배재연·신지영·고도흥(1999),「음성환경에 따른 한국어 폐쇄음의 음향적 특성: 시간적 특성을 중심으로」,『음성과학』(한국음성학회) 5(2), pp.139-159.

송인성(2015),「국어 담화표지의 기능과 운율」, 고려대학교 박사학위논문.

신윤경·황민아·임종아(2018),「정상 노년층의 설명하기와 설득하기 담화 산출 특성: 유효정보, 구문복잡성, mazes를 중심으로」,『언어치료연구』(한국언어치료학회) 27(1), pp.13-27.

신지영(2013), 「소통과 공감을 위한 전달력 높은 말하기의 언어학적 조건(1) -운율적 측면을 중심으로-」, 『어문논집』(민족어문학회) 69, pp.113-133.

_____(2014), 『말소리의 이해』, 한국문화사.

_____(2017), 「구어에서 운율 표지와 형태 표지의 분포와 기능, 『한국어학』(한국어학회) 77, pp.37-63.

_____(2018), 「언어 수행에서의 호흡과 기억」, 『한국어학』(한국어학회) 79, pp.91-116.

신지영·김경화(2017), 「한국인 표준 음성 DB 구축(II)」, 『말소리와 음성과학』(한국음성학회) 9(2), pp.9-22.

안병섭(2007), 「언어 분석 단위로서 '발화' 설정 방법론 연구」, 『한국학연구』(고려대학교 한국학연구소) 26, pp.233-259.

_____(2020), 『한국어 운율과 음운론』, 서울: 월인.

오재혁(2011), 「국어 종결 억양의 문법적 기능과 음성적 특징에 대한 지각적 연구」, 고려대학교 박사학위논문.

_____(2015), 「한국어 리듬의 등시성에 대하여」, 『한국어학』(한국어학회) 68, 한국어학회, pp.91-115.

_____(2016), 「음운론적 환경에 따른 국어 단모음의 길이 변화 양상」, 『겨레어문학』(겨레어문학회) 57, pp.158-207.

유도영·신지영(2019), 「과제, 성별, 세대에 따른 휴지의 실현 양상 연구」, 『말소리와 음성과학』(한국음성학회) 11(2), pp.33-44.

_____·_____(2020), 「휴지 단위와 호흡 단위의 실현 양상 연구」, 『말소리와 음성과학』(한국음성학회) 12(1), pp.19-31.

유필재(1994), 「발화의 음운론적 분석에 대한 연구: 단위 설정을 중심으로」, 서울대학교 석사학위논문.

윤지혜·정혜영·이윤경·김유섭·최지은·김지수(2018), 「초기아동기(유아기)에서 노년기까지 전생애 구문 능력 발달: 대화 자료 분석을 중심으로」, 『Communication Science and Disorders(CSD)』(한국언어청각임상학회) 23(4), pp.929-946.

이나라·신지영·유도영·김경화(2017), 「한국어 발화 속도의 지역, 성별, 세대에 따른 특징 연구」, 『말소리와 음성과학』(한국음성학회) 9(1), 한국음성학회, pp.27-39.

이동은(2023), 「한국어 자유 발화와 낭독 발화의 시간적 실현」, 고려대학교 대학원.

이숙향(1998), 「한국어 운율구조와 관련한 모음 및 음절 길이」, 『말소리』(대한음성학회) 35, pp.13-24.

이숙향·고현주(2004), 「발화속도와 한국어 분절음의 음향학적 특성」, 『한국음향학회지』(한국음향학회) 23(2), pp.162-172.

이영미·김향희(2001), 「대화와 그림설명과제를 통한 한국성인 발화의 비교 분석」, 『언어청각장애연구』(한국언어청각임상학회) 6(1), pp.40-52.

이정훈(2009), 「韓國語 後補充 構文의 構造」, 『어문연구』(한국어문교육연구회) 37(2), pp.31-54.

이향원(2021), 「운율 단위 경계에 위치한 음운의 음성적 변이」, 고려대학교 박사학위논문.

이호영(1996), 「국어 음성학」, 태학사.

이희자(2002), 「'의사소통 최소단위'로서의 '발화문'과 '문장'」, 『텍스트언어학』(한국텍스트언어학회) 13, pp.343-366.

전영옥(2003), 「한국어 억양 단위」, 『담화와 인지』(담화인지언어학회) 10(1), pp.241-265.

전태희(2023), 「한국어 자유 발화 억양구 경계 실현에 관한 연구」, 고려대학교 대학원.

전태희·신지영(2020), 「절의 통사 유형에 따른 운율적 실현 양상」, 『한국어학』(한국어학회) 86, pp.205-236.

조민하(2011), 「연결어미의 종결기능과 억양의 역할」, 고려대학교 박사학위논문.

최현주(2012), 「노년층의 담화 산출 특성: 노화, 성별, 교육정도에 따른 차이」, 『말소리와 음성과학』(한국음성학회) 4(2), pp.135-143.

하영우(2015), 「구어 자료에 나타난 접속부사의 기능·형태·운율에 관한 연구」, 고려대학교 박사학위논문.

하영우·김민국(2018), 「접속문의 의미·통사 구조와 운율 실현 양상 -연결어미 '-고' 접속문을 중심으로」, 『국어학』(국어학회) 88, pp.137-172.

한선희·오미라(1999), 「한국어 억양구의 경계톤」, 『음성과학』(한국음성과학회) 5(2), pp.109-129.

Baik, W.(1995), *An electropalatographic study of coarticulation in Korean VCV and CVC sequences,* Ph.D. dissertation, Georgetown University.

Baron, D., Shriberg, E., & Stolcke. A.(2002), Automatic punctuation and disfluency detection in multi-party meetings using prosodic and lexical cues. *In Proc. Intl. Conf. on Spoken Language Processing, volume 2,* pp.949–952.

Beckman, M. & Pierrehumbert, J.(1986), "Intonational Structure in Japanese and English", *Phonology Yearbook 3,* pp.255–309.

Berryman–Fink, C. L., & Wilcox, J. R.(1983), A multivariate investigation of perceptual attributions concerning gender appropriateness in language. *Sex Roles, 9*(6), pp.663–681.

Boersma, P. & Weenink, D.(2017), Praat: doing phonetics by computer [Computer program]. Version 6.0.35, http://www.praat.org/

Borrie, S. A., McAuliffe, M. J., Liss, J. M, O'Beirne, G. A., & Anderson, T.J.(2013), The role of linguistic and indexical information in improved recognition of dysarthric speech. *J Acoust Soc Am, 133*(1), pp.474–82.

Brown, G., K. Currie, & Kenworthy. J.(1980), *Questions of Intonation.* London: Croom Helm.

Butterworth, B.(1975), Hesitation and semantic planning in speech. *Journal of Psycholinguistic Research, 4,* pp.75–87.

Byrd, D.(1994), Relations of sex and dialect to reduction, *Speech Communication, 15*(1–2), pp.39–54.

Cappella, J. N.(1985), The management of conversations. In M. L. Knapp & G. R. Miller(Eds.), *The handbook of interpersonal communication,* Beverly Hills, CA: Sage, pp.393–438.

Chafe, W. L.(1976), Givenness, contrastiveness, definiteness, subjects, topics and point of view. In C. N. Li(Ed), *Subject and Topic*(pp.25–55), New York: Academic Press.

Chow, I., & Brown, S.(2018), A musical approach to speech melody. *Frontiers in Psychology, 9,* Article 247.

Clark, H. H., & Clark, E. V.(1977), *Psychology and language: an intoduction to psychololinguistics.* Harcourt Brace Javanovich, NY.

Clopper, C., & Smiljanic, R.(2015), Regional variation in temporal organization in American English. *Journal of Phonetics, 49,* pp.1–15.

Crookes, G.(1990), The utterance, and other basic unit for second language discourse analysis. *Applied Linguistics, 11,* pp.183–199.

Ferreira F.(1991), Effects of length and syntactic complexity on initiation times for prepared utterances. *Journal of Memory and Language, 30,* pp.210–233.

Ferreira, F., & Swets, B.(2002), How incremental is language production? Evidence from the production of utterances requiring the computation of arithmetic sums. *Journal of Memory & Language, 46,* pp.57–84.

__________________(2005), The production and comprehension of resumptive pronouns in relative clause 'island' contexts. In A. Cutler(Ed.), *Twenty–first century psycholinguistics: four corners–tones*(pp.263–278), Lawrence Erlbaum Associates Publishers.

Fuchs, S., Petrone, C., Krivokapic, J., & Hoole, P.(2013), Acoustic and respiratory evidence for utterance planning in German. *Journal of Phonetics, 41,* pp.29–47.

Giles, E., Patterson, K., & Hodges, J. R.(1996), Performance on the Boston Cookie Theft picture description task in patients with early dementia of the Alzheimer's type: Missing information. *Aphasiology, 10,* pp.395–408.

Goldman–Eisler, F.(1972), Pauses, clauses, sentences. *Language and Speech, 15*(2), pp.103–113.

Goodglass, H. & Kaplan, E.(1972), *The assessment of aphasia and related disorders.* Philadelphia, Boston: Lea & Febiger.

Grosjean, F., Grosjean L., & Lane H.(1979), The patterns of silence: Performance structures in sentence production, *Cognitive Psychology, 11,* pp.58–51.

Haan, J., & van Heuven, V. J.(1999), Male vs. female pitch range in Dutch questions [Paper presentation]. *Proceedings of the 14th International Congress of Phonetic Sciences, San Francisco, August 1999* (pp.1581–1584), International Phonetic Association.

Henderson, A., Goldman–Eisler, F., & Skarbek, A.(1965), Temporal patterns of cognitive activity and breath control in speech. *Language and Speech, 8*(4), pp.236–242.

Henderson, A., Goldman–Eisler, F., & Skarbek. A.(1966), Sequential

Temporal Patterns in Spontaneous Speech. *Language and Speech, 9*(4), pp.207–216.

Hirsch, K. W., & Ellis, A. W.(1994), Age of acquisition and lexical processing in aphasia: A case study. *Cognitive Neuropsychology, 11.* pp.435–458.

Hirschberg, J.(2004), Pragmatics and Intonation. In LR Horn., & G Ward Ed, *The Handbook of Pragmatics* (pp.515–537), Blackwell Publishing.

Hirschberg, J., & Nakatani, C.(1996), A prosodic analysis of discourse segments in direction-giving monologs. *Proceedings of the 34th Annual ACL Meeting.* pp.286–293.

Jacewicz, E., Fox, R. A., O'Neill, C., & Salmons, J.(2009), Articulation rate across dialect, age, and gender. *Language Variation and Change, 21*(2), pp.233–256.

Jacewicz, E., Fox, R. A., & Wei, L.(2010), Between-speaker and within-speaker variation in speech tempo of American English. *The Journal of the Acoustical Society of America, 128*(2), 839–850.

Jun, S. A.(2019), *The Phonetics and phonology of Korean Prosody – Intonational Phonology and prosodic Structure.* London: Routledge.

_________(2000), K-ToBI (Korean ToBI) labelling conventions: Version 3. *Speech Sciences, 7,* pp.143–169.

Kamoi, K., Yamamoto, T., Muto., Y., & Miyake, Y.(2011), Temporal relationship between pause and utterance durations in speech of short sentence. 2011 IEEE/SICE International Symposium on System Integration (SII), pp.100–105.

Kemper, S., & Sumner, A.(2001), The structure of verbal abilities in young and older adults. *Psychology and Aging, 16.* pp.312–322.

Kendall, T. S.(2013), *Speech Rate, Pause and Sociolinguistic Variation: Studies in Corpus Sociophonetics.* Palgrave Macmillan.

Kowal, S. & O'Connell, D. C.(1980), Pausological research at Saint Louis University. In H. Dechert & M. Raupach (Ed.), *Temporal Variables in Speech: Studies in Honour of Frieda Goldman-Eisler* (pp.61–66), Berlin, New York: De Gruyter Mouton.

Krivokapic, J.(2007), Prosodic Planning: Effects of Phrasal Length and

Complexity on Pause Duration. *Journal of Phonetics, 35*(2), pp.162–179.

Ladd(1996), *Intonational Phonology.* (Cambridge Studies in Linguistics. 79.) Cambrige: Cambridge University Press.

Laver, J.(1994), P*rinciples of phonetics.* Cambrige: Cambridge University Press.

Lee. W.–P.(2000), A Conversational Analysis of Right–dislocation in Korean: Discourse Functions and Implications. 『담화와 인지』 7(2), pp.1–40.

Loban, W.(1966), *Language Ability: Grades Seven, Eight, and Nine,* Washington, DC: Goverment Printing Office.

Lin, HY. & Fon, J.(2011), The Role of Pitch Reset in Perception at Discourse Boundaries. *ICPhS,* XVII, pp.1242–1245.

Mitchell, H. L., Hoit, J. D., & Watson, P. J.(1996), Cognitive linguistic demands and speech breathing. *Journal of Speech and Hearing Research, 39*(1), pp.93–104.

Nespor, M., & Vogel, Irene.(1952), *Prosodic phonology.* Dordrecht, Holland ; Riverton, N.J. : Foris Publications.

Nicholas, L. E., & Brookshire, R. H.(1993), A system for quantifying the informativeness and efficiency of the connected speech of adults with aphasia. *J Speech Hear Res, 36(2),* pp.338–50.

Pierrehumbert, J.,(1980), *The Phonology and Phonetics of English Intonation.* Ph.D. dissertation, MIT.

Pierrehumbert, J. & Beckman, M.(1988), *Japanese Tone Structure,* MIT Press.

Quené, H.(2008), Multilevel modeling of between–speaker and within–speaker variation in spontaneous speech tempo. *The Journal of the Acoustical Society of America, 123*(2), pp.1104–1113.

R Development Core Team(2011), *R: A language and environment for statistical computing. R Foundation for Statistical Computing.* Vienna, Austria. http://www.R–project.org/.

Rietveld, T. & Vermillion, P.(2003), Cues for Perceived Pitch Register. *Phonetica, 60*(4), pp.261–272.

Rochet–Capellan, A,, & Fuchs, S.(2013), The Interplay of Linguistic Structure and Breathing in German Spontaneous Speech. *Interspeech*

2012, pp.Thu.O9d.05, hal-00741667.

Schmid, M., & Bradley, E.D.(2019), Vocal pitch and intonation characteristics of those who are gender non-binary. *In Proceedings of 2019 International Congress of Phonetic Sciences(ICPhS)*, pp.2685-2689.

Shriberg, E., Bates, R.A., & Stolcke, A.(1997), A prosody only decision-tree model for disfluency detection. *EUROSPEECH*, In Fifth European Conference on Speech Communication and Technology.

Silva, A. C. O. & Fonseca, A.(2018), Prosody and Processing: Comprehension and Production of Topic-Comment and Subject-Predicate Structures in Brazilan Portuguese. *Revista de Estudos da Linguagem*, *26*(4), pp.1601-1646.

Smith C. L.(2004), Topic transitions and durational prosody in reading aloud: production and modeling, *Speech Communication, 42*, pp.247-270.

Suci, G. J.(1967), The validity of pause as an index of units in language. *Journal of Verbal Learning & Verbal Behavior, 6*(1), pp.26-32.

Swerts, M., & Collier, R.(1992), On the controlled elicitation of spontaneous speech. *Speech Communication, 11*, pp.463-568.

Swerts, M., & Geluykens, R.(1994), Prosody as a marker of information flow in spoken discourse. *Language and Speech 37*, pp.21-43.

Swets, B., Jacovina, M. E., & Gerrig, R. J.(2013), Effects of conversational pressures on speech planning. *Discourse Processes, 50*, pp.23-51.

Tukey, J.(1977), *Exploratory Data Analysis. Reading*, Addison-Wesly.

Winkworth, A. L., Davis, P. J., Ellis, E., & Adams, R. D.(1994), Variability and Consistency in Speech Breathing during Reading: Lung Volumes, Speech Intensity, and Linguistic Factors. *Journal of Speech and Hearing Research, 37*(3), pp.535-56.

Zellner, B.(1994), Pause and the Temporal Structure of Speech. In E. Keller (Ed.) *Fundamentals of speech synthesis and speech recognition*. Wiley. (pp.41-62.)

[부록 1] 경계 성조 예시

(1) L%

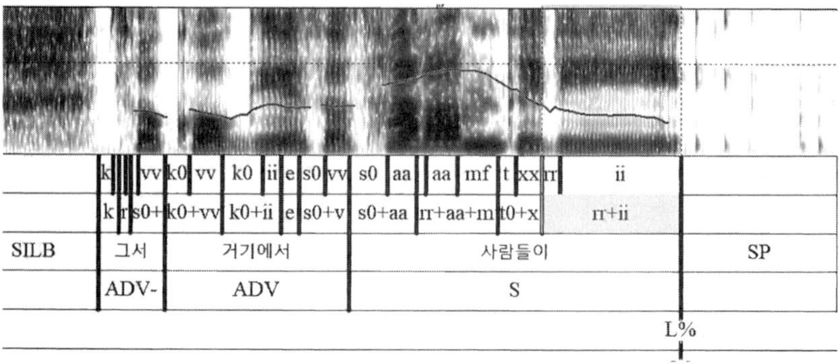

억양구 '그서/거기에서/사람들이'의 마지막 음절 [리]는 선행 음절 [드]보다 낮은 음높이로 시작하여 지속적으로 하강하는 음높이 곡선을 보인다. 따라서 경계 성조는 L%로 주석되었다.

(2) H%

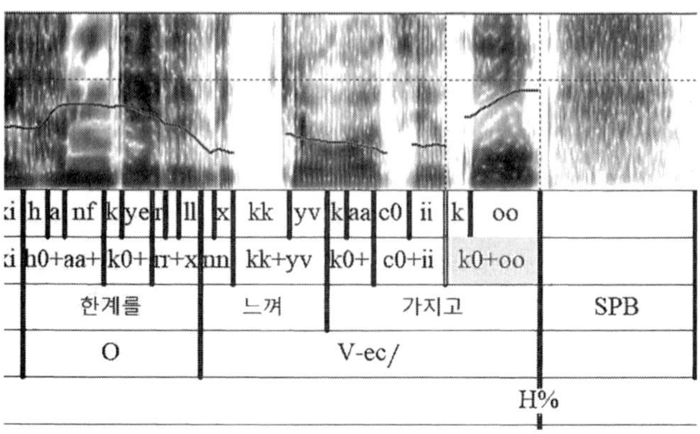

억양구 '한계를/느껴가지고'의 마지막 음절 [고]는 선행 음절 [지]보

다 높은 음높이로 시작하여 지속적으로 상승하는 음높이 곡선을 보인다. 따라서 경계 성조는 H%로 주석되었다.

(3) LH%

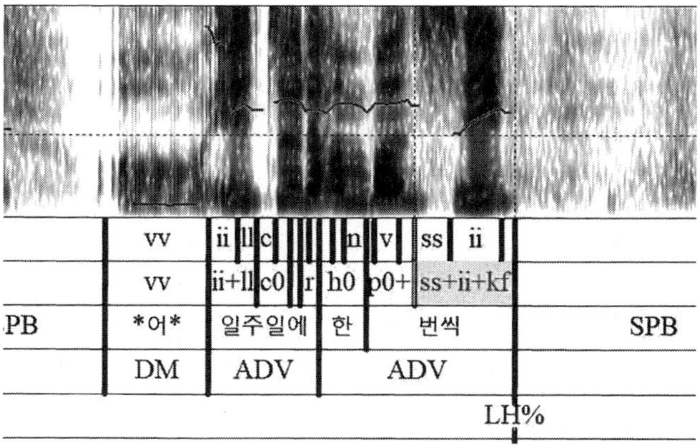

억양구 '일주일에/한 번씩'의 마지막 음절 [씩]은 선행 음절 [번]에 비하여 낮은 음높이로 시작하여, 음절 끝으로 갈수록 상승하는 음높이 곡선을 보인다. 따라서 경계 성조는 LH%로 주석되었다.

(4) HL%

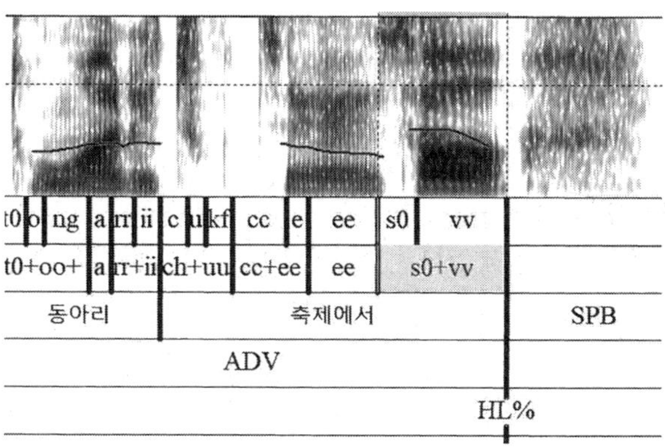

억양구 '동아리/축제에서'의 마지막 음절 [서]는 선행 음절 [에]에 비하여 높은 음높이로 시작하여, 음절 끝으로 갈수록 하강하는 음높이 곡선을 보인다. 따라서 경계 성조는 HL%로 주석되었다.

(5) LHL%

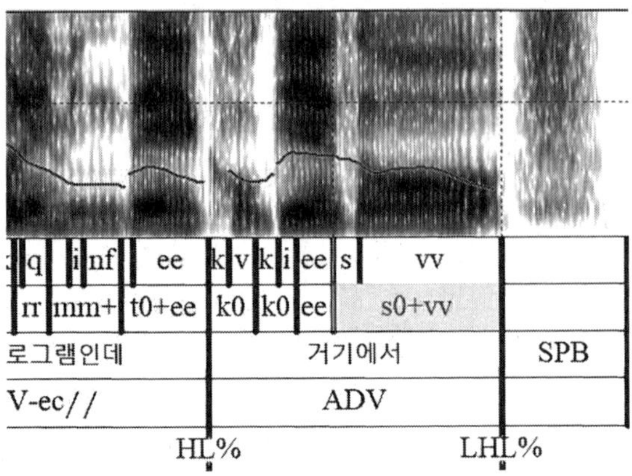

억양구 '거기에서'의 마지막 음절 [서]는 선행 음절 [에]보다 낮은 음높이로 실현되었으며, 음높이가 상승했다가 다시 하강하는 움직임을 보인다. 따라서 경계 성조는 LHL%로 주석되었다.

(6) HLHL%

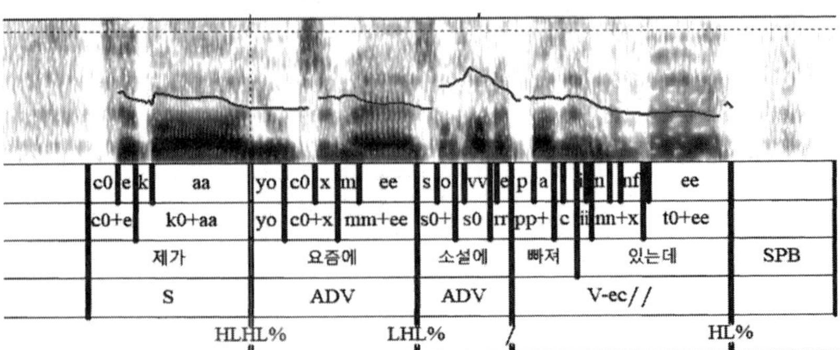

억양구 '제가'의 마지막 음절 [가]는 선행 음절 [제]보다 높게 실현되었으며, 음높이가 다시 하강-상승-하강의 움직임을 보인다. 따라서 경계 성조는 HLHL%로 주석되었다.

[부록 2] 통사 성분의 발화 내 위치에 따른 출현 빈도

▌휴지가 후행하는 통사 성분의 발화 내 위치에 따른 출현 빈도

	발화 내 휴지 실현 위치									
	1	2	3	4	5	6	7	8	9	10
부사어	228	135	100	94	112	113	88	99	95	42
독립어	148	72	63	67	49	47	53	55	42	16
주어	50	70	59	40	41	34	39	20	23	16
목적어	3	11	14	18	14	16	20	18	28	16
보어	0	0	0	0	1	0	0	0	4	1
관형어	12	24	35	31	29	26	23	31	42	20
서술어	44	112	143	152	178	180	186	180	109	940
합계	485	424	414	402	424	416	409	403	343	1051

▌휴지가 후행하는 서술어의 발화 내 위치에 따른 출현 빈도

	발화 내 휴지 실현 위치									
	1	2	3	4	5	6	7	8	9	10
서술어(발화 말)	0	0	0	0	0	0	0	0	0	900
서술어(대등 접속)	6	45	58	64	78	79	84	59	36	9
서술어(종속 접속)	37	66	82	85	98	98	93	116	64	23
서술어(인용절)	1	1	3	3	2	3	8	5	8	5
서술어(동사 연결)	0	1	0	0	0	0	1	0	1	3

동사 연결: 합성어나 본용언+보조용언 구성과 같이 두 개 이상의 용언이 본래는 선후행 성분과 함께 하나의 서술어로 태그되어야 하나, 휴지가 개입됨에 따라 동사 연결 구성으로 따로 분류된 것.

▌휴지가 후행하는 부사어의 발화 내 위치에 따른 출현 빈도

	발화 내 휴지 실현 위치									
	1	2	3	4	5	6	7	8	9	10
접속부사	117	20	5	4	7	5	4	4	0	0
일반 부사	46	39	34	31	40	41	30	42	30	17

부사격 조사	30	31	33	31	31	38	34	32	37	14
보조사	20	20	18	17	22	13	6	11	12	2
명사	6	16	8	8	9	9	11	6	11	5
연결어미	9	9	2	3	3	7	3	4	5	2

▌휴지가 후행하는 독립어의 발화 내 위치에 따른 출현 빈도

	발화 내 휴지 실현 위치									
	1	2	3	4	5	6	7	8	9	10
담화표지	147	71	63	66	49	47	52	55	42	16
감탄사	1	1	0	1	0	0	1	0	0	0

찾아보기

[기타]

민족문화연구총서 출간현황(~2023.10.16)

NO		서명	저자	정가
1	총서1	19世紀 韓國 傳統社會의 變貌와 民衆意識	진덕규	9,000
2	총서2	洪武正韻譯訓의 新研究	박병채	10,000
3	총서3	고조선에 대한 새로운 해석	김정배	35,000
4	총서4	韓國 近代教育法制 研究	안기성	13,000
5	총서5	韓國 近代戲曲史 研究	서연호	11,000
6	총서6	韓國 巫俗의 綜合的 考察	김인회	9,000
7	총서7	朝鮮 後期의 詩經論과 詩意識	김흥규	8,000
8	총서8	高麗時代 佛教詩의 研究	인권환	9,000
9	총서9	韓國 現代詩意識 研究	이기서	8,000
10	총서10	道家思想의 研究	이강수	8,000
11	총서11	조선후기 군수광공업사 연구-조총·화약·연환제조를 중심으로	유승주	22,000
12	총서12	西學에 대한 韓國實學의 反應	최동희	9,000
13	총서13	朝鮮前期 制度言論 研究	목정균	9,000
14	총서14	韓國 現代詩史의 代位的 構造	오탁번	7,000
15	총서15	개정증보-金鰲新話 研究	설중환	17,000
16	총서16	韓國의 傳統婚禮 研究	박혜인	9,000
17	총서17	古小說의 原始宗教思想 研究	박용식	10,000
18	총서18	가톨릭과 朝鮮後期 社會變動	노길명	10,000
19	총서19	1920年代 韓國小說 研究	송하춘	8,000
20	총서21	朝鮮後期 天主教史 研究	조광	8,000
21	총서23	朝鮮後期 小說讀者 研究	대곡삼번	7,000
22	총서24	전면개정판-한국의 옛길 嶺南大路	최영준	28,000
23	총서25	金東仁 研究	김춘미	9,000
24	총서26	韓國古代社會의 軍事와 政治	김영하	13,000
25	총서27	古墳出土 副葬品 研究	윤세영	10,000
26	총서31	云丁散藁	김춘동	15,000
27	총서32	韓國現代詩의 意識現象學的 研究	최동호	9,000
28	총서34	韓國 家庭小說 研究	우쾌제	10,000
29	총서36	國語被動 研究	배희임	8,000
30	총서37	韓國古典文學의 原典批評的 研究	정규복	11,000

31	총서38	企齋記異 硏究	소재영	10,000
32	총서40	法을 통한 朝鮮植民地 支配에 관한 硏究	영목경부	14,000
33	총서42	국어내용연구1	배해수	14,000
34	총서43	日帝末期의 韓國小說 硏究	김종균	12,000
35	총서44	國語 體言化構文의 硏究	홍종선	8,000
36	총서45	羅末麗初의 豪族과 社會變動 硏究	김갑동	10,000
37	총서46	古代國語學 硏究	박병채	13,000
38	총서47	牧民心鑑 硏究	김성준	8,000
39	총서48	韓國傳統音樂 論究	한명희	9,000
40	총서49	漢字語系 歸化語 硏究	조세용	7,000
41	총서51	韓國近代敎育思想 硏究	차석기	11,000
42	총서53	古代國語의 語彙 硏究	천소영	9,000
43	총서54	春香傳의 辭說形成 原理	전경욱	9,000
44	총서55	近代轉換期의 言語와 文學	홍일식	9,000
45	총서56	北靑方言의 音韻論	이기동	7,000
46	총서57	韓國文學의 考證的 硏究	최강현	14,000
47	총서58	현대시·시조통합이론	민병기	15,000
48	총서59	高麗 武臣政權期 農民·賤民抗爭 硏究	이정신	10,000
49	총서60	白頭山 說話 硏究	정재호	18,000
50	총서63	朝鮮朝 畿湖學派의 禮學思想에 關한 硏究	배상현	13,000
51	총서65	栗谷李珥의 聖學硏究	장숙필	7,000
52	총서66	韓國古地名辭典	전용신	14,000
53	총서67	高麗·朝鮮時代 敍事文學 發展의 硏究	성택승	8,000
54	총서68	渤海史의 綜合的 考察	한규철	14,000
55	총서70	韓國 近代小說論 硏究	윤충의	9,000
56	총서72	韓國近世 禪家文學	서규태	8,000
57	총서73	조선 중기 정치권력구조 연구	정홍준	9,000
58	총서75	조선후기 운서 한자음 연구	정경일	11,000
59	총서77	高麗 前期 私田 硏究	윤한택	8,000
60	총서78	근대 한국 고등교육 연구	한용진	25,000
61	총서79	심능숙 문학의 연구	장효현	15,000
62	총서81	韓國 近代 文學批評論 硏究	신재기	10,000

63	총서85	한국 현대비평의 문체	이병헌	11,000
64	총서87	조선후기 시가의 현실인식	박노준	12,000
65	총서89	고구려 전기 정치사 연구	금경숙	9,000
66	총서90	독립국가연합 고려인의 생활과 의식	윤인진	10,000
67	총서91	美軍政下의 教育政策 研究	김용일	10,000
68	총서92	조선시대 성리학의 연구	윤사순	10,000
69	총서93	朝鮮後期 中人層 漢文學의 研究	윤재민	14,000
70	총서94	범주문법	강범모	8,000
71	총서95	조선 후기 우화소설 연구	정출헌	12,000
72	총서96	高麗後期 政房 研究	김창현	12,000
73	총서97	토끼傳·水宮歌 研究	인권환	16,000
74	총서100	日帝下의 朝鮮貿易 研究	송규진	10,000
75	총서101	지리산지 농업과 촌락 연구	정치영	20,000
76	총서103	高麗時代 中樞院 研究	박용운	14,000
77	총서104	조선초기 전세제도 연구	강제훈	13,000
78	총서106	기정진 철학사상 연구	박학래	9,000
79	총서107	조선후기 인성·물성논쟁의 연구	이애희	13,000
80	총서109	서사문법시론	강헌국	9,000
81	총서110	북간도 한인사회의 형성과 민족운동	김춘선	32,000
82	총서111	주자학에서 실학으로	김용헌	35,000
83	총서113	朝鮮初期 性理學과 歷史學-기억의 복원, 좌표의 성찰	오항녕	18,000
84	총서114	조선후기 사회변화와 시가문학	정흥모	20,000
85	총서116	판소리 유파와 명창의 세계	김기형	22,000
86	총서117	조선후기 시가사와 가곡 연행	신경숙	20,000
87	총서119	性理學 受容器 佛教 批判과 政治思想的 變容 -鄭道傳과 權近을 중심으로	이정주	13,000
88	총서122	조선후기 가집 연구	이상원	27,000
89	총서123	개정판-학교문법교육론	이관규	24,000
90	총서124	근대 동아시아와 한국 자본주의	김윤희	18,000
91	총서125	조선후기 자연학의 동향	김문용	13,000
92	총서127	한국 고전소설과 정신분석학	강상순	25,000
93	총서128	미국의 헤게모니와 한국민족주의	허 은	23,000

94	총서130 한용운과 근대성	김종인	15,000
95	총서131 大韓帝國期 民族談論과 國家構想	백동현	16,000
96	총서132 19세기 문예사와 기생의 한시	박영민	20,000
97	총서136 빈도 효과-코퍼스를 활용한 국어 문법의 기술	김일환	18,000
98	총서137 규방가사의 전통성과 근대성	백순철	20,000
99	총서138 일제 강점기 설화·동화집 연구-우리 옛이야기의 정체성 찾기	권혁래	18,000
100	총서139 신문관의 출판 기획과 문화운동	권두연	30,000
101	총서140 아동문학의 숨은 의미와 가치	노제운	16,000
102	총서142 한국의 자유민주주의와 『사상계』	이상록	24,000
103	총서143 전통연행을 보는 또 하나의 시각	허용호	35,000
104	총서144 조선조 오륜시가의 역사적 전개 양상	하윤섭	24,000
105	총서145 정약용의 철학사상과 체제개혁론-주희와의 비교를 중심으로	전성건	15,000
106	총서146 누정기를 통해 본 한국한문산문사	안세현	16,000
107	총서147 시적 정의와 시의 윤리	여태천	24,000
108	총서148 16세기 후반~17세기 전반 산문 연구	안득용	23,000
109	총서149 검열, 실종된 작품과 문학사의 복원	문한별	22,000
110	총서150 낙하생 이학규의 시문학 연구	이국진	20,000
111	총서151 방각본 영웅소설의 지역적 특성과 이념적 지향	엄태웅	22,000
112	총서152 영체와 행사에서 본 정약용의 종교적 의식	이숙희	15,000
113	총서154 19세기 상·하층 소설의 접점과 문화적 의미	장예준	30,000
114	총서156 한국 근대문학의 형성과 진화론	이만영	22,000
115	총서157 한국 근대시의 형성과 한문맥의 재구성	정기인	23,000
116	총서158 동아시아의 사신영접의례와 공연문화	민태혜	30,000
117	총서159 명사 구성 합성어의 의미 구조	김숙정	15,000
118	총서160 4·19세대 문학과 자기형성의 서사학	고지혜	15,000
119	총서161 한국어 비종결 문말 형식의 탈종속화 연구	박주원	18,000
120	총서162 고려시대 외국인 이주 연구	이바른	24,000
121	총서163 전사 자료를 통해 본 한국어 전설모음의 형성 과정	허인영	22,000
122	총서164 한국어 발화의 시간 구조	유도영	18,000

民族文化研究叢書 164

한국어 발화의 시간 구조

2023년 10월 16일 초판 1쇄 펴냄

저　자 유도영
발행인 이형대
발행처 고려대학교 민족문화연구원

등록번호 1964년 9월 28일 제6-18호
주소 서울특별시 성북구 안암로 145
전화 02-3290-1610~4
팩스 02-926-8385
http://riks.korea.ac.kr

ISBN 978-89-7155-192-9 94700
978-89-7155-073-1 (세트)

정가 18,000원